人工智能产品与消费者体验

王舒婷◎著

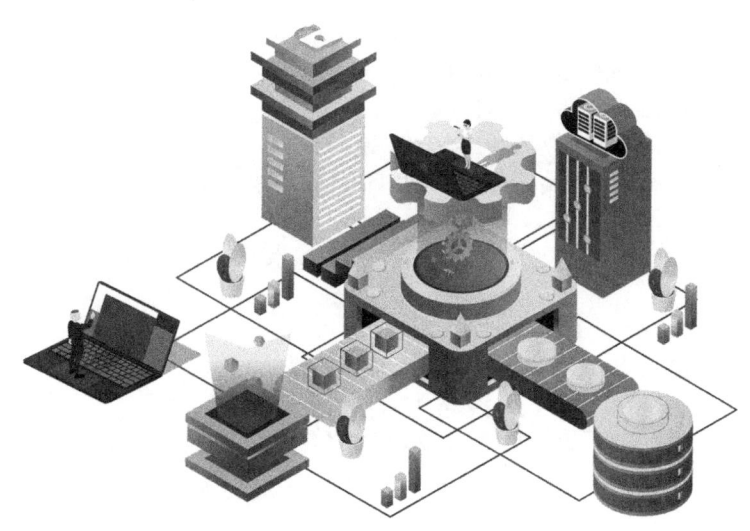

江西人民出版社
Jiangxi People's Publishing House
全国百佳出版社

图书在版编目（CIP）数据

人工智能产品与消费者体验 / 王舒婷著 . -- 南昌：
江西人民出版社 , 2023.12
　ISBN 978-7-210-15234-7

　Ⅰ . ①人⋯ Ⅱ . ①王⋯ Ⅲ . ①人工智能－应用－消费
Ⅳ . ① F713.5-39

　中国国家版本馆 CIP 数据核字 (2024) 第 022685 号

人工智能产品与消费者体验

RENGONG ZHINENG CHANPIN YU XIAOFEIZHE TIYAN

王舒婷　著

责 任 编 辑：陈才艳
封 面 设 计：同异文化传媒

 江西人民出版社 出版发行

地　　　　址：江西省南昌市三经路 47 号附 1 号（邮编：330006）
网　　　　址：www.jxpph.com
电 子 信 箱：jxpph@tom.com
编辑部电话：0791-86898115
发行部电话：0791-86898801
承 印 厂：江西省新华印刷发展集团有限公司

开　　　　本：720 毫米 ×1000 毫米　1/16
印　　　　张：14.75
字　　　　数：220 千字
版　　　　次：2023 年 12 月第 1 版
印　　　　次：2023 年 12 月第 1 次印刷
书　　　　号：ISBN 978-7-210-15234-7
定　　　　价：46.00 元
赣版权登字 -01-2023-661

前　言

　　人工智能（Artificial Intelligence，英文缩写 AI）一直是近年来的热门词汇。曾经，人们总是认为它是科幻电影中无所不能的机器人，实际上，它早已化身各种智能设备或程序，成为我们当下日常生活的重要支撑。想象一下，早晨，你的一声"小爱同学"，唤醒了小爱音箱，本地新闻和天气预报自动开始播报。到了公司后，通过人脸识别系统，你顺利打卡，坐下开始工作。傍晚，你打开手机，浏览手机软件里根据你的喜好向你推送的晚餐信息。晚上，抖音向你推荐了你喜欢的短视频。这些场景对我们来说早已司空见惯。人工智能赋能我们的生活，使其变得更加便利，让我们能够完成靠自己无法实现的事情，给我们带来了新奇的消费体验。同时，我们对人工智能的依赖也与日俱增。那么人工智能对于我们来讲，真的只是一件商品了吗？

　　这一问题或许看起来有些哲学意味，不过有关人工智能各种问题的探讨，最终总会突破技术层面的讨论，走向其背后的哲学内涵。营销领域亦是如此。在商业实践中，消费者对智能产品的依赖可谓史无前例，手机几乎不离身，很多人都说，离开了手机就好像失去了什么，甚至会焦虑不安。这是因为消费者已经习惯于人工智能产品所带来的能力的扩展。这些赋予人类超出人类个体能力的人工智能产品不再是一种独立的产品，而是消费者生活的一部分，还是消费者在数字世界中的延伸，甚至被称为消费者的"数字假肢"。在学术研究中，学者从不同视角探讨了人工智能对于消费者的意义，以及带给消费者的体验。人工智能产品彻底改变了消费者的生活方式，此类产品和消费者之间的关系，完全不同于传统产品与消费者之间的关系。例如 Belk 指出，人工智能产品已经成为个体自我的延伸，成为个体的一部分。消费者和产品、产品与产品之间相互关联，影响了消费者体验的感知。

  尽管人工智能产品越来越丰富，其功能也越来越强大，然而消费者对此类产品的评价褒贬不一。一方面，产品是否智能是消费者进行购买决策时的重要依据，标榜具有人工智能的产品受到消费者追捧，"智慧"成为消费者对生活更高层级的定义和追求。新兴互联网企业转战智能家居，广受消费者追捧，对传统的家电制造企业造成了巨大冲击。"智慧"家居、"智慧"社区，甚至是"智慧"城市等概念的提出，都离不开人工智能产品的诞生及应用。另一方面，消费者总是对产品的智能功能评价较低，且有时会以"人工智障"来调侃此类产品，产品的智能功能使用频率较低，有些消费者甚至选择直接关闭产品的智能功能。总的来看，虽然消费者依然欣赏人工智能产品所带来的"智慧"感，但是会因其所带来的负面体验望而却步。消费者看似矛盾的表现其实反映了现阶段人工智能产品在消费者体验上仍存在着不足，也反映了人工智能产品拥有广阔的发展前景。

目 录

CONTENTS

绪论

第1章 人工智能时代的消费者体验

第2章 人工智能产品消费者体验形成机理初探

第3章 理论模型与研究假设

第4章 问卷设计与数据收集

第5章 数据分析与假设检验

第 6 章 研究结论与展望

绪论

1 研究背景

1.1 现实背景

人工智能（Artificial Intelligence，简称 AI）产业是新一轮产业变革的核心驱动力和引领未来发展的战略技术，因此国家高度重视该产业的发展。人工智能产品逐渐落地，在各个行业都引发了剧烈变革。2023 年 2 月 16 日，国家发展改革委在《求是》杂志发布了《努力推动经济实现质的有效提升和量的合理增长》一文。习近平总书记高度重视我国新一代人工智能发展，多次对人工智能的重要性和发展前景作出重要论述。习近平总书记指出，"人工智能是引领这一轮科技革命和产业变革的战略性技术，具有溢出带动性很强的'头雁'效应"，"加快发展新一代人工智能是我们赢得全球科技竞争主动权的重要战略抓手"。江西省提出《南昌未来科学城概念性规划》，并提出以元宇宙、扩展现实（Extended Reality，简称 XR）、人工智能、卫星应用、智能网汽车电子元器件制造等产业为核心的五大产业布局。以上足以说明国家及省、市级层面对人工智能发展的重视。

在全国的重点支持发展之下，人工智能产业发展迅速，人工智能正全方位商业化，在各个行业引发深刻变革。目前 AI 技术已在金融、医疗、安防等多个领域实现技术落地，且应用场景也愈加丰富。人工智能的商业化在加速企业数字化、改善产业链结构、提高信息利用效率等方面起到了积极作用，也为消费者市场带来了越来越多的人工智能产品，人脸识别、语音识别、大数据推荐等，已成为消费者日常所需。与此同时，人工智能产品依然在不断推陈出新，连传统的产品都以标榜自己"智能"为荣，智能家电与物联网等改变消费者传统生活方式的人工智能产品，其市场占有率也在节节攀升。2023 年 2 月，工业和信息化部发布的数据表明，2022 年中国 AI 核心产业规模已达到 5000 亿元。互联网数据中心预计，中国人工智能市场规模在 2023 年将超过 147 亿美元，到 2026 年将超过 263 亿美元。

1.2 理论背景

有关产品与消费者体验的研究开始较早，研究成果也较为丰富。大部分学者都认同将体验定义为消费者对产品或服务不同方面的反应，并以此为依据对体验进行分类。尽管人工智能产品进入市场时间不长，但是学者们发现人工智能产品与非智能产品有着显著的区别，从而给消费者带来了全新的体验。随着信息技术的发展，很多原本无法由人实现的行为，因为产品功能的强大而成为消费者普遍具有的能力。例如指纹识别、面部识别等技术，使消费者能够在没有钥匙的情况下直接打开家门。还比如海量信息的存储、即时的人际沟通等功能，其实现是需要依赖某些特定产品的，这也使得消费者在日常生活中对人工智能产品的依赖性越来越强。

在传统的非人工智能时代，学者们认为体验形成于人与产品产生交互的那个交点，而在人工智能时代，产品生态圈对消费者生活方式的改变日益凸显，消费者使用产品时的体验并不仅仅因接触的产品而形成，还与这一产品所关联的其他产品有关，消费者与产品、产品与产品相互关联，形成一个复杂的网状结构，而体验正是由这样的网状结构所形成的（如图 1、图 2 所示）。例如，对于非智能电视，消费者对于电视的体验只跟电视频道和节目内容以及电视本身的质量有关，但是对于智能电视的消费者体验，不仅与电视本身质量有关，还与电视所关联的信息源、手机、智能音箱等有关。这一现象对于人工智能产品消费者体验的研究提出了一些新的问题。

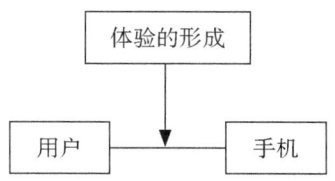

图 1　非人工智能时代消费者体验的形成示意图

图 2　人工智能时代消费者体验的形成示意图

图片来源：https://www.sohu.com/a/393930322_484033

　　近几年来，学者从不同视角探讨了人工智能产品消费者体验，并做了一些尝试性的探索。人工智能产品彻底改变了消费者的生活方式。该类产品和消费者之间的关系，完全不同于传统产品与消费者之间的关系，例如 Belk 指出，人工智能产品已经成为个体自我的延伸，成为个体的一部分。消费者和产品、产品与产品之间相互关联，影响了消费者体验的感知。

　　同时，对于人工智能产品消费者体验形成的影响因素及影响机理的相关研究还不够丰富，从已发表的国内外相关研究成果来看，人工智能产品的产品特性是消费者体验形成最主要的影响因素，且目前对自主性的研究占绝大多数。相关研究发现，人工智能产品为消费者提供便利的同时，也侵害了消费者自身的心理需求，尤其是对自主性的感知。如人工智能产品可以不依赖用户的指令，通过收集到的信息依据内置算法自主进行某些指令，这就有可能与消费者自身的自主性产生冲突。个体有掌控自己行为意志的需要，这一需求要求个体的思想行为都是出于自己的意愿，而非出于他人的影响。人工智能产品自主性的设计，反而侵害消费者自主性的感知，形成自主性冲突。但是，人工智能产品作为集多种人工智能技术于一体的终端产品，具有多维度的产品特性，人工智能产品复杂的产品特性给不同消费者带来了完全不同的体验，甚至同一种产品特性在不同使用情景中也会产生不同的效果。若要使理论研究更加贴近现实生活，未来就需要对人工智能产品进行整体研究。

此外，尽管已经有学者对人工智能产品的产品特性进行了探讨，但是研究数量较少。随着信息技术的不断发展，人工智能产品还会出现新的特征，而有关人工智能产品共性的研究还比较缺乏。同时，大多有关人工智能产品的产品特性研究，总是孤立地探讨产品特性，还未能将产品的所有特性综合到一起来共同探讨它能给消费者带来的体验，这是未来需要重点研究的方向。

总体来看，人工智能产品的消费者体验研究须深入。有关人工智能产品特性等影响因素的探索和作用机制的研究，虽然有学者已经做了相关研究，但研究成果还比较少，且研究成果理论深度不够。这是研究发展过程中无法避免的。在研究方法上，大多研究采用了定性研究，或通过要求被试想象某种产品来获取被试的感受，对现实情况的指导意义还需要进一步确定。所以，有以下几个问题仍待进一步研究。

第一，消费者在使用人工智能产品时到底形成了什么样的体验。如前文所述，一方面，消费者对人工智能产品的依赖甚至已经到了无法离身的地步，智能产品早已融入生活的方方面面。另一方面，有些人工智能产品的功能却未能被消费者接受，甚至被消费者以"人工智障"来调侃。消费者这一矛盾的表现正是因为人工智能产品给消费者带来了不同寻常的体验。虽然消费者习惯了人工智能产品带来的能力的扩展，将其视为自身的一部分，但是消费者却无法接受使用产品时的刻板感，以及被约束的感受。这些都是不同于使用非智能产品的消费者体验。那么这种体验到底是什么？这就需要通过系统的研究方法来解决。

第二，人工智能产品的哪些因素给消费者带来了全新的体验。人工智能产品对于消费者而言，与以往非人工智能产品存在着不同之处，它们对于消费者而言更加重要，和消费者的关系更加密切。同时不同的产品之间还依托互联网技术相关联，共同形成了消费者体验。那么，人工智能产品和非智能产品相比，到底具有哪些不一样的特点，从而使消费者产生了"智能"感，进而给消费者带来全新的体验。这也是人工智能产品消费者体验研究中需要解决的问题。

第三，人工智能产品消费者体验形成的其他因素。人工智能产品消费者体验的形成，除了人工智能产品的影响之外，还有可能会受其他因素的影响，如消费者个体因素，环境因素的影响等。对于此类问题的研究还不够多，成果略显匮乏。本研究将采用定性的研究方法，系统性地分析影响人工智能产品消费者体验的多方因素。

第四，人工智能产品消费者体验的形成机理。体验的形成是一个复杂的过程，各种因素是如何对消费者产生影响，并形成最终的消费者体验，目前这一过程从学术上来讲，有着一定的研究价值。因此本研究将综合运用定性和定量的研究方法，系统性地研究人工智能产品消费者体验的形成机理。

2 研究目的与意义

2.1 研究目的

国内外学者关于人工智能产品消费者体验的研究已经取得了一定的有价值的研究成果，但是人工智能产品作为一种新生事物，对此领域的研究还能够更进一步的探索下去。本研究通过定性与定量相结合的方法，深入研究人工智能产品消费者体验的定义与分类、消费者体验的形成机理、消费者体验形成的影响因素，以求更深入地理解人工智能时代消费者体验，并在此基础上，为人工智能企业的产品设计及上市后的市场营销活动提供策略借鉴。

第一，探索人工智能产品消费者体验的定义与分类。由于人工智能产品同非智能产品之间呈现出了显著差别，与消费者的关系也存在特殊性，本研究将对此类产品带给消费者的体验进行深入研究，主要包括人工智能产品消费者体验以及类型。

第二，探讨人工智能产品消费者体验形成的影响因素。对于人工智能产品消费者体验，除了要了解它到底是什么，也要研究是哪些因素使得消费者形成了这样的体验。本书通过定性和定量的研究方法，从三个角度归纳人工智能产品消费者体验形成的影响因素，分别为产品因素、消费者个人因素以及产品和消费者的相互作用因素。

第三，人工智能产品消费者体验形成机理模型。在了解了人工智能产品消费者体验是什么，以及哪些因素对它的形成产生了影响之后，还需要对它的形成机理进行深入研究。产品因素、消费者个人因素以及产品和消费者的相互作用因素是通过何种路径形成了独特的消费者体验，以及最后的人工智能产品消费者体验。这一研究旨在揭示人工智能产品消费者体验影响因素与人工智能产品消费者体验之间的内在关联机制。

2.2 研究意义

本研究以人工智能产品为切入点，深入研究人工智能产品消费者体验的划分，以及其形成过程中的产品因素、消费者个人因素以及产品和消费者的相互作用因素，探索人工智能产品消费者体验形成机理，具有一定的理论意义和现实意义。

第一，本研究基于理论与现实背景探讨人工智能产品消费者体验，从人工智能产品的特别之处着手研究人工智能时代的消费者体验。在人工智能时代，人工智能产品凭借其优越的产品特性，带给消费者从未体验过的扩展感，消费者对于此类产品的依赖感与日俱增。人工智能产品对于消费者而言，不再仅仅是独立于消费者的功能性个体，而是真正成为消费者的一部分，甚至是"数字假肢"的存在。不仅消费者与产品关系密切，产品与产品之间也依托信息技术相互关联，共同形成了消费者体验。因此，基于人工智能产品的消费者体验研究，对消费者体验研究的发展具有一定的理论贡献。同时，人工智能产品消费者体验量表的构建与验证也为后续的定量研究提供了基础。

第二，本研究综合了心理学、营销学的相关理论，强调人工智能产品消费者体验的形成是产品因素、消费者个人因素以及产品和消费者的相互作用因素的结果。这有助于深刻理解人工智能产品消费者体验的形成原因及形成机理，具有重要的理论意义。

第三，本研究为改进人工智能产品消费者体验提供了具有可行性的策略和建议。本研究综合运用理论研究和实证研究，对人工智能产品企业就如何提升消费者体验这一问题，提出了有借鉴意义的策略建议和有价值的策略依据，对提升人工智能产品市场占有率和改善消费者态度具有重要意义。

3 研究的技术路线与章节安排

本书根据"人工智能产品消费者体验是什么""受到哪些因素影响""是如何形成的""对管理有何启示"等主要问题，按照"发现问题——解决问题——得出结论"的总体思路设计研究的技术路线。首先，本书借鉴人工智能研究相关的前沿理论，结合当前人工智能产品发展的强劲态势等现实背景，提出研究主题，即人工智能产品消费者体验形成机理研究。其次，在查阅和梳理文献资料的基础上，通过对人工智能产品用户的深入访谈，提炼最初的理论模型并提出研究假设。再次，结合前人研究的成熟量表，对问卷的预调研和正式调研两个阶段的数据进行收集和分析，多次检验问卷的信度和效度，得到用于假设检验的最终问卷。最后，通过相关关系分析、结构方式模型等统计分析方法，使用 SPSS 和 AMOS 等统计分析软件对基于定性研究和理论分析推导出的理论模型和假设进行检验，得出本研究的研究结论，提出最终的理论模型，并提出未来研究展望。本研究的研究技术路线图如图 3 所示。

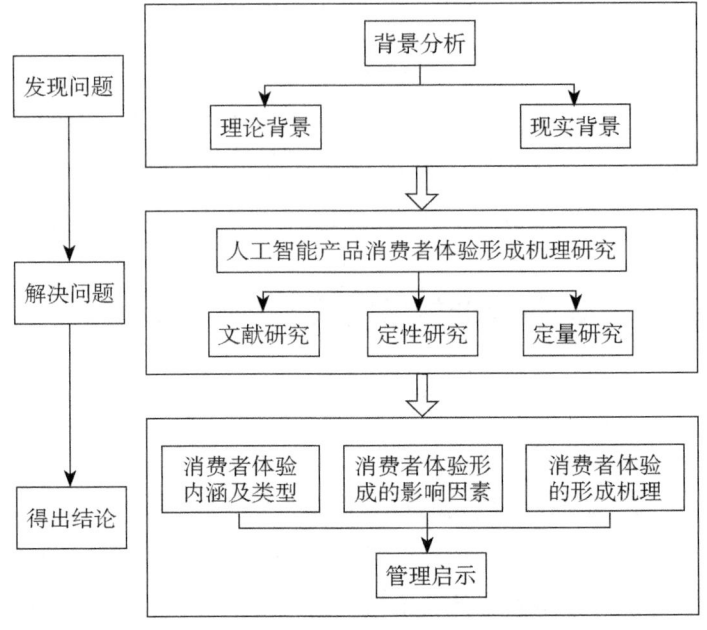

图3　本研究技术路线图

4 研究方法

本研究采用了定性分析与定量分析相结合的研究方法，综合使用多种研究方法和手段，确保数据来源的多样性和研究的有效性，具体研究方法包括：

（1）文献查阅与归纳演绎法

国内外学者对于人工智能产品已经做了一些前期研究，为接下来的研究提供了一部分参考文献。为了更好地了解人工智能产品的相关研究状况，本研究通过查阅相关文献，获得人工智能产品特点，以及其对消费者心理的影响，并把握消费者行为的变化，为人工智能产品消费者体验的形成机理寻找可能的理论解释。

（2）深度访谈法

在研究初期，采用访谈的方法，邀请人工智能产品的主要使用人群，进行有关人工智能产品消费者体验的访问，访谈主要围绕"你的生活中主要使用了哪些人工智能产品""这些产品对你来讲意味着什么""在使用时有什么样的体验""使用时的心理感受如何"等问题，以了解他们对人工智能产品的态度及体验，对访谈内容进行定性分析，访谈结果也为本研究的测量表的形成提供了素材。

（3）扎根研究法

在获取了足够的文本材料以及初步的定性分析后，本研究通过扎根研究法对材料进行理论归纳与提炼，提出初步的人工智能产品消费者体验形成机理模型。

（4）问卷法

通过问卷设计与发放，以定量的方式检验定性研究中所归纳出的理论模型及研究假设，从而建立最终的人工智能产品消费者体验形成机理模型，完成理论构建。

5 研究创新点

本研究的创新点主要体现在以下三个方面：

（1）综合使用定性和定量的研究方法，对人工智能产品消费者体验是什么及其形成机理进行了研究。目前大部分有关消费者体验的研究，都是基于传统的非智能产品来进行的，但是人工智能产品同非智能产品相比，有着显著的不同，这些新的产品特性使得产品与消费者的关系发生了变化，从而给消费者带来了全新的体验。消费者早已适应人工智能产品功能的扩展，对它们的依赖与日俱增，但同时也会对某些产品或某些功能评价较低。产生这一矛盾现象的根源是人工智能产品给消费者带来的体验是复杂和多面的，而不像非智能产品那样，仅给消费者带来积极或消极的体验。本研究将心理学中的感知扩展与感知受限引入人工智能产品消费者体验研究中来，并分析其形成路径，是对人工智能时代消费者体验研究的一种尝试性探索。

（2）对人工智能产品智能性的探讨，是对人工智能产品研究的有益补充。人工智能产品种类丰富，应用广泛，且在消费者日常用品市场中已经占据了一席之地，并且影响了消费者的方方面面，人们普遍会为人工智能产品强大的功能而惊叹，但是，到底是何种产品特性使得人工智能产品表现出了智能性，还缺乏系统性的研究。本研究采用定性的研究方法对人工智能产品的智能性进行深入探索，挖掘其共性，并将人工智能产品智能性总结为四个方面，分别为主动性、学习性、关联性和情境感知性。

（3）从自主性冲突的视角探寻感知受限型体验的形成。由于人工智能产品的特殊性，消费者在使用产品的过程中产生了从未有过的自主性冲突。人工智能产品的一系列智能性本是为了使消费者感到"智能"而出现的，它所提供的便利性不仅体现在功能的使用上，还延伸到了意识层面。人工智能产品能够在消费者无意识的情况下主动作出行动决策，但在很多情况下，这一决策可能与消费者所倾向的选择是不同的，此时自主性冲突便产生了。通过文献研究与实践来看，自主性冲突一般只在消费者使用人工智能产品时出现。本研究以自主性冲突为中介变量，研究人工智能产品消费者体验形成过程中的新现象，具有一定的创新性。

6 人工智能产品研究综述

6.1 人工智能

（1）人工智能的内涵

人工智能作为一门前沿交叉学科，如何为其定义一直存有不同的观点。《人工智能——一种现代方法》中将已有的一些人工智能定义分为四类：像人一样思考的系统，像人一样行动的系统，理性地思考的系统，理性地行动的系统。维基百科上定义"人工智能就是机器展现出的智能"，即只要是某种机器，具有某种或某些"智能"的特征或表现，都应该算作"人工智能"。《大英百科全书》则限定人工智能是数字计算机或者数字计算机控制的机器人在执行智能生物体才有的一些任务上的能力。《大学计算机基础》将人工智能定义为"研究、开发用于模拟、延伸和扩展人的智能的理论、方法、技术及应用系统的一门新的技术科学"[①]，视其为计算机科学的一个分支，指出其研究内容包括机器

---

① 何明，汤伟，赖俊，等.大学计算机基础［M］.南京：东南大学出版社，2015.

人、语言识别、图像识别、自然语言处理和专家系统等。

人工智能是研究、开发用于模拟、延伸和扩展人的智能的理论、方法、技术以及应用系统的一门新的技术科学。是与人类及动物具有的自然智能（Natural Intelligence）相对的概念，可以被理解为系统具备了一种能力，这一能力帮助系统正确地阐释，并可以通过获取的外部数据进行学习，以及使用学习的成果来适应性地实现特定目标和任务。[①]

人工智能可以分为"弱人工智能"（Artificial Narrow Intelligence，ANI）和"强人工智能"（Artificial General Intelligence，AGI）。ANI 是指能够执行狭义任务的技术，如下国际象棋或围棋、诊断疾病、推荐产品、驾驶汽车等。AGI 指的是一种假设的技术，其在执行大量任务的灵活性和学习能力方面相当于人类的智力。许多 ANI 已经存在，并由机器学习、语言识别、计算机视觉等技术支持而实现。

AGI 目前还不存在，专家对它是否会真正实现也存在分歧。最近对人工智能研究的一项调查显示，到 2050 年实现 AGI 的可能性为 50%，到 2075 年实现 AGI 的可能性为 90%。

AGI 是指一台能够通过图灵测试的机器。这一定义由数学家艾伦·图灵提出。[②] 图灵认为，如果和机器交互的人不能判断响应来自人还是机器，则说明机器通过了图灵测试。图灵测试的原始版本只涉及书面响应，因此要求机器具有自然语言处理能力，允许它使用普通语言进行通信，加上知识图谱来存储和使用信息。事实上，自然语言处理和知识图谱正是现代人工智能研究的两个基本子领域，然而，一个机器想要通过所谓的"全面图灵测试"，还需要具备人类水平的知觉和身体能力，从而也需要计算机视觉和机器人技术的支持。[③] 因此，计算机视觉和机器人技术也是 AI 研究的两个重要子领域。AI 研究中最著名的子领域是机器学习，机器学习是指能够识别数据中的模式，然后将这些模

---

① 孙效华，张义文，侯璐，等.人工智能产品与服务体系研究综述［J］.包装工程，2020，41（10）：49-61.

② Turing A M. Computing machinery and intelligence［J］. Mind, 1950, 59（236）: 433-460.

③ Harnad S. Other bodies, Other minds: A Machine Incarnation of an Old Philosophical Problem［J］. Minds & Machines, 1991, 1: 43-54.

式推广到做出预测或判断的算法。[①] 总之，自然语言处理、知识图谱、计算机视觉、机器人技术和机器学习构成了人工智能的基石，是 ANI 的基础，也为假设的 AGI 描绘了蓝图。

6.2 人工智能产品

（1）人工智能产品的内涵与分类

人工智能产品是指运用人工智能理论、技术和方法来解决问题的产品或系统。人工智能产品具备了"人工智能"，可以和其他的智能设备及人类进行互动，灵活地适应不同的情境，并作出自主性决策[②]。张小龙等人关注交互层面上的人工智能产品，指出人工智能产品在前端上，对于用户信息输入方式的灵活性和复杂性的接受度上具有优越性[③]；在后端上，对于信息处理和整合能力具有优越性，不过前端和后端的优越性不一定同时具备。数字转型的速度冲击了整个行业，人工智能的进步预示着未来几年将会出现越来越多的复杂智能创新[④]。总体来看，人工智能产业链发展可分为三个层次，分别为基础层、技术层与应用/方案层，应用/方案层即消费者所能接触到的人工智能产品。

基础层为直接接触消费者的人工智能产品提供基础的软硬件和数据支撑，包括技术平台（云平台、开源框架、开发工具等）、基础硬件（芯片、激光雷达、传感器、服务器等）、数据及相关管理技术、通信设备等。以计算机视觉、自然语言处理、生物识别、人机交互、机器学习、知识图谱、AR/VR 等人工智能核心技术为驱动的算法和解决方案提供商及相关技术平台为技术层。目前人工智能商业化的主力的技术层，大量"AI+"方向的人工智能应用场景在该层面的技术产品基础上推动落地。应用/方案层是与消费者接触最为紧密的最

---

① Domingos P. A Few Useful Things to Know About Machine Learning［J］. Communications of the ACM，2012，55（10）：78–87.

② Rijsdijk S A，Hultink E J. How Today's Consumers Perceive Tomorrow's Smart Products［J］. Journal of Product Innovation Management，2009，26（1）：24–42.

③ 张小龙，吕菲，程时伟. 智能时代的人机交互范式［J］. 中国科学：信息科学，2018，48（4）：406–418.

④ 杨斌，王琳. 数字经济时代客户服务数字化转型策略研究. 东岳论丛，2020，41（11）：30–38.

前端产品，它关注的是人工智能产品的具体应用场景，既包括人工智能技术厂商主导推出的各种"AI+"的解决方案，也包括由传统行业或当前较为成熟的商业主动引入人工智能技术来为产业赋能的"+AI"。从应用领域来看，人工智能应用 / 方案层的跨度非常大，几乎渗透到各个产业的各个环节。应用 / 方案层是商业化的最前沿，是现阶段最具创新活力的环节，表现出了百花齐放的态势。

由于人工智能产品所跨行业范围较广，且在不同行业产业链上的不同层次都有应用，所以本研究讨论的人工智能产品主要指的是面向消费者日常生活的终端产品，如语音助手、智能家居等产品，而面向企业的人工智能产品本研究暂不涉及。

（2）人工智能产品的新特性

产品指的是提供给市场的商品，可以被人们使用和消费，并且能够满足消费者的需要，它包括有形的产品、无形的产品、组织、观念或者是它们的组合。[①]产品可能会从多个方面对消费者体验产生影响，如产品的外观[②]、产品的功能[③]、产品的质量[④]，甚至产品背后的故事[⑤]，这些都是产品所具有的不同特性。作为新兴事物，人工智能产品对消费者的影响却不限于此，它表现出来了一系列与传统的非智能产品完全不同的特性，并对消费者体验产生了影响。

人工智能产品以各种形式将信息技术包含在内，如微芯片、软件和传感器，因此它可以收集、处理和生产信息，所以也表现出了一系列在非智能产品

---

① 吴晓云 . 市场营销管理［M］. 天津：天津大学出版社，2001.

② 朱振中，李晓君，刘福，等 . 外观新颖性对消费者购买意愿的影响：自我建构与产品类型的调节效应［J］. 心理学报，2020，52（11）：116-128.

③ 武瑞娟，王承璐 . 网店实用性与网店享乐性对消费者网店态度影响效应研究［J］. 管理工程学报，2019，33（1）：107-116.

④ 姚琦，吴章建，符国群 . 一分钱一分货——权力感对消费者价格—质量判断的影响［J］. 南开管理评论，2020，23（5）：114-125.

⑤ 沈正舜，李怀斌 . 示弱还是示强？品牌传记与消费者品牌态度：移情的中介作用［J］. 外国经济与管理，2019，41（6）：138-152.

中找不到的新特性，学者们将这些新特性统称为产品智能性。[①] 根据研究的人工智能产品类型的不同，以及产品使用情境的不同，学者们对产品智能性进行了不同的分类，如表 1 所示。

表 1　人工智能产品智能性的分类

作者	年份	分类
Kärkkäinen 等	2004	对话、全球唯一识别码、生命周期支持
Rijsdijk 和 Hultink	2007	主动性、学习性、反馈、合作、拟人沟通、个性
Muhlhauser	2008	生命周期支持、情境感知、主动性、自我组织
Gutiérrez 等	2013	生命周期支持、情境感知、主动性、自我组织、适应性
Schweitzer 和 Hende	2016	主动性、对话、关联性、学习性
Yang 等	2017	对话、远程控制、多终端应用
Mari	2019	自然对话、情境感知、自我学习
孙效华等	2020	感知能力、记忆和思维能力、学习能力、自适应能力

早期的智能产品的研究还未能涉及人工智能，主要关注一些能够提高生产效率的产品。例如 Kärkkäinen 等人对一个智能运输系统进行研究，定义了其主要功能，该系统可以为供应链中的各个主体提供对话功能，每个货物的全球唯一识别码包含了该货物的全部信息，以及为该系统中各个主体提供生命周期支持。[②] 这是学术界对于产品的"智能"最早的感知与定义。

之后，随着人工智能研究的兴起，有学者开始对人工智能产品进行研究，并尝试定义其智能性特征。人工智能产品最大的特征是主动性，也是区别于非人工智能产品的最主要的特征。随着自主技术进入舞台取代了那些仅仅拥有自动化技术的产品，自主时代正在到来。[③] 虽然产品拥有主动性只是近十几年才

---

① Gutiérrez C，Garbajosa J，Diaz J，Yague A. Providing a Consensus Definition for the Term "Smart Product"［J］. Engineering of Computer Based Systems，2013：203-211.

② Kärkkäinen M. Efficient Tracking for Short-Term Multi-Company Networks［J］. International Journal of Phsical Distribution & Logistics Management，2004，43（7）：545-564.

③ Beer J M，Fisk A D，Rogers W A. Toward a Framework for Levels of Robot Autonomy in Human-Robot Interaction［J］. Journal of Human Robot Interaction，2014，3（2）：74-99.

出现的现象，但是已经有很多学者都对其进行了探讨。人工智能产品的主动性指的是产品能够在没有用户指令的情况下主动运作完成目标，它控制的领域超越了用户的日常生活和关注的产品，并且强调主动感知情境，在情境基础上采取行动。因此，拥有主动性的人工智能产品可以在没有用户指令的情况下自动完成某些任务，带给用户意想不到的体验。

拥有主动性的人工智能产品使得用户可以将产品使用过程中的大部分内容，甚至是购物决策委托给他们的产品。此类产品自发地通过收集到的数据为消费者得出一系列结论，如购买哪些商品、多少商品以及何时购买。一个非常有代表性的例子是三星的家庭中心冰箱，它能够主动订购杂货（基于冰箱中的扫描结果），并声称它已经进一步成为协调家庭活动的中心。在这一例子中，人工智能系统的主动性仅限于单个任务，而更先进的主动性产品能够接管更加庞大和复杂的决策系统。例如产品可以根据消费者以前的经验、瞬时的感受、过去的选择以及天气等环境因素为消费者选择服装。

人工智能产品的主动性通过减少甚至消除人类对决策的需求来深刻地改变用户的行为模式和生活方式，从而挑战了根深蒂固的人机交互方式。一方面，对决策过程的接管提供了减轻用户认知权衡过程的优势，[①] 另一方面，用户也可能不愿意放弃决策权，[②] 他们的自治资源可能会被耗尽，[③] 随之而来的可能是对人工智能产品的不满。[④]

情境感知和自我组织是密不可分的两大人工智能产品特性。第一次提出

---

① Broniarczyk S M, Griffin J G. Decision Difficulty in the Age of Consumer Empowerment [J]. Journal of Consumer Psychology, 2014, 24（4）: 608–625.

② Botti S, Lyengar S S. The Psychological Pleasure and Pain of Choosing: When People Prefer Choosing at the Cost of Subsequent Outcome Satisfaction [J]. Journal of Personality & Social Psychology, 2004, 87（3）: 312–326.

③ Usta M, Gerald Häubl. Self-Regulatory Strength and Consumers' Relinquishment of Decision Control: When Less Effortful Decisions Are More Resource Depleting [J]. Journal of Marketing Research, 2011, 48（2）: 403–412.

④ Heitmann, Mark, Donald R. Lehmann, and Andreas Herrmann. Choice Goal Attainment and Decision and Consumption Satisfaction [J]. Journal of Marketing Research, 2007, 44（2）: 234–250.

"情境感知"（Context-awareness）这一名词的 Schilit 认为，情境感知指的是对周围人、主机、可访问的设备身份及位置的确认，同时，随着时间的推移，这些事物出现的变化。[①]具有这一功能的产品或软件可以检查周围的环境并对环境做出反应。但是，Dey 认为这一定义过于具体，导致我们无法分析情境中哪些方面是重要的。该学者将情境视为可用来描述实体情况的任何信息。实体可以是一个人、地方或者对象，它们都和用户与产品的交互相关，并且包括用户和产品本身。如果一个产品根据情境向用户提供相关信息或服务，那么这个产品就被定义为是具备情境感知功能的，而信息或服务是否相关，则取决于用户的任务。因此，情境指的是产品所嵌入的物理和社会环境，情境感知功能的目标是获取和利用有关产品的这种情境信息，以提供更符合情境的服务。[②]例如，如果手机能够感知自己所处的位置以及音乐会的时间表，那么手机就会自动更改到震动模式，而不会在音乐会上发出铃声。

　　情境感知功能代表了人工智能产品依托自身内置的用户及社会环境信息，分析出产品所处的使用情境。[③]在此基础上，人工智能产品通过对自己各项功能的独特设置，即自我组织，以适应不同情境的使用需要。这两个特性就使人工智能产品看起来更加智能，因为消费者在不同情境下的使用需求是不同的，而人工智能产品可以满足消费者的不同需求。与此同时，智能产品的表现不应该是一成不变的，在其生命周期中，智能产品需要不断累积信息并逐步进化，以满足消费者长期使用过程中更高水平的需求，即生命周期支持。

　　近年来，由于物联网的发展，智能家居的兴起，仅能单独使用的人工智能设备已经显得不再智能，大部分人工智能产品都通过网络同其他的人工智能产品连接起来，共同为用户提供服务。这个阶段的研究，不再仅仅研究单一的某个人工智能设备，而是开始对其所形成的网状结构进行探讨。关联性是现阶

---

① Schilit B，Adams N，Want R. Context-Aware Computing Applications［J］.Mobile Computing Systems and Applications. 1994：85–90.

② 刘明月，白如江，于纯良，等.基于人工智能的科技情报需求自动感知研究［J］.情报理论与实践，2019，42（9）：41–46，79.

③ 王欣,宁淑华,刘妍,等.基于情境感知的高校图书馆个性化科研知识推送服务研究［J］.图书馆工作与研究，2020，（6）：69–75.

段人工智能产品的一个非常显著的特征，所有人工智能设备都可以通过信息技术关联起来，甚至非智能设备也可以通过红外技术和人工智能设备相连接，从而带给用户更好的体验。根据徐晖等的描述，[①] 产品各司其职的世纪即将结束。产品越来越像依据内在假设与用户及其他产品相关联的模块，所以，有越来越多的产品不仅能够和用户沟通，而且能够相互沟通。例如，台式计算机与其他产品合作，它可以连接到扫描仪、打印机、乐器、摄像机等。还有一个很明显的例子是手机，通过手机可以操纵智能家居等电器，关联到各种不同的信息源与服务。关联性也解除了地域因素对产品使用的限制，使用手机操纵千里之外的已关联的产品或服务已经稀松平常。[②]

此外，人工智能产品的关联性不仅体现在设备操控上，也体现在可以在多个终端使用的软件应用上。通过唯一的身份信息验证，目前很多软件都可以实现在多个终端之间的无缝衔接，终端设备已经不再是软件的使用限制。

学习性在这一阶段表现得更加明显了，指的是人工智能产品具备改善其功能与环境之间匹配程度的能力。智能设备可以通过和用户的互动收集用户信息，记录用户的使用习惯，从而适应其环境，更好地服务用户。[③] 具备学习性的产品通常是基于算法编程的，正是这些算法随着时间的推移收集数据，影响产品的操作方式。一个非常典型的例子是与智能家居配套的恒温空调，从安装的那一刻起，它就会收集有关提高房间温度所需时间的数据。在这样做的同时，该设备还考虑室外温度。当用户指示恒温空调在某一时间达到一定的室温时，设备将根据它以前收集的数据来完成用户的指令。

---

① 许晖，邓伟升，冯永春，等.品牌生态圈成长路径及其机理研究——云南白药1999~2015年纵向案例研究［J］.管理世界，2017（6）：122–140.

② Schweitzer F, Den Hende E A. To Be or Not to Be in Thrall to the March of Smart Products［J］. Psychology & Marketing，2016，33（10）：830–842.

③ 段淳林，宋成.用户需求、算法推荐与场景匹配:智能广告的理论逻辑与实践思考［J］. 现代传播，2020，42（8）：119–128.

6.3 对人工智能产品研究的概括和评价

总的来看，人工智能产品指的是"聪明"的产品，说产品"聪明"是因为它们具备了"人工智能"，能够模仿人的思维行动，可以和其他的智能设备及人类进行互动，灵活地适应不同的情境，并主动作出决策。人工智能产品具备非人工智能产品没有的智能性，如主动性、情境感知性、自我组织、拟人性、关联性和学习性等。对人工智能产品和其智能性的研究反映了以下几个方面的内容。

第一，普通消费者对人工智能概念的理解可能和人工智能的本意有着较大的出入，如科幻电影中所描述的和人类有着非常相似的外表、行为及思维方式的智能机器人想要实现还有很长一段路要走。从人工智能的发展趋势来看，目前我们正处于人工智能发展的又一个高潮，人工智能产品不断推陈出新，并且真正走进了日常消费领域，消费者平时所接触的各类商品都在逐步智能化，这一变化直接改变了消费者的生活方式，对消费者产生了巨大的影响，同时也吸引了大量学者的目光，使其从不同的方面对人工智能进行了深入研究。相信在不远的未来，人工智能对消费者的影响会更加清晰。

第二，人工智能产品的研究与计算机技术和信息技术的发展水平密不可分。目前，人工智能产业的发展正处在又一个快速发展期，尤为重要的是，人工智能产品已经从实验室走进了千家万户，并因此引起了学术界的关注。但由于人工智能产品商品化时间较短，所以在有关消费者研究中，已发布的研究成果还较少，大多数研究都是以技术开发和应用的视角来进行。因此，人工智能产品对消费者影响的研究还有很大的空白亟需填补。

第三，人工智能产品呈现出了非智能产品所没有的智能性，而且也一直随着技术发展的变化而变化，但是有关的研究结果并不丰富。在技术发展的初期，学者们关注全球唯一识别码等相对智能的技术，而随着人工智能的兴起，又有不同的学者对其智能性提出了不同的观点，且未能达成一致结论。尽管具体来讲人工智能产品智能性各不相同，但也有共同之处。例如学者们普遍认同主动性、学习性、关联性等是人工智能产品必备的智能性。不过计算机和信息技术仍在迅速发展，未来的人工智能产品极有可能出现新的智能性，那么学者们的研究结论也可能会随着新技术的出现而发生变化，因此，目前我们应该重点总结人工智能产品的共性，为未来的有关人工智能产品的研究打下坚实的基础。

7 人工智能产品消费者体验研究综述

7.1 体验研究出现的背景和内涵

（1）体验研究出现的背景

到了 21 世纪，营销总监、品牌经理、从业者、营销学者和顾问都已经接受了被称为传统营销原则的理论。营销，如 Kotler 等人所定义的，是个人或群体通过创造、提供并同他人交换有价值的产品，以满足各自的需要和欲望的一种社会活动和管理过程。[①] 传统营销理论提出了"四 P"原则，即产品（product）、价格（price）、促销（promotion）和定位（position），"四 P"原则描绘出了产品的本质、消费者行为和市场竞争，也会被用于分析发展新产品和产品线、品牌和应对竞争活动。传统营销定义是功能主义的，它强调价值，对产品和竞争的定义比较狭隘，而且假设消费者是相对理性的。[②]

但是，Schmitt 提出，传统的营销定义没有关注到消费者的心理活动。[③]这造成传统营销对消费者真正的需求可能关注不足、定位不充分以及战略执行力较弱。庄贵军重申了这一点，他讨论了传统营销组合能否充分满足营销概念的问题，尤其着重强调了在服务部门中所产生的争议。[③] 传统的营销研究大多是产品和服务的外在表现，而非其带来的情感内涵。[④] 这一现象在服务业尤其明显，服务有四个众所周知的特性：无形性（服务不是有形的）、异质性（服

---

① Kotler P，Bowen J T，Makens J C. Marketing for Hospitality and Tourism（4th ed.）[M]. Upper Saddle River，NJ：Pearson Education，Inc，2006.

② Schmitt B. Experiential Marketing. New York：The Free Press，1999.

③ 庄贵军 . 四 P 营销组合模型的不足及其修正 [J]. 北京商学院学报，1998，（6）：21–25.

④ 苏勇，方凌智，陈云勇 . 品牌情感的形成及其拓展——基于情感营销的研究综述 . 中国流通经济 [J]，2018（6）：53–61.

务性能因生产者而异）、生产和消费的同步性（生产和消费同时发生）易逝性
（未使用的服务不能储存以供以后转售）。① 这就造成了传统营销定义对服务行
业的解释力不足。

随着服务行业的快速发展，以及以关系为导向的营销主义的出现，有学
者提出仅仅提供产品和服务已不能充分满足消费者需求，若想要在商品日益同
质化以及竞争逐步加剧的市场环境中区分出自己的产品及服务，必须向消费者
提供带有"体验"的产品和服务。

享乐型消费比例上升是这一转变的另一个主要原因。享乐型消费是指持
有享乐消费态度的消费者通过使用产品或服务来创造感官的愉悦、激发自我
想象以及获得情感满足。② 在体验营销研究成为趋势之始，学者们发现酒店行
业产生了更多的享乐型消费，因为消费者高度参与了他对产品或服务的购买和
消费。很多有关消费者报告提到，酒店通过个性化的服务及丰富的物理环境因
素确保了消费者生理和心理上的双重舒适感受。③ 所以在当时，有关消费者体
验的研究大多在酒店行业中进行。尽管酒店行业获得了营销学者的关注，但是
Knutson 等人也指出，在识别和衡量消费者体验的维度方面，酒店行业研究存
在空白。④ 许多酒店企业没有充分理解和评估体验的结构维度，只是通过提供
娱乐来增加消费者体验。但是产品和服务带来的体验，是比酒店的建筑、装饰
物或培训后的员工更加复杂和精细，它应该包含一个全面策略，以管理消费者
从体验前期望到体验后评估的整个过程。⑤

---

① Parasuraman A, Zeithaml V A, Berry L L. A Conceptual Model of Service Quality and Its
Implications for Future Research [J]. Journal of Marketing, 1985, 49（4）: 41–50.
② 高辉，沈佳. 基于购物过程体验的享乐性购物研究述评 [J]. 外国经济与管理, 2016,
38（4）: 63–72.
③ Kozub K R, O'Neill M A, Palmer A A. Emotional Antecedents and Outcomes of Service
Recovery: An Exploratory study in the Luxury Hotel Industry [J]. Journal of Services Marketing,
2014, 28（3）: 233–243.
④ Knutson B J, Beck J A, Kim S, et al. Identifying the Dimensions of the Guest's Hotel
Experience [J]. Cornell Hospitality Quarterly, 2009, 50（1）: 44–55.
⑤ Berry L L, Carbone L P, Haeckel S H. Managing the Total Customer Experience [J]. MIT
Sloan Management Review, 2002, 43（3）: 85–89.

为了更好地理解"体验"这一术语，需要根据其不同定义出现的背景以寻找共同点，因此，本研究会探讨体验的不同概念及其被提出时的环境。

（2）体验的内涵和分类

究竟何为体验？消费者体验和体验营销概念的产生是因为传统的营销理论不再有效地满足消费者的需求，很多学者从不同的角度来界定体验及其维度，具体定义如表2所示。

表 2　关于体验的定义

作者	年份	定义
Ma 等	2021	人们与环境整体互动的结果
侯旻等	2017	指由企业的营销活动引发的一种消费者心理感受，是追求愉快经历的理性和感性的结合体
潘澜等	2016	旅游体验是指产业管理者为消费者创造出一个包括娱乐、学习等多功能的休闲活动的体验平台，这种体验会带来深刻的记忆
Cammy & Chris	2016	令人难忘的、情感强烈的、模糊却形式多样的一种现象，是环境、情感和内部反应共同作用的结果
廖成林和刘吟	2013	私密的个人事件，发生于对刺激的反应中，涉及由于观察或参与某一事件而产生的整个存在
Roto 等	2011	可以分为瞬时体验、阶段性体验和累积体验
Walls 等	2009	可以是积极的也可以是消极的
Calder & Malthouse	2008	是不可计数的，它包含了意识和观念层面的东西，它可以被描述为人们在做某件事时人们脑海中所产生的想法和感觉
Mossberg	2007	包含很多因素，如消费者情感、行为、心智和精神
Carù & Cova	2003	包含了个体的认知和情感过程，同时是建构现实的一种手段
Bluedom	2002	具有时间意义，有开始和结束
Berry 等	2002	如何安排消费者在购物过程中发现的所有线索
Lewis & Chambers	2000	从环境、商品和服务的组合中得到的总结果
Schmitt	1999	很私人的事情，它并不是由个体独立产生的，而是形成于阶梯式的情境中

续表

作者	年份	定义
Arnould & Price	1993	非凡的体验是那些具有高度情感强度的体验
Denzin	1992	史诗级的体验打破了生活惯例，引发激进的自我重新定义。在顿悟的时刻，人们重新审视自己。顿悟与转折点的体验有关
Csikszentmihalyi	1990	沉浸是最佳的体验，使人保持动力。这种感觉包含了巨大的努力并扩展了人的能力，形成新的发现。沉浸是一种毫不费力但精神高度集中的意识状态，且其描述在不同的文化背景、性别及年龄下差异不大
Maslow	1964	高峰体验是个体超越普通现实，感知存在或终极现实的经历。它持续时间短并伴有积极的影响
Thorne	1963	高峰体验在主观上会被认为是生活的高点之一，是一个人经历过的最令人兴奋的、最丰富的和最充实的经历之一

①研究学科的角度

从表 2 可以看出，对体验的定义可以来自多个领域，尽管很多有关体验的研究来自酒店行业，但是在人类学、社会学、心理学、哲学和其他一些研究领域，体验也是很重要的议题，其研究没有学科边界。

关于体验，有学者总结了不同学科提出的一些不同的定义，专门强调了一般体验和科学研究中的体验的不同，一般体验是个人独有的，而研究中的体验会为所有人提供普遍的知识。从哲学上来讲，体验是一种改变或改变了个体的个人事件，因此，当发生的事情转化为了知识时，并且个体不再仅把它当成一个简单的事件时，体验就发生了。

从社会学和心理学的角度来看，体验可分为高峰体验、史诗级体验、沉浸式体验、非凡体验等。Maslow 将高峰体验定义为个体超越普通现实，感知存在或终极现实的经历，持续时间短并伴有积极的影响。[①]Thorne 将高峰体验定义为在主观上会被认为是生活的高点之一，是一个人经历过的最令人兴奋

---

① Maslow A H. Religious，Values and Peak-Experiences［M］. Columbus：Ohio State University Press，1964.

的、最丰富的和最充实的经历。[①]Carù 和 Cova 强调体验包含个体认知和情感经历，同时是建构现实的一种手段。[②] 史诗级体验超越了高峰体验，允许个人真正重新定义自己，"这些体验打破了惯例和生活，并引发了对自我的彻底重新定义"[③]。研究者们将这种体验称为"非凡体验"，他们的研究结论为后人的研究提供了方向，并产生了体验的新境界，如"最优体验"。这些定义具有一定经济意义上的启发意义，研究人员和营销人员开始意识到，消费者渴望强烈的、积极的体验，从而为自己的生活提供新的意义和视角。[④]

从营销和经济学的角度来看，有关消费者体验的研究开始于 20 世纪 80 年代，理性消费者的假设受到学者的质疑，学者们对基于功利价值的消费者行为和基于享乐价值的消费者行为进行了概念上的区分，并提出新的研究框架。目前看来，这一框架内的研究主要关注消费者体验中的价值认知、情感和整体直觉。[⑤] 廖成林和刘吟提出，消费者体验是私密的个人事件，发生于对刺激的反应中，涉及由于观察或参与某一事件而产生的整个存在。他们认为，为了产生所需的消费者体验，营销人员必须提供恰当的环境和设计。[⑥] 侯旻等认为体验，或更特殊的消费者体验，是指由企业的营销活动引发的一种消费者心理感受，是追求愉快经历的理性和感性的结合体。[⑦]

通过对体验不同学科定义的分析，可以发现在这些定义中存在着共同点。

---

① Thorne F C. The Clinical Use of Peak and Nadir Experiences [J]. Journal of Clinical Psychology, 1963, 19（2）: 248–250.

② Carù, Antonella, Cova B. Revisiting Consumption Experience: A More Humble but Complete View of the Concept [J]. Marketing Theory, 2003, 3（2）: 267–286.

③ Denzin N K. Symbolic Interactionism and Cultural Studies: The Politics of Interpretation [M]. Cambridge: Blackwell, 1992.

④ Arnould E J, Price L L. River Magic: Extraordinary Experience and the Extended Service Encounter [J]. Journal of Consumer Research, 1993, 20（1）: 24–45.

⑤ 王新新，李震.客观标准还是主观评价？消费者体验质量测量研究述评 [J].外国经济与管理，2019，41（1）: 127–140.

⑥ 廖成林，刘吟.线下环境因素对消费者体验意愿的影响 [J].商业研究，2013（6）: 66–76.

⑦ 侯旻，张瑶，顾春梅.线上线下消费者购物体验比较研究 [J].统计与决策，2017（6）: 54–58.

首先，尽管不同学者给了体验不同的定义，但是普遍认为体验是发生在日常生活之外的事件。其次，学者们一般认为体验是积极的经历，不过也存在着消极的体验。很多情况下，当学者们在描述体验时，通常暗示积极愉快的事件或感觉。体验通常会被描述为令人难忘的、情感强烈的、模糊却形式多样的一种现象，它们往往是环境、情感和内部反应共同作用的结果。Walls 等人指出身体不协调和不专业的员工会带来负面的消费者体验，这说明体验可以是积极的也可以是消极的，但是有趣的是，很少有学者研究消极的体验。再次，体验是可以持续变化的，当个体从经历日常生活过渡到突发事件，体验也处在不断变化当中。最后，体验影响消费者行为的各个方面，包括消费者的情感、行为和心智。[①] 大多数学者都认同体验通过认知和情感手段使消费者参与进来这一观点。

除了上述共同点外，有关体验的研究也存在着一些分歧。首先，Schmitt 认为体验不是由自我产生的，而是对某种阶段性事件的反应。[②] 但一些学者不这么认为，他们指出个体可以启动一种体验的发生，例如 Csikszentmihalyi 的沉浸式体验、Arnould 和 Price 的非凡体验，如果个体一开始没有从主观上选择参与这一事件，那么体验就不会发生。然而，这些观点并不排除个体会因无意中遇到的事件而产生体验的可能性。其次，Berry 等人将体验定义为个体所发现的被精心安排的线索。[③] 那么是否所有的消费者都会察觉到商家所安排的线索呢？ Ackerman 等人发现，有些事物是可能完全无法被察觉的，如气体、化学品等，但对个体也产生了深远的影响，特别是长期处在一个环境中的雇员。[④] 最后，体验通常被认为由员工或企业精心策划出来的，但也存在未被策划的体验，例如大海经常能给个体带来情感和精神上的影响，它并不是被策划出来的，却也形成了体验。

---

① Mossberg L. A Marketing Approach to the Tourist Experience. Scandinavian Journal of Hospitality and Tourism，2007，7（1）：59-74.

② Schmitt B H. Experiential Marketing［M］.New York：Free Press，1999.

③ Berry L L，Carbone L P，Haeckel S H. Managing the total vustomer experience［J］. MIT Sloan Management Review，2002，43（3）：85-89.

④ Ackerman J M，Nocera C C，Bargh J A. Incidental Haptic Sensations Influence Social Judgments and Decisions［J］.Science，2010，328（5986）：1712-1715.

②体验的层面角度

体验天生就是不可计数的，它包含了意识和观念层面的东西。它可以被描述为当人们做某件事时人们脑海中所产生的想法和感觉。虽然个人体验是主观的[①]，但仍然有些问题需要客观探讨：体验到底是什么？它和认知、意识有什么区别？谁或者什么可以拥有体验？体验从哪里开始又在哪里结束？

主观体验一直被等同于意识，[②] 体验、认知、意识这三个术语总是被学者们交替使用，然而，它们并不是等同的，这就导致了不同概念之间的混淆。虽然体验包含了哪些层面仍然存在分歧，但总体来说可以归为以下三个层面：基础体验、认知体验和意识体验。

基础体验是一个个体最低、最基本的体验水平[⑤]。在这个初级水平上，即使是酶也可以拥有体验。例如，"当适当的酶作用物存在于酶的直接环境中时，它会被酶的活性位点所识别，从而产生反应"。产生反应是体验最基础的一个层面。它其实是一种模式识别。

第二个层面是认知体验，涉及大脑如何识别、组织和关注基础体验的输入，是大脑对基础体验的过滤和处理的结果。对于大脑来讲，这一步骤是比较轻松简单的，只需要运用到对环境刺激做出分析、分类和反应的能力，分析个体本身内部状态的能力，以及注意力的集中和行为的控制[③]。尽管这些能力对大脑来讲是简单的，可是依然有着很复杂的处理过程。

第三个层面是意识体验。这一过程涉及个体意识如何通过信息输入、组织和认知这一过程产生主观体验。意识体验不同于消费者与产品之间的互动，它包含的内容更加广泛，因此也更为重要。理解意识体验的关键是理解消费者与产品互动过程中所产生的其他的东西。然而，困难在于这些"其他的东西"是很难用语言形容的。哲学采用了"大脑喜欢的东西"这一描述来形容这种主

① 安贺新,刘备,汪榕.旅游目的地游客购物体验影响因素的实证研究——基于北京、云南、四川部分景区的调查数据［J］.中央财经大学学报，2018（11）：96-106.

② Morin A. Levels of Consciousness and Self-Awareness：A Comparison and Integration of Various Neurocognitive Views［J］. Consciousness and Cognition，2006，15（2）：358-371.

③ Chalmers，D.J. Facing Up to the Problem of Consciousness［J］. Journal of Consciousness Studies，1995，2（3）：200-219.

观上的体验。①

意识体验存在于广泛的时空尺度上，事实上，"一次体验"意味着该体验有一个开始和一个结束，这就定义了它的时间深度。②Roto 等人对比了三种不同时间深度的体验——瞬时体验、阶段性体验和累积体验。瞬时体验的持续时间是最短的，它形成并出现的时间不会超过 3 秒。从长期来看，阶段性体验是一种基于一系列瞬时体验的、持续时间更长的体验，代表在一定时间内，意识的传承和流动。③而当时间持续得更久，一系列的阶段性体验经过回忆和评估后，就形成了累积体验。④

7.2 消费者体验的内涵及维度

消费者体验的研究始于 Toffler 提出的"体验"这一经济术语⑤，并在此基础上提出了体验经济理论，指出体验经济将会是继制造经济、服务经济之后的经济阶段，他认为体验是一种可交换物，是商品和服务被心理化后的可交换物。

之后，消费者体验成为营销理论研究的热点，在五十多年的研究里，学者对消费者体验这一概念从不同行业、理论基础做出了总结，并且也将消费者体验分为不同的维度。如表 3 所示。

① Nagel T. What Is It Like to Be a Bat? [J]. The Philosophical Review，1974，83（4）：435–450.

② Bluedom A C. The Human Organization of Time：Temporal Realities and Experience [M]. Stanford，CA：Stanford Business Books，2002.

③ Tononi G，Christof K. Consciousness：Here，There and Everywhere? [J]. Philosophical Transactions of the Royal Society B，Biological Science，2015，370（1668）.

④ Ariely D. Combining Experiences over Time：The Effects of Duration，Intensity Changes and On-Line Measurements on Retrospective Pain Evaluations [J]. Journal of Behavioral Decision Making，1998，11（1）：19–45.

⑤ Toffler A C. Learning to Live with Future Shock [M]. College and University Business，1971.

表 3　消费者体验的定义

作者	定义	认知	情感	感官	行为	关系
Pine & Gilmore（1998）	一种心理状态，当一家公司故意使用其产品以一种创造难忘事件的方式吸引客户时，就会出现	√	√		√	
Schmitt（1999）	一种基于感觉、情感、关系、行动和认知反应的感觉，与刺激的相互作用触发	√	√	√	√	√
汪涛、崔国华（2003）	消费者在企业提供的消费情景中，作为整个消费事件和消费过程中必不可少的一员，由于参与设计、协助推动和浸入感受整个消费过程所产生的美妙而深刻的感觉	√	√	√	√	
梁健爱（2003）	消费者内在的个性化的东西。它会涉及消费者的感觉、情绪、情感等感性因素，包括知识、智力、思考等理性因素，同时也可包括身体的一些活动	√	√	√	√	
姚公安（2009）	关注的不仅仅是消费的过程，还是企业和客户交流感官刺激、信息和情感的要点的集合	√	√		√	
Zarantonello & Schmitt（2010）	主观的、内部的消费者反应以及品牌相关刺激引起的行为反应	√	√	√	√	
孙栩瑜（2011）	顾客对于产品或服务消费的综合反映，通常表现为顾客满意或者不满意，最终通过影响顾客忠诚而影响组织的绩效	√	√			√
Iglesias 等（2011）	一种长期印象，是由于遇到一个对象的整体而在消费者心目中形成的	√	√	√	√	
Rose 等（2012）	消费者与零售商接触后产生的整体的、主观的反应，可能涉及不同层次的消费者参与	√	√			

续表

作者	定义	认知	情感	感官	行为	关系
贺和平、周志民（2013）	一种多维的、个人化的内在心理状态	√	√			
Nysveen 等（2013）	消费者与组织的某些部分之间互动的反应	√	√	√	√	√
Zhang 等（2015）	消费者参与价值共创过程中的心理状态	√	√	√		√
Schmitt 等（2015）	与物体相互作用而自我产生的一种内部心理过程	√	√	√		
赵宏霞（2015）	消费者对网站的认知与互动过程，并会与商家或品牌建立起依恋关系	√	√			√
Lemon & Verhoef（2016）	一种多维结构，是基于整个购买过程中对产品的认知、情感、行为、感官和社会反应	√	√	√	√	√
董滨等（2020）	受多种因素影响，包括消费者在企业不同渠道购物所产生的一种对购物过程的总体评价	√	√	√	√	

　　经过不断发展，目前大部分有关消费者体验的定义都认为消费者体验是被动的，是消费者对品牌或营销活动的一种反应。例如，高伟等将消费者体验定义为消费者在企业不同渠道购物所产生的一种对购物过程的总体评价。[①] 梁健爱也提出了一个相似的观点：消费者体验是消费者内在的个性化的东西。[②] 它会涉及消费者的感觉、情绪、情感等感性因素，包括知识、智力、思考等理性因素，同时也包括身体的一些活动。许多学者将消费者体验概念化为一种在消费者和企业的互动中出现的心理状态，[③] 这种心理状态以多种感觉的形式存

---

① 高伟，刘益，李雪 . 全渠道购物体验与品牌忠诚，品牌资产关系研究——全渠道一致性与无缝性的调节作用［J］. 工业工程与管理，2019，24（4）：174-180，196.
② 梁健爱 . 基于消费者体验的广告策略［J］. 改革与战略，2003（11）：69-70.
③ Schmitt B H. Experiential Marketing［M］. New York：Free Press，1999.

在，这种感觉就可以定义为消费者体验的结构维度。根据前人的研究成果，消费者体验研究所涉及的结构维度主要包括五个方面：认知、情感、感官、行为和关系。

根据消费者体验产生背景的不同，其维度也存在数量上的变化。一些研究将消费者体验分为两个维度，例如，贺和平和周志民将其概念化为一个多维结构，但只包括两个维度，即认知和情感。[①] 有些人认为这是一个三维概念。Pine 和 Gilmore 认为消费者体验由认知、情感和行为三个维度构成。也有一些研究者认为消费者体验由四个维度或五个维度组成。出现不同维度的原因是体验产生的背景不同，体验从消费者与刺激物的互动中来，产生互动的环境不同带来了消费者体验的不同维度，例如，在线上互动和线下互动将产生不同的感觉。

互动，是消费者产生体验的必要因素。消费者体验不是凭空发生的，是由体验线索激发或者消费者参与而形成的。陈建勋指出，消费者体验会在消费者与营销线索经过互动之后产生。[②] 赵宏霞在定义消费者体验时特别强调了互动的重要性，称网购中的消费者体验是消费者对网站的认知与互动过程，并会与商家或品牌建立起依恋关系。[③]Prahalad 和 Ramaswamy 着重提出"互动性是消费者体验的第一准则，这意味着消费者体验总是产生于互动中"。[④] 因此，互动是消费者体验的"基石"。

7.3 人工智能产品消费者体验研究

随着人工智能产品的不断推出，消费者的消费场景、习惯等方面都发生了显著的变化，因此也形成了与非人工智能产品完全不同的消费者体验。由于

---

① 贺和平,周志民.基于消费者体验的在线购物价值研究［J］.商业经济与管理,2013（3）: 63-72.

② 陈建勋.顾客体验的多层次性及延长其生命周期的战略选择［J］.统计与决策,2005（12）：109-111.

③ 赵宏霞.网购中消费者体验对信任的动态影响机制［J］.中国流通经济.2015,29（6）: 78-87.

④ Prahalad，C，K，Ramaswamy V. Co-creation Experiences：The Next Practice in Value Creation［J］. Journal of Interactive Marketing，2004.18（3）: 5-14.

大数据和机器学习的迅速发展，语音识别和面部识别的广泛应用，用户的电子产品普遍变得"智能"起来，语音操控手机、电脑、家电等智能设备已经变得稀松平常，当产品由"非智能"转变为"智能"时，产品的智能性不但改变了消费者的行为模式，也改变了消费者的心智模式，并最终形成了不同的消费体验。

人工智能产品消费者体验是当下研究的热点，人工智能产品和非智能产品有着本质的区别，它总是以拟人的形式和消费者进行互动，所以学者们主要从四个方面研究了智能产品给消费者带来的全新体验。

（1）技术接受模型视角

当代信息系统方面的研究长期以来都在研究"为什么个体会采用新技术"以及"如何让个体采用新技术"。在社会学、心理学和经济学等相关学科中产生了有关信息系统的理论模型，在所有这些模型中，Davis 的技术接受模型（Technology Acceptance Model，TAM）应用最为广泛。TAM 是理性行为理论（Theory of Reasoned Action，TRA）的扩展，TRA 是一种被广泛应用的社会心理学模型，根据 TRA 的观点，人类的行为意图受到态度的影响，态度又受到信仰的影响。[1]Davis 将这些概念应用于技术接受研究，他使用 TAM 来解释感知有用性和感知易用性对用户意图和实际技术使用的影响。TAM 认为一项新技术是否会被消费者所接受主要取决于两个因素。第一个是感知有用性（Perceived Usefulness），反映一个人认为使用一个具体的系统对他的工作能力提高的程度；第二个是感知易用性（Perceived Ease of Use），反映一个人认为使用该新技术的容易程度，是用来解决用户如何采用新的信息技术问题的最常

---

① Fishbein M，Ajzen I. Belief，Attitude，Intention and Behavior：An Introduction to Theory and Research［M］.MA，USA：Addison-Wesley：Reading，1975.

用的理论框架。通过对智能手机[①]、移动购物[②]、电子学习[③]和物流共享平台[④]等技术的重复测试，TAM 已被应用于信息系统和相关的技术环境。虽然 TAM 是在 1986 年被提出的，但到目前仍然被学者广泛应用，并且依然在预测与信息技术相关的用户行为上有效。

一些学者应用 TAM 分析了消费者对人工智能产品的消费体验，并且发现在人工智能领域，TAM 依然生效。人工智能产品的感知特点（感知有用性和感知易用性）对用户的使用意愿和使用行为有影响。

智能设备的使用，节约了消费者的时间成本和金钱成本，同时又提高了消费者的生活水平，同时研究发现，手机软件的感知交互性和智能共享产品的独特性影响了消费者对感知有用性和感知易用性的评价。[⑤] 除了产品的感知属性以外，个人特质、环境等会和产品的感知属性一起发生作用，影响最终的技术接受程度。有学者发现，性能预期、工作期望、社会影响和便利条件对行为意图和用户行为有影响。社会因素和信任也会影响产品的感知属性，从而影响最后的接受程度。[⑥] 徐向东和何丹丹研究了数字图书馆的使用意愿，发现了个人特质、信息质量和服务质量在其中发挥的作用。[⑦]

王林和荆林波通过对智能设备的使用情况研究，发现社会影响力、享乐动机、情感喜好、人文交互等因素对感知有用性和感知易用性产生了显著影

① 贺建平，黄肖肖.城市老年人的智能手机使用与实现幸福感：基于代际支持理论和技术接受模型［J］.国际新闻界，2020，42（3）：49-73.

② 王艳玲，张广胜，李全海.基于技术接受模型的电商平台采纳行为及影响因素［J］.企业经济，2020（3）：132-137.

③ 许雪琦，张娅雯.移动学习平台用户使用意愿影响因素研究——基于移动情境和心流体验的技术接受模型［J］.电化教育研究，2020，41（3）：69-75，84.

④ 邬文兵，李爽，项竹青，等.司机对共享物流平台的持续使用意愿研究——TAM 模型的实证分析［J］.经济管理，2019，41（10）：178-193.

⑤ Lu D，Lai I，Liu Y. The Consumer Acceptance of Smart Product-Service Systems in Sharing Economy：The Effects of Perceived Interactivity and Particularity［J］. Sustainability，2019，11（3）：1-22.

⑥ 程皓，乐琦.基于技术接受模型的社交金融产品使用意愿研究——以"微信钱包"为例［J］.金融经济学研究，2018，33（1）：117-128.

⑦ 徐向东，何丹丹.图书馆移动服务使用意愿影响因素实证研究——基于信息安全感知和移动性等变量的技术接受模型［J］.图书馆，2019（2）：79-85.

响。[①] 杨一翁等证明在推荐系统的使用上，推荐系统质量和推荐信息质量是重要因素。[②] 王若宸等人还发现，系统质量、社群影响和个体创新会对使用意向产生影响。[③]

通过总结 TAM 在人工智能领域的应用，Hwang 和 Lee 提出了一个扩展性的技术接受模型，该模型指出，个人特质、产品特征、使用环境和产品互动性共同影响了产品的感知属性，从而进一步地影响用户的行为意图，并最终影响使用行为。[④]

（2）拟人视角

和用户通过拟人的方式进行沟通是人工智能产品的一大特点，也是区别于非智能产品的一个主要方面。人工智能产品的拟人特性给消费者带来了与非智能产品不同的体验。

当用户和产品或品牌通过文本聊天机器人沟通时，用户体验到了更少的神秘感，从而降低了对产品的不确定性。[⑤] 同样的，消费机器人的拟人行为也会使消费者感受到温暖，减少了消费者对风险的感知，并进一步地影响消费者态度。[⑥] 而当智能语音助手的交流方式与用户的交流方式更加契合时，便会增加交互的透明度、享受程度、信息丰富度和可信度，从而对用户产生更大的吸

---

① 王林，荆林波. 用户对人工智能设备的接受意愿研究 [J]. 现代产业经济，2020（3）：93-107.

② 杨一翁，孙国辉，王毅. 消费者愿意采纳推荐吗？——基于信息系统成功—技术接受模型 [J]. 中央财经大学学报，2016（7）：109-117.

③ 王若宸，母咏然，朱学芳，等. 数字人文技术研究者采纳意愿影响因素——以技术接受模型为视角 [J]. 图书馆论坛，2019，39（6）：1-9.

④ Hwang J S, Lee H J. A Review of Diffusion for the Smart Devices Based on Technology Acceptance Model [J]. ICIC Express Letters，2016，7（11）：2451-2459.

⑤ Ciechanowski L, Przegalinska A, Magnuski M, Gloor P. In the Thades of the Uncanny Valley：An Experimental Study of Human-Chatbot Interaction [J]. Future Generation Computer Systems，2019，92（3.）：539-548.

⑥ Kim S Y, Schmitt B H, Thalmann N M. Eliza In the Uncanny Valley：Anthropomorphizing Consumer Robots Increases Their Perceived Warmth But Decreases Liking [J]. Marketing Letters，2019，30（1）：1-12.

引力。[①]

但是人工智能产品的拟人特性并不一定全是有益的。和拟人形态的机器人进行互动，有可能给用户带来奇怪的感觉，自我身份的认知会受到威胁。[②] 在游戏体验中，拟人的游戏助手会降低消费者的游戏体验，因为它会使用户认为游戏内的成就不是靠自己完成的，降低了用户的自主性感受。[③] 消费者对自我独特性的感知也可能会造成对智能设备的抗拒，在医用智能设备领域内的研究发现，认为自己很特别的消费者对医用智能设备更加抗拒，不过当这种智能设备可以向用户提供个性化护理时，抗拒态度减弱了。[④]

（3）恐怖谷理论视角

恐怖谷理论也是研究产品拟人特性的理论，但是其主要探讨的是拟人程度对消费者感知的影响。恐怖谷理论最早由日本机器人科学家 Masahiro 提出，主要用来解释人类在面对拟人的机器人时所产生的怪异、恐怖及厌恶感。[⑤] 该理论认为，机器人的拟人程度与消费者好感之间的关系并非总是正相关的，当机器人的拟人程度处于较低水平时，机器人越像人，消费者好感度越高。但是当机器人拟人程度越来越接近人类时，消费者的好感度会迅速下降，他们会对这种似人非人的设备感到毛骨悚然。而当机器人的拟人程度继续上升，和人类几乎没有区别时，消费者的好感度又会迅速上升到高水平。

有学者认为，恐怖谷理论存在的原因在于人类对自我身份独特性的追求。人工智能可以表现得与人类非常接近，从而侵害人类对自我独特性和身份的认

① Li M, Mao J. Hedonic or Utilitarian? Exploring the Impact of Communication Style Alignment on User's Perception of Virtual Health Advisory Services [J]. International Journal of Information Management, 2015, 35 (2): 229-243.

② Mende M, Scott M L, Van Doorn J, Grewal D. Service Robots Rising: How Humanoid Robots Influence Service Experiences and Elicit Compensatory Consumer Responses [J]. Journal of Marketing Research, 2019, 56 (4): 535-556.

③ Kim S, Chen R P, Zhang K. Anthropomorphized Helpers Undermine Autonomy and Enjoyment in Computer Games [J]. Journal of consumer research, 2016, 43 (2): 282-302.

④ Longoni C, Bonezzi A, Morewedge C. Resistance To Medical Artificial Intelligence [M]. Boston, Ma: Boston University, 2019.

⑤ Mori M. The Uncanny Valley [J]. Energy, 1970, 7 (2): 98-100.

知，当人工智能表现出超出人类的能力或以人类的外观表现出非人的特质时，就会引发使用者的恐惧。[①] 因此，有学者反对机器人的拟人化设计，认为拟人化设计背后是一种对自我的内在假设，认为智能机器要合乎道德共同体的道德标准，就必须具有与共同体内部成员相似的道德图像，而这种对道德图像的认识导致了一种自我谬误。[②]

恐怖谷理论得到了很多学者的认同，但在实证研究中存在着不同的结论。一些证据为恐怖谷理论提供了支持，在有关机器拟人程度与消费者喜爱程度的研究中证明了恐怖谷的存在，但也有一些研究没能发现消费者好感降低的情况。[③] 这可能是拟人程度操控办法不同的原因，也可能是恐怖谷理论只存在于某些情境，这需要展开更多的讨论。

（4）集群理论视角

集群理论是由 Deleuze 和 Guattari 在《千高原》中第一次提出，后该理论逐渐流行开来，被诸多学者在多个领域运用。在这本书中，作者以"根茎"为标题陈述了他们的哲学思想。"根茎"是指在土壤浅表层呈匍匐状蔓延生长的匍匐茎，在日常生活中，根茎经常会令人联想到马铃薯或红薯之类的植物根茎，而《千高原》中提到的根茎不是指土豆、红薯等植物，它代指所有消融了同一、核心、等级、结构与组织等属性的组织，有着一定的结构主义意味。这一哲学范畴是作为具有形而上或建构主义意味的树状思维方法的对立面而出现的。体系化、层级化和中心化是树状思维方法的本质，相比之下，根茎思维以无序化、平等化和非中心化为基本特征，它毫无规律地向各个方向拓展，充满变化又难以把握其中的规律。一般来说，人们能够轻松地辨识树干、树枝和树叶，但要把握根茎却十分困难。其根源在于根茎一般会在地面表层或地下浅层

① Stein J, Ohler P. Venturing into the Uncanny Valley of Mind——the Influence of Mind Attribution on the Acceptance of Human-Like Characters in a Virtual Reality Setting [J]. Cognition, 2017, 160: 43-50.

② 张正清. 智能机器外观形象的伦理问题——从拟人化到环境假设的道德图像 [J]. 自然辩证法通讯 .2019, 41（10）: 24-30.

③ Murphy J, Gretzel U, Pesonen J. Marketing Robot Services in Hospitality and Tourism: the Role of Anthropomorphism [J]. Journal of Travel & Tourism Marketing, 2019, 36（7）: 784-795.

不断蔓延，尽管会生根但只是暂时的，而且非永久性的根系会进一步生成为"根茎"，新生的根茎会进一步拓展自己的范围。

在 Deleuze 和 Guattari 看来，不管是在自然界还是在人类社会，根茎无处不在，在自然界中，土豆、红薯等属于根茎，在人类社会中，城市、国家、网络、网页也都是根茎，这是由上述事物的无序性、难以预测性和非决定性特征决定的，它们有时潜藏、有时出现、有时突破辖域、有时重新生成，而且这些特性其实是反中心思维、反同一性思维的外在表现，和西方哲学中依赖的树状思维截然不同。简而言之，根茎有别于树干、树枝等存在，也和束状根有着本质的差别，我们可以将树干、树枝以及束状根看作一个有机的统一体，但是根茎不包括在内，它始终是面向未来的，难以用恒定不变的结构来约束。

《千高原》一经出版便吸引了各路学者投身于这部富有隐喻且颠覆了传统哲学的经典著作解读中，尽管 Deleuze 和 Guattari 公开否认了《千高原》中各种隐喻，依然有不同学者对这本书中的新术语提出了自己的解读。目前应用于社会科学领域中的集群理论正是来自 Manuel Delanda 对"根茎"的解读。Manuel Delanda 在《社会新哲学：集群理论与社会复杂性》中对"根茎"的概念进行了扩展，并为其提供了比原作者更持久的理论基础——集群理论。[①] 集群理论的目的是取代在社会理论中使用的其他传统隐喻，以解释复杂的结构，例如国家、社会或全球网络。集群理论对原有的将组织多样的、相互依存的功能归结为系统的不同部分的观点提出了质疑，更多地考虑了系统不同部分之间的关联性。Deleuze 和 Guattari 经常引用"没有器官的组织"一词来区分集群和功能主义或有组织框架的思想。

"集群"一词描述了一组关系，一方面，它符合一个非常特定的模式，另一方面，它可以运用到广泛的现象中。集群的一个重要特征是它的所有部分都是协同的。集群既是较大集群的一部分，本身也包括了更小的集群。此外，集群没有不可变的本质，也没有独立的部分，因此它的特征完全取决于它的子集群之间发生的相互作用，以及它本身与邻近的其他集群之间发生的相互作用。

---

① Delanda M. A New Philosophy of Society：Assemblage Theory and Social Complexity [M]. London：Continuum，2006.

集群是流动性的，因为任何集群的内部或外部关系的变化都可能改变集群的本质。

与任何一组关系一样，集群包括形式和内容。Deleuze 和 Guattari 强调，在一个集群中，内容和表达都是通过"互惠假设"联系起来的，这意味着内容和表达互为因果，因而不能将两者不能割裂开来分析。用另一句话说，在一个集群内，所有活动都是连续编码的，所有编码都是连续发布的。

每个集群的特性都是由它所包含的个体所决定的，并带来独一无二的体验。国家就是这样的一种集群，与全球化有着非常强的相关性。还有学者以书为例解释了这一现象。一本书可以包含万物，可以将很多事物连接起来，不仅仅是读者和作者。然而，到底是什么被一本书连接了起来是会因时间和空间变化的，例如读者身份背景和阅读情境的不同，都会给集群带来变化。集群之间动态的变化是集群不确定性的根源。

集群理论最复杂的方面就是它的不确定性。想要完全预测集群中发生的任何一组关系的结果是不可能的，而且结果的多样性总是确定的。也就是说，尽管一个集群的结果在有限的可能性范围内，但集群依然可以产生无限变化。

在近年来的营销研究中，集群理论被应用于研究消费者与人工智能产品的关系上，并与产品是消费者自我延伸的一部分的经典理论密不可分。[1] 在人工智能产品与消费者关系的研究中，Hoffman 和 Novak 从集群理论的视角分析消费者和智能设备所形成的组合以及所有组合所形成的整体，在探讨智能设备产生体验的理论依据，并在自我延伸的基础上，提出其他三种人工智能时代消费者有可能产生的消费体验，分别为自我扩展、自我受限和自我限制。[2] Hoffman 和 Novak 认为消费者和产品在整体与部分中相互作用，每个部分都自由地或依赖另一部分进行活动，但同时也受到集群整体的约束，同时，较小的组合也相互连接形成更大的组合。他们认为产品也会产生体验，他们提出这一概念以帮助人们理解产品体验的形成，产品体验的形成依赖于产品与人

---

[1] Belk R .W. Possessions and the Extended Self[J]. Journal of Consumer Research，1988，15（2）：139-168.

[2] Hoffman D. L，Novak T. Consumer and Object Experience in the Internet of Things：An Assemblage Theory Approach［J］. Journal of Consumer Research，2018，44（6）：1178-1204.

类或其他产品的互动。尽管产品的体验不是产品有意识的行为，但它依然包含了产品与消费者互动中信息的过滤和处理过程。从这个角度来看，人工智能产品也拥有独立发起行动的能力。

Schweitzer 等人研究了智能语音助手在与消费者互动中所承担的角色，以及消费者的角色感知对他们未来使用意愿的影响，发现大部分消费者认为语音助手是他们的仆人、伙伴和主人，也是他们自我角色在数字世界中的延伸，同时不同的关系感知也影响了最终的使用意愿。

集群理论也被用来解释消费者对智能设备的拒绝态度。消费者在"消费者—智能设备"的这个整体中，不仅会出现自我延伸的情形，也会被智能设备"入侵"。由于智能设备的中介性、主动性等特点，消费者会感到自身自主性被损害，并产生失控感和权力被剥夺的感觉。主动性是智能产品的一大特点，但是在它给消费者带来便利的同时，也使消费者感到权力被剥夺。当一个音乐软件可以决定播放时间和播放内容时，消费者反而更不愿意接受它。① 同样，一个能够记录消费者产品购买内容并同时根据算法自主帮消费者下单的自动购物系统，也会因为伤害了消费者的自主性而被拒绝。②

7.4 对人工智能产品消费者体验研究的概括和评价

通过对人工智能产品消费者体验研究的分析与总结，可以得出以下结论。

第一，通过对体验研究的梳理和分析，可以发现有关于体验的研究开始较早，研究内容也较为详细，并且具有一定的理论深度，因此有关体验的理论较为成熟，取得了相对一致的结论。尽管对体验研究的学科不同，研究的层面和视角不同，但对体验的定义有两个共同点：一是学者们普遍认同体验是对生活中不同寻常的事物或经历的反应，且这一反应是非常主观的。二是体验可以包含多个层面，既可以涵盖外在的行为层面，也可以涵盖内在的情感、认知、意识层面等。不过，随着人工智能产业的兴起，又给体验的研究带来了新的

① Schweitzer F，Van d H E A. To Be or Not to Be in Thrall to the March of Smart Products ［J］. Psychology & Marketing，2016，33（10）：830-842.

② Bellis E D，Johar G V. Autonomous Shopping Systems：Identifying and Overcoming Barriers to Consumer Adoption ［J］. Journal of Retailing，2020，96（1）：74-87.

挑战。人工智能产品给消费者带来的体验是与非人工智能产品完全不同的，因此，近两年来人工智能与消费者体验的研究成了学术热点，也为我们的研究指引了方向。

第二，总体来说，现有的有关消费者体验的定义普遍认同，消费者体验是消费者在与市场中各类角色的互动中所产生的多层面内在反映。在人工智能时代，由于人工智能产品的智能性，产品可能在与消费者的互动中主动发出指令或向消费者学习，此时人工智能产品便成为互动中的主动方，这一变化可能会给消费者带来与使用非智能产品完全不同的全新体验。因此，人工智能产品消费者体验是非常值得探索的。

第三，可以看到有关人工智能产品消费者体验这一方面的研究目前正处在初步探索阶段，学者们从不同的理论视角对人工智能产品消费者体验进行了尝试性的研究，主要包括技术接受模型视角、拟人化视角、恐怖谷理论视角和集群理论视角等，除了技术接受模型视角以外，其他视角都是从人工智能产品的新特点出发的。因为研究视角的不同、研究开始的时间较晚，所以目前还未形成相对成熟的研究理论。尤其是体验的类型、体验产生的原因等方面，探讨还不够深入，因此这也成了人工智能产品消费者体验研究的重点。

8 消费者体验形成机理研究

消费者体验的形成是多方面共同作用的结果，其形成机理研究是消费者研究中的重点。通过研究发现，产品和服务本身的质量会对消费者体验产生影响，环境等其他因素也会影响消费者体验的形成。

8.1 产品和服务对消费者体验形成的影响研究

对于消费者体验的形成影响作用最明显也最直接的因素就是产生消费的产品和服务本身，学者对产品和服务的方方面面如何影响消费者体验进行了深入研究。

通过对主题公园消费者体验的研究，徐虹和李秋云发现产品和服务质量显著影响消费者体验的质量，他们将产品因素归纳为动力性刺激物（体验项目），将服务因素归纳为基础性刺激物（服务流程、服务场景）。[①] 丰佳栋主张实体商业主动进行服务创新，以提升消费者体验。[②] 与此同时，零售企业在提供服务时，也需要为消费者付出更多的关注。除了关注消费者，有学者更进一步地研究了企业的关系营销，发现关系营销能够通过重构顾客生态系统中的技术信任、察觉有用性和察觉易用性来显著改善消费者的自助服务体验。[③]

同时，由于在线购物的蓬勃兴起，很多学者对线上消费场景中的消费者体验进行了研究。通过对民族地区在线旅游服务消费者体验的研究，王志远和吴泗宗发现，这一场景下的消费者体验是由移动互联网渠道质量、App 质量、民族旅游产品移动在线购物时服务质量和民族旅游产品移动在线售后服务质量等因素共同作用形成的，这些因素既包括了产品方面也包括了服务方面。[④] 同时，服务交互界面以及服务的不同类型同样会对消费者体验产生影响。有学者发现，人机交互界面为消费者带来了较好的功能性体验，当人机交互界面匹配的是标准化服务时，该体验更强；人机交互界面为消费者提供了更好的情感性和社会性体验，当人机交互界面匹配非标准化服务时，该体验更强。[⑤]

产品的渠道因素也会对消费者体验的形成造成影响。有学者发现渠道类型和群体特征会影响消费者体验，在消费者群体间差异显著的海外市场，设计实体直营渠道能迅速提升购买意愿，但在消费者规模较大且居住较为分散的区域，尤其是少数群体占据着主导影响力时，借助一定程度的网络渠道会在提升消费者体验方面更有优势。[⑥] 随着信息技术的发展，产品渠道从单一渠道逐渐

① 徐虹，李秋云 . 主题公园顾客体验质量的评价维度及前因后果研究——基于迪士尼和欢乐谷携程网上评论的分析［J］. 旅游科学，2017，31（1）：57–68.

② 丰佳栋 . 多维体验视角下的实体商业服务创新［J］. 中国流通经济，2019，33（5）：3–12.

③ 刘顺忠 . 关系营销在顾客主导自助服务体验中的作用机制［J］. 经济经纬，2018，35（6）：107–113.

④ 王志远，吴泗宗 . 民族地区移动在线旅游服务顾客体验质量的影响因素——基于民族旅游地顾客双重视角的实证研究［J］. 贵州民族研究，2018，39（8）：168–172.

⑤ 赵云云，赵晓煜，田长斌 . 服务交互界面和服务类型对顾客体验价值的交互效应［J］. 技术经济，2019，38（8）：55–63.

⑥ 周钟，熊焰，仲勇 . 特色品牌海外渠道与消费群体研究：基于顾客体验和口碑传播的双重视角［J］. 中国管理科学，2018，26（11）：176–185.

演变为多渠道或全渠道，渠道的变化也对消费者体验的形成产生了影响。张蓓和刘凯明研究了花卉电商平台，发现消费者体验的形成是线上线下营销策略共同作用的结果。[①] 电商平台可以通过线上线下展示形成知觉体验，通过产品定制及产品创新实现情感体验和行为体验，通过网络口碑管理和名人效应催生思维体验，通过客户管理构建关系体验。对于生鲜电商的消费者体验，何景师和颜汉军研究发现，企业需要同时关注线上线下的四个方面，分别是网站、物流配送、线下实体店、社区互动。[②] 而孔栋等专门强调了线上线下整合对消费者体验形成的重要性，他们建议商家尽力提高自身线上线下整合能力，加强合作关系，以改善消费者体验。[③]

8.2 影响消费者体验形成的其他因素

除了产品和服务会影响消费者体验的形成，还有很多其他因素会对消费者体验的形成造成影响。

消费者本身就会影响消费者体验的形成。消费者参与强度、消费者关系价值和感知胜任力都会对消费者体验产生影响，具体来说，就是消费者参与强度会弱化消费者体验，但是如果在参与过程中，消费者的关系价值得到体现，或者感知胜任力得到满足，那么这一弱化作用就会减小。[④] 和其他消费者之间的沟通同步性也会对消费者体验造成影响，在同步沟通的情景下，消费者会更愿意自我表露，由此产生更强的心流体验。[⑤] 同行消费者的不良行为也会影响

① 张蓓，刘凯明. 新电商时代花卉电商平台顾客体验及营销模式研究［J］. 世界农业，2020（1）：4-10.
② 何景师，颜汉军. 基于线上线下互动融合的生鲜电商顾客体验、品牌认同与忠诚度研究［J］. 商业经济研究，2018（7）：73-76.
③ 孔栋，孙凯，张明祥. O2O 企业如何利用线上线下整合改善顾客体验——合作关系视角下的概念模型［J］. 中国流通经济，2017，31（6）：45-52.
④ 黄晓治，梁敏华，刘得格. 参与强度与顾客体验间的调节机制研究——基于集体参与视角［J］. 商业经济与管理，2018（9）：76-85.
⑤ 朱辉煌，柯俊育. 沟通同步性对顾客心流体验的影响［J］. 税务与经济，2019（1）：25-33.

本人的消费者体验，它与面子感知对消费者体验产生了交互作用。①

社交媒体的运用对消费者体验的形成造成了多方面的影响。有学者发现，使用社交媒体工具能提升消费者对商品信息、门店设施等因素的评价，对消费者体验产生积极影响。②更进一步的，有学者发现社交媒体中的感知在线依附动机、感知在线关系承诺能够提升消费者体验。③良好的虚拟社区环境对消费者体验有正向影响，④消费者之间的互动也会对消费者的愉悦体验产生积极影响。⑤

购物环境也会影响消费者体验。店内布局的不同对不同国家的消费者体验的形成会产生不同影响，商品摆放、陈列装饰、经济性、消费者的日常购买习惯会对消费者体验产生交互影响。⑥人工智能产业的发展也对消费者体验产生了影响。虚拟现实技术在消费过程中的应用，可以帮助消费者更好地感受商品，并显著增强消费者体验。⑦

不过，值得注意的是，这些因素对消费者体验的影响有可能是非线性的。有学者发现宽带速度和消费者体验之间的关系呈 U 形，这和大家关于速度越快体验越好的认知不一致。⑧

---

① 杨晓燕，朱爽.顾客不良行为会影响同属顾客的体验吗？——面子感知的调节作用［J］.消费经济，2017，33（1）：78-82.

② 冯臻，衣鹑，俞琴棋.社交媒体视角下顾客体验管理创新实证研究［J］.商业经济研究，2017（6）：26-29.

③ 谢兴政，蔡念中，黄志铭.依附·关系·文化：Y 世代在线口碑传播行为的实证初探［J］.兰州学刊，2018（10）：148-161.

④ 张振刚，尚钰，李云健，等.共创体验视角下虚拟社区环境对价值共创行为的影响［J］.企业经济，2020，39（1）：12-18.

⑤ 刘容，于洪彦.在线品牌社区顾客间互动对顾客愉悦体验的影响［J］.管理科学，2017，30（6）：130-141.

⑥ 郭俊辉.店内布局、顾客体验与光顾意愿之间的关联性——基于中日连锁便利店的对比［J］.中国流通经济，2018，32（11）：76-86.

⑦ 赵玉芝.顾客体验视角下 VR 技术在市场营销中的应用［J］.商业经济研究，2017（17）：53-55.

⑧ Stocker V，Whalley J. Speed isn't Everything：A Multi-Criteria Analysis of the Broadband Consumer Experience in the UK［J］. Telecommunications Policy，2017，42（1）：1-14.

8.3 对消费者体验形成机理研究的概括和评价

通过对消费者体验形成机理研究的分析与总结，可以得出以下结论。

第一，消费者体验的形成是多方面因素共同作用的结果。从已有的研究来看，无论是消费者可以实际接触到的产品、环境以及同行人员，还是消费者无法接触到的社区环境，甚至消费者本身，都会对消费者体验的形成造成或积极或消极的影响。这一影响对于消费者可能是明显的，也可能是在消费者意识之外的。

第二，由于现有研究大多关注的是非人工智能产品或服务给消费者带来的体验，所以目前对消费者体验的研究，依然是将消费者体验作为一种对营销要素的反应，忽略了产品与消费者之间的相互作用，而这对于人工智能产品消费者体验的形成是十分重要的，在消费者体验的研究中不容忽视。

9 自主性冲突研究综述

9.1 自主性需求的定义

和从前相比，如今的消费者面临着更多的选择以及与这些选择相关的更为丰富的背景信息。从经济学的角度来讲，根据效用理论，这一变化可以帮助消费者做出更适合自己的选择，降低搜寻费用，以及提高他们从选择中所获得的效用。营销从业者、学者和政策制定者普遍认为，搜寻、交易和决策过程成本的降低给了消费者更多的权力，提高了消费者的效益。关于消费者大数据上的精密算法，不仅帮助营销人员为消费者提供更精准的产品和服务，降低消费者的消费成本，还使消费者远离了更多消费过程中的不愉快。例如购物软件上的产品推荐，自动驾驶的自动选择路线，空调的温度调节，等等。

对自主性的需求，不同领域的学者从各个角度对其进行了研究，如从哲学、心理学的角度进行消费者研究。由于其内涵的广泛性，学者们还使用了不同的名词及定义，如自主权^①，自主决定^②，自由意志^③等。尽管名称不同，但是研究的都是有关个体在进行选择时的自主权力问题，是个体成为独立个体的能力，个体不仅会受到外部因素、欲望、条件和特征的指引，也遵从真实自我的指令。自主性是独立人格的基础，在此基础上，个体才能逐渐上升到性格、道德、伦理和美德的层面。^④

消费者在思考自身和行动时思想是自由的，这一自由是不言而喻且不可动摇的。消费者认为自己的选择是经过深思熟虑的，是由内在驱动和激发的。而且当真正的内在动力还未清晰可见时，消费者做出选择的原因也始终具有内在一致性。^⑤ 即使当自身的行为被归咎于外部环境的影响，他们也始终认为自己是被内在意愿和责任所驱动的。^⑥

9.2 自主性需求对个体的重要意义

（1）个体产生自主性需求的原因

为什么消费者会如此捍卫自己的自由意志？为什么他们坚称自己的行为是深思熟虑后自由选择的结果？一系列的研究从享乐主义的角度探求其原因，他们称个体的自主性需求是人类心理学的基石之一。有学者提出了一个概念，叫作自我归因，指的是个体倾向于对自己的行为拥有所有权，并且将有利的结

---

① Connell J P, Wellborn J G. Competence, Autonomy, and Relatedness: A motivational Analysis of Self-System Processes[J]. Journal of Personality and Social Psychology,1991,65(11): 43-77.

② Ryan, Richard M, Deci, Edward L. Self-Determination Theory and the Facilitation of Intrinsic Motivation, Social Fevelopment, and Well-Being [J]. American Psychologist, 2000, 55 (1): 68-78.

③ Vohs K D, Schooler J W. The Value of Believing in Free Will: Encouraging a Belief in Determinism Increases Cheating [J]. Psychological Science, 2008, 19 (1): 49-54.

④ Frankfurt H G. Freedom of the Will and the Concept of a Person [J]. The Journal of Philosophy, 1971, 68 (1): 5-20.

⑤ Nisbett R E, Wilson T D. Telling More than We can Know: Verbal Reports on Mental Processes [J]. Psychological Review, 1977, 84 (3): 231-259.

⑥ Clark C J, Luguri J B, Ditto P H, et al. Free to Punish: a Motivated Account of Free Will Belief [J]. Journal of Personality and Social Psychology, 2014, 106 (4): 501-513.

果都归因于自己的行为。也有学者指出，愉悦感被两种基本的心理需要所激励：一种是竞争力需求，是指个体能够通过一些途径影响世界；一种是自主性需求，强调个体是通过自主自发的意愿影响世界。从这个角度来看，追求自主性有很多积极的影响，而这些影响激励着个体不断通过选择来感知自己的自主性。

还有一种研究潮流从功能论的角度来解释人们的自由意志、自主决策和自主性的信仰。Baumeister 等人认为自主决策是一种高阶认知功能，这一功能通过为个体提供跨时间选择的连续感和遭遇道德困境时的归属感，使个体能够不断随时间修正自己的行为，让自己的选择永远对应他们的长期目标。[①]类似的，认为自由意志会使个体发展出自我意识以及道德责任。[②]当人们从他们的信念、思想、行为以及行为结果中感受到连续感时，他们能够感受到骄傲，以及当他们的行为和自己的信念思想一致时，他们会及时终止自己的行为。相反地，当他们的行为和信念、思想不一致时，他们会感受到内疚、羞愧和后悔。和上一种观念不同的是，该理论认为个体由自我决定逐渐进化到自我约束，并不是出于享乐性的原因，即个体并非为了追求思想自由所带来的一系列积极的情感效应而产生自主性需求。

根据个体自主性功能性观点，个体可能会奇怪为什么自主性需求对他们来讲并没有特别明显。尽管个体每天都会做出几百个选择，但他们只会将其中的几个称为"选择"，而在这些选择中，只有少数的选择会给个体带来自主性的主观体验，因此，一些学者开始关注会引发自主性感知的选择的类型。

从自我决定的角度来看，对自由意志的坚持是连接个体思想、需求和效益的结果。选择是一种能带来显而易见的心理影响的行为，因为选择的产生表示个体的行为是个体思想控制的结果。能够在多种选项中自由选择赋予了个体自主性的感知，会给个体带来积极的影响，反过来又会给个体更强的动力。相反，当个体感觉选择受限时，个体的动力会被削减，从而引发心理上的抗拒

① Baumeister R F, Sparks E A, Stillman T F, et al. Free Will in Consumer Behavior : SelfControl, Ego Depletion, and Choice [J] . Journal of Consumer Psychology, 2008, 18 (1): 4-13.
② Wegner, Daniel M. Précis of The Illusion of Conscious Will [J] . Behavioral and Brain Sciences, 2004, 27 (5): 649-659.

感。因此，当任何由个体内在动机引发的行为对外部世界产生影响时，都会很容易满足个体的自主性需求。对自己选择权的自由有明显感知是使自主性凸显的关键因素。

另一种功能性视角认为自由意志的体验其实是自我约束的初步过程，带来了另一种更为苛刻的观点：满足了自主性的主观体验会带来跨时期的矛盾或道德困境。因为每次满足了自主性的选择是由不同的自我做出的，而在不同的自我之间存在着不一致的地方（例如焦躁的自我和耐心的自我，自私的自我和无私的自我，善良的自我和邪恶的自我），这些不同的自我使做选择时的心理过程更为突出。没有任何挣扎或者内在矛盾的选择不会使矛盾成为必要，而且做出选择的心理过程对个体来讲也是不可察觉的。

（2）自主性需求的积极效应

在满足自主性需求的基础之外，增强自主性或者削弱自主性也会影响消费者选择结果的效用和幸福感。

当人们感觉到他们的思想、行为及结果之间的关系链清晰可见的时候，他们会将积极结果的原因更多归为自己，会感受到更明显的竞争力和更多的积极影响。例如，当需要自控的时候，在一个可口的不健康点心和健康的但是不太好吃的点心之间做选择，若存在外部影响帮助消费者成功抵抗诱惑选择了健康点心，会给消费者一种积极的信号，让他们相信自己意志力坚定且精神高尚，也就提高了选择的效用。然而若他们自己选择了不健康的点心，无法抵抗诱惑的行为则给消费者一种消极信号，他们意志力不坚定，精神不够高尚，这就降低了选择的效用。

除了从积极的自我归因中获得效用，消费者对产品定制或者是自己完成产品的偏好，可以理解为对自主性和竞争力的需求，这一行为有利于消费者在消费过程中获取更多的效用。非常有名的"宜家效应"就是一个例子，同购买家具相比，消费者会从制作特定的家具中获得更多的愉悦感，这也提高了对产品的评价。在明星粉丝身上也存在着同样的效应。有学者研究了 Moonlight 网站，发现自主性机制使得网络"粉丝"付出了更多的情感劳动，并最终维持了明星社区。①

自主性对创新能力也有影响。通过对企业员工的深入研究，学者们发现管理者亲社会行为和员工自主性会共同对越轨创新产生积极影响。当员工拥有更多的自主空间时，员工工作投入程度会上升，创新的想法和创造性行为会增加，且员工工作自主性和创新成果之间呈正相关关系。②

除了心理影响外，控制感的提升对个体生理健康也有着长远的影响。在一个经典的实验中，研究人员在照顾居家老人时给老人更多的权力，告诉他们要为自己的健康负责，同时赋予更多的责任，如照顾一盆植物，会显著提升老人的头脑清醒度、积极参与度和整体健康程度。与之相反的是，那些被告知由专业人员照顾他们的健康以及只能告诉职员植物应该怎么照顾的老人就没有产生这种效果。这一实证结果说明感知对自己人生的控制感有着非常重要的结果：在非常相似的生活环境中生活的人中，那些感觉到自主性的人有着更高的生活品质。近年来在中国的研究也得到了相同的结论。对中国农村老年慢性病人老化态度和自主性感知的研究发现，自主性感知更高的老年慢性病人老化态度更加积极。而对于抑郁症患者，较高的自主性动机水平也会带来更好的临床疗效。③

对于将行为归因于个人意愿对行为结果的影响也得到了实验证实。在这一实地实验中，一半的酒店后勤员工被告知他们的工作行为恰好同外科医生的日常运动一致（换床单，清理卫生间，清扫地板），这样就给了员工一个理由解释他们为什么会做这些行为。结果令人惊讶，几个月之后，这些员工减掉了更多的体重，血压也恢复正常了。这一结果会使人联想起安慰剂效应，它表明一种行为的形态和意义可以改变生理结果，也强调了在制定公共政策时，要注重引导的方向。

---

① 王艺璇．网络粉丝社群中情感劳动的形成及其控制——以 Moonlight 站子为例［J］．学习与实践，2020（10）：108-119.
② 康鑫，尹净，冯志军．管理者亲社会行为对越轨创新的影响机制研究——调节焦点与工作自主性的作用［J］．技术经济，2020，39（8）：35-42，103.
③ 李念，刘可智，雷威，等．自主性动机对抑郁症患者症状严重程度和短期疗效的影响［J］．中华行为医学与脑科学杂志，2018（1）：47-51.

（3）自主性需求的负面效应

最后，还有一些学者关注了当消费者无法感知自主性时会发生什么的问题。在最极端的情况下，当消费者无法控制环境中最重要的因素时，自我决定缺失的感知就会出现。有关习得性无助的研究提出，当个体面对他们强烈地希望改变的情境却无能为力时，会最终撤回行为并遭受严重的心理创伤。当消费者的自由性遭到威胁时，消费者身上会出现很多不希望出现的结果，如帮助人的意愿会下降，攻击性会增加，以及在进行跨时间选择时，自控力会下降。

通常来讲，消费者更喜欢自己做主，这会带来一些积极效应，但是在某些情况下，自主选择也会带来一些负面影响。

选择总是从一系列选项中挑出最好的选项（例如产品或者服务），在消费的第一步，消费者总是观察不同的选项并比较其优劣。如果有一个选项和其他的相比比较突出，这一任务就相对比较简单。但如果大部分选项都差不多，这一过程就会比较麻烦，消费者需要放弃其他选项的一些优势。也就是说，当产品大多是同类产品时，相对于替消费者选择产品，消费者自己选择产品的这种消费过程就会给消费者带来更少的满足感。[1]

尽管决策过程中的权衡冲突会带来认知成本，消费者需要选择一种更令人满意的策略，[2] 但有时候消费者享受这一权衡的过程。在人工智能和大数据时代，这一现象对消费者效益有利有弊。一方面，定制化的有目的的产品推荐更容易满足消费者需求，降低了消费者进入下一步产品挑选阶段的可能；另一方面，搜索引擎和比较网站的宽度和便利性使消费者浏览更多的产品更容易了，这就使某特定产品被消费的概率降低了，也使消费者对它的满意度降低了。[3]

---

[1] Hsee C K, France L. Will Products Look More Attractive When Presented Separately or Together? [J]. Journal of Consumer Research, 1998, 25（2）: 175-186.

[2] Botti S, Hsee C K. Dazed and Confused by Choice: How the Temporal Costs of Choice Freedom Lead to Undesirable Outcomes [J]. Organizational Behavior and Human Decision Processes, 2010, 112（2）: 161-171.

[3] André A, Carmon Z, Wertenbroch K, Crum A, Frank D, Goldstein W, Huber J, van Boven L, Weber B, Yang H. Consumer Choice and Autonomy In the Age of Artificial Intelligence and Big Data [J]. Customer Needs and Solutions, 2018, 5（1-2）: 28-37.

即使消费者不比较不同产品的优劣，他们也经常会想象他们会怎样使用产品，这种产品会给他们带来什么样的体验。想象会使消费者更倾向于购买该产品，而当消费者无法选择该产品时，他们会感到丢失了某种东西。这种"选择依恋"会让消费者认为无法选择的选项价值更大，即使他们获得了最有价值的选项，也丧失了一部分对最优选项的自信。①

选择这一行为也有可能对消费者的动机产生负面影响。当选项非常多的时候，选择这一行为可能要耗费大量精力，消费者可能就不愿意进行选择了。在一项的研究中，一个卖睡衣的摊位在提供 24 种款式时吸引了更多的人，但是在只提供 6 种款式时反而销量更高。② 不过"选择过载"这一效应会受到情境的限制，它只出现于消费者对选项不熟悉的情况下。一般情况下，人们都会高估选择的收益：在决定他们需要花费多少时间来进行选择时，他们总是忽略了搜寻和思考过程中的认知和情绪成本。更普遍的情况下，他们从选出一个较好的选项中获得的收益，比不上他们花费的时间和精力。这样，选择反而会带来令人不满意的体验。

当人们面对重大事件的选择但每个选项都不合他们心意的时候，对自主性的追求可能会给他们带来负面的结果。Botti 等人采访了那些住新生儿重症监护室孩子的家长，以研究在选择过程中对自主性的追求和情绪之间的关系。③ 在法国，是否继续使用或撤下生命维持系统是由医生决定的，而在美国，医生只能提供建议，由父母做决定。研究人员发现，这两种选择方式之间存在显著不同。法国父母在失去孩子这件事上比美国父母体验到了较少的悲伤，更多的感受是解脱。美国父母感受到了更多的内疚和自责。在撤下生命维持系统这件事上，美国父母认为他们要负更多的责任，感受到了更多的艰难，而且总是怀疑自己是否做出了正确的决定。父母对待选择的过程有一种矛盾的态度，

---

① Carmon Z, Wertenbroch K, Zeelenberg M. Option Attachment：When Deliberating Makes Choosing Feel like Losing［J］. Journal of Consumer Research，2003，30（1）：15-29.

② Iyengar S S, Lepper M R. When Choice is Demotivating：Can One Desire too Much of a Good Thing［J］. Journal of Personality and Social Psychology，2001，79（6）：995-1006.

③ Botti S, Orfali K, Iyengar S S. Tragic Choices：Autonomy and Emotional Responses to Medical Decisions［J］. Journal of Consumer Research，2009，36（3）：337-352.

大部分法国父母感谢医生做出这个决定，但是也有一些父母希望当时自己能够参与。美国父母对于医护人员迫使他们做出这种决定表达了强烈的愤怒和伤心。这一极端的例子表明，尽管人们希望能自己做选择，但是在某些情况下，他们希望其他人替他们做选择，以避免承受选择带来的情感负担。所以，当选择的结果是负面的时候，能够给消费者带来骄傲和满足感的自主选择反而会使消费者感到内疚或不满意。在这种情况下，给消费者更少的自主性反而会影响他们的感受。例如，在酒店中，仅提供不健康的甜品，这时消费者自己选择了巧克力蛋糕时会更享受美食，而不是对摄入高热量的食物感到内疚。

9.3 自主性冲突的后果

逆反心理是自主性冲突的一个典型后果。逆反心理同时被称为控制心理，是当行为主体按照特定的标准或者社会规范对行为客体进行引导和控制时，行为客体所产生的反向心理活动。人们经常会因某种原因对一些事物产生抵触、反对的心理。青少年时期的"叛逆期"正是逆反心理的典型表现。① "叛逆期"出现的原因在于，青少年正在经历着自主性意识的迅速发展，而父母未能适时转变教育方式，在监护和管教青少年时和他们产生了自主性冲突。② 网络视频关联广告也会产生相类似的效果。在观看视频时，关联广告的出现不仅打扰了观众观看视频，还会使观众产生逆反心理，从而选择关闭广告等躲避行为。研究发现，在视频中插入关联广告对消费者相关广告接受意愿有着消极影响，并进一步造成大量广告费用的浪费。③

自主性冲突不仅给个体心理状态带来了影响，还会进一步地影响个体行动。Heiskanen 等指出，当产品和消费者之间产生了自主性冲突时，消费者会对产品持负面态度，并且拒绝使用产品。Johnson 等也从反面证明了，消费者

---

① 韩梅,谷传华,王慧,等.初中生逆反心理与父母养育方式的关系:人格的中介作用［J］.中国特殊教育，2016（5）：69-74.

② 朱良俊，田银平.初中学生逆反心理前移现象分析与干预对策.思想理论教育（下半月行动版），2013（16）：65-70.

③ 万君，秦宇，赵宏霞.消费者对网络视频关联广告的躲避行为研究——基于逆反心理视角［J］.财经论丛.2015（2）：84-90.

能够控制产品不仅能对产品产生信任的，也能增强对产品的满意度。[①]

自主性冲突不仅在个体层面上产生影响，在国家层面上也会造成严重后果。余敏江研究了国家自主性和多重地方自主性冲突在精准扶贫工作中带来的不良影响，[②] 他从自主性冲突的视角关注精准扶贫，发现在这一过程中，国家试图通过嵌入性机制确保扶贫资源的精准、公平分配，但是在实际运作中，多重地方的自主性会和国家自主性产生冲突，影响精准扶贫的效果，从而造成扶贫形式化、扶贫功利化、扶贫内卷化的困境。有学者对项目下乡工程也进行了研究，研究发现项目下乡在向乡村注入大量资源的同时，极大地影响了基层治理生态。项目运作过程中村社自主性与项目运作机制交互作用，产生了外部资源悬置、内部化、外部化、私人化、工具化等不同样态。[③]

9.4 人工智能产品与自主性冲突

在人工智能给消费者提供便利的同时，消费者有可能因为感知到与人工智能产品形成的自主性冲突，而对人工智能产生抗拒。基于大数据的产品推荐消费者可能更容易获取到自己需要的产品，也可能感觉他们离自由选择商品越来越远。自动驾驶技术可以使乘客更轻松地到达目的地，但一些驾驶员可能并不想交出驾驶权，从这个角度来看，人工智能产品反而给消费者带来了负面体验。[④]

Johnson 等人发现，对自我掌控的感觉以及行动的自由不仅是面对新技术时产生信任感的先决条件，而且还能提高产品满意度。当消费者在使用产品

---

① Johnson D S，Bardhi F，Dunn D T. Understanding How Technology Paradoxes Affect Customer Satisfaction with Self-Service Technology：The Role of Performance Ambiguity and Trust in Technology［J］. Psychology & Marketing，2010，25（5）：416-443.

② 余敏江. 精准扶贫中国家自主性的内在张力及其调适［J］. 学术研究，2020（6）：44-50.

③ 董磊明，邹松. 中国村社自主性与外部资源的内部化［J］. 学术月刊，2020，52（6）：71-83.

④ André Q，Carmon Z，Wertenbroch K，Crum A，Frank D，Goldstein W，Huber J，Boven LV，Weber B，Yang H. Consumer Choice and Autonomy in the Age of Artificial Intelligence and Big Data［J］. Customer Needs & Solutions，2018，5（1-2）：28-37.

时失去了对自我的控制能力，那么他们就会担心这些产品可能更符合公司的利益，而不是消费者的利益，也会担心人工智能产品会进行他们不打算采取的行动，此时，他们宁愿自己做出决定，放弃使用人工智能产品。Rijsdijk 和 Hultink 发现，许多用户关闭了 Microsoft Word 的自动更正功能，因为它对他们的文本进行了不必要的修改。①

随着人工智能产品智能性的不断发展，决策功能正逐渐从人转向产品，能够独立承担各种任务和决策的人工智能产品模糊了技术流程，降低了用户的干预能力。此时，用户可能会认为产品限制了他们的自由和选择。人工智能产品决策的不透明以及它们特定的行动方式，都会成为消费者不信任的来源。

当消费者认为产品剥夺了个人行动和选择的自由时，会产生强烈的心理反应。认为自己缺乏自由的个人会试图通过反对限制自己自由的对象或个人来重建他们的自由。为了减弱消费者心理反应和提升购买欲，企业可以在人工智能产品中提供接口，增加消费者的干预和选择自由。例如，自动驾驶独立着陆飞机，通常也允许航空公司飞行员轻松接管控制并降落飞机，所以自动驾驶仪设计了一个授权元素，允许用户进行干预。这种设计可以减少对技术的不信任，减轻对故障的恐惧和在出现故障时无法干预的恐惧。

个人不需要理解计算机算法的每一步，但人机界面应该允许干预的基本可能性，例如向用户展示产品希望了解的用户内容，此决策的原因，以及请求用户授权。这样的互动可能会降低人工智能产品的效用，但是可以使用户感觉到自己的控制权及自主性。

9.5 对自主性冲突研究的概括和评价

通过对自主性冲突研究的分析与综述，可以发现以下几个方面的内容：

第一，关于自主性需求的研究已经非常充分了，无论是在心理学、社会学还是营销科学中，都对自主性需求进行了深入细致的研究，并且得出了丰富

---

① Rijsdijk S A，Hultink E J. "Honey，Have You Seen Our Hamster?" Consumer Evaluations of Autonomous Domestic Products［J］. Journal of Product Innovation Management，2003，20（3）：204–216.

完善的研究结论，对自主性需求的定义、产生的原因、积极和负面的效应等都有非常具有深度的研究结论，为后人继续进行其他领域的相关研究提供了便利。

第二，在人工智能领域的研究中，自主性冲突也已经成为研究重点。大量研究发现，对消费者自主性需求的侵害，是消费者拒绝使用人工智能产品的主要原因。但是，有关该领域的研究还处在初级阶段，这可能与产品的发展水平和应用范围有关，尽管如此，该问题也成了人工智能与消费者体验研究的核心。在未来，有关消费者自主性需求和人工智能产品的关系、如何在使用人工智能产品时保护消费者的自主性需求应该成为我们探索的主要方向。

第1章　人工智能时代的消费者体验

随着物联网、大数据、云计算、计算机视觉、自然语言处理等技术的迅猛发展，相关产品层出不穷，智能手机、智能家居等智能产品，以及实时字幕、绘画机器人、AI助手等智能应用也逐渐走入消费者日常生活，给消费者带来全新的体验。

1.1 理解人工智能

1.1.1 人工智能的发展历史

最早的关于人工创造生命的记载可追溯至皮格马利翁的神话。皮格马利翁是一位雕刻家，用象牙雕刻了一个女人，这座雕塑是如此逼真，以至于他爱上了它，并向爱神阿芙洛狄忒祈祷。阿芙洛狄忒同情他，赋予了雕塑生命。

创造生命是人类永恒的追求，1956年夏季，当时还是达特茅斯大学年轻助教的麦卡锡联合哈佛大学年轻的数学家和神经学家明斯基、国际商业机器公司（IBM）信息研究中心负责人罗切斯特、贝尔实验室信息部数学研究员香农共同发起学术研讨会，邀请普林斯顿大学的莫尔，IBM公司的塞缪尔，麻省理工学院的塞尔福里奇、索洛莫夫，兰德公司和卡内基梅隆大学的纽厄尔、西蒙等参加研讨会，讨论关于机器智能的问题。会上经麦卡锡提议正式采用了"人工智能"这一术语。麦卡锡因此被称为"人工智能之父"。这是一次具有历史意义的重要会议，它标志着人工智能作为一门新兴学科正式诞生了，1956年因此也被称为"人工智能元年"。

但是，人工智能的发展并非一帆风顺，其发展经历了"三次浪潮、两次寒冬"。20世纪60年代初，人工智能相关研究取得了一批令人瞩目的研究成果，如机器定理证明、跳棋程序等，掀起人工智能发展的第一个高潮。但是在之后的十年里，人工智能发展初期的突破性进展大幅提升了人们对人工智能的期望，开始尝试更具挑战性的任务，并提出了一些不切实际的研发目标。然而，接二连三的失败使当时的人们意识到由于逻辑计算能力的不足，人工智能应用能力弱，达不到预期结果，人工智能发展进入低谷。到了20世纪80年代，机器学习取代了逻辑计算，经验主义开始复苏，知识工程、专家系统、语义网同步兴起，人工智能迎来第二次发展浪潮。随着技术的不断进步，搜索方法解决问题成为主流，经验主义达到发展的高峰，"浅层"模型成熟并达到瓶颈，因此，人工智能发展进入了第二次低谷。一直到2006年，深度模型出现，连接主义兴起，随着大数据、云计算、互联网、物联网等信息技术的发展，泛在感知数据和图形处理器等计算平台推动以深度神经网络为代表的人工智能技术飞速发展，大幅度跨越了科学与应用之间的"技术鸿沟"，诸如图形分类、语音识别、知识问答、人机对弈、无人驾驶等人工智能技术实现了"不能用、不好用"到"可以用"的技术突破，人工智能迎来爆发式增长。

1.1.2 人工智能的特征

（1）以人为本

人工智能的出现是为人类服务的，所以人工智能系统必须以人为本。人工智能是按照人类设定的程序逻辑或软件算法通过人类发明的芯片等硬件载体来运行或工作的智能系统或设备，其本质体现为计算。人工智能通过对数据的采集、加工、处理、分析和挖掘，形成有价值的信息流和知识模型，为人类提供延伸人类能力的服务，实现人类期望的一些"智能行为"。一般情况下，人工智能应体现出为人类服务的价值，而不应该伤害人类，特别是不应该有目的性地做出伤害人类的事情。

（2）感知性和交互性

人工智能系统的实现，离不开各类传感器的发展。人工智能可以借助传感器等器件对外界环境（包括人类）进行感知，它可以像人一样通过听觉、视觉、嗅觉、触觉等接收来自环境的各种信息，对外界输入做出文字、语音、表情、动作（控制执行机构）等必要的反应，甚至影响环境或人类。借助于按钮、键盘、鼠标、屏幕、手势、体态、表情、虚拟现实／增强现实等方式，人与机器之间可以产生交互与互动，使机器设备越来越"理解"人类，乃至与人类共同协作、优势互补。这样，人工智能系统能够帮助人类完成他们不擅长、不喜欢的工作，而让人类有更多的时间去做更需要创造性、洞察力、想象力、灵活性、多变性，以及需要用心领悟或情感投入的工作。

（3）自我学习

人工智能系统在理想情况下应具有一定的自适应特性和学习能力，即具有一定的随环境、数据或任务变化而自适应调节参数或更新、优化模型的能力。并且，能够在此基础上通过与云端、人、物越来越广泛、深入的数字化连接扩展，实现机器客体乃至人类主体的演化迭代，使系统具有适应性、鲁棒性、灵活性、扩展性，以应对不断变化的现实环境，从而使人工智能系统在各行各业得到普遍应用。

1.1.3　我国人工智能的发展

我国人工智能产业在国家政策扶持、资金引导和市场需求的共同推动下，规模不断扩大。在技术创新上，我国人工智能相关技术虽然受到了西方势力的围追堵截，但是仍在不断创新，尤其在芯片产业方面取得了突破性进展，产业链布局逐渐完善，基本满足了国内迅速发展的市场需求。在市场规模上，据工业和信息化部统计，2023 年，我国人工智能核心产业规模达到 5000 亿元，企业数量超过 4300 家，位于全球第二位。

人工智能与实体经济的融合，使传统行业的转型升级不断加速，培育成长出一批"传统行业 +AI"的典型企业，推广一批智能化升级的典型案例，导出形成 AI 与实体经济融合的新模式、新方法，新型基础设施布局逐步完善。全国建成多个算力中心、数据中心等公共服务平台，行业数据集建设数量与质量不断提升。

人工智能的发展势不可当，不仅国家层面出台相关政策和制定相关规划，地方也积极细化相应政策、制定规划，引导人工智能的发展。2015 年 7 月，国务院印发的《关于积极推进"互联网+"行动的指导意见》将人工智能作为主要的十一项行动之一，并明确提出："依托互联网平台提供人工智能公共创新服务，加快人工智能核心技术突破，促进人工智能在智能家居、智能终端、智能汽车、机器人等领域的推广应用……进一步推进计算机视觉、智能语音处理、生物特征识别、自然语言理解、智能决策控制以及新型人机交互等关键技术的研发和产业化。"此后，国家又不断出台相关政策指导人工智能产业的发展，各省市也依托地方特色，相继推出一系列符合本土人工智能发展实情的政策建议，具体如表 1.1 所示。

表 1.1　我国促进人工智能发展的重要政策

发布时间	发布单位	文件名称	主要内容
2023 年 2 月	中共中央、国务院	《数字中国建设整体布局规划》	全面提升数字中国建设的整体性、系统性、协同性；推动数字技术和实体经济深度融合，在农业、工业、金融、教育、医疗、交通、能源等重点领域，加快数字技术创新应用；支持数字企业发展壮大
2022 年 8 月	科技部	关于支持建设新一代人工智能示范应用场景的通知	坚持面向世界科技前沿、面向经济主战场、面向国家重大需求、面向人民全面健康，充分发挥人工智能赋能经济社会发展的作用，围绕构建全链条、全过程的人工智能行业应用生态，支持一批基础较好的人工智能应用场景
2021 年 7 月	工业和信息化部	《新型数据中心发展三年行动计划（2021—2023）》	构建完善产业链体系。聚焦新型数据中心供配电、制冷、IT 和网络设备、智能化系统等关键环节，锻强补弱。加强新型数据中心设施、IT、网络、平台、应用等多层架构融合联动，提升产业链整体竞争优势。推动新型数据中心与人工智能等技术协同发展，构建完善新型智能算力生态体系

续表

发布时间	发布单位	文件名称	主要内容
2021 年 3 月	全国人大	《中华人民共和国国民经济和社会发展第十四个五年规划和 2035 年远景目标纲要》	瞄准人工智能、量子信息、集成电路、生命健康、脑科学、生物育种、空天科技、深地深海等前沿领域，实施一批具有前瞻性、战略性的国家重大科技项目。聚焦高端芯片、操作系统、人工智能关键算法、传感器等关键领域，加快推进基础理论、基础算法、装备材料等研发突破与迭代应用
2020 年 7 月	国家发展改革委等五部门	《国家新一代人工智能标准体系建设指南》	到 2023 年，初步建立人工智能标准体系，重点研制数据、算法、系统、服务等重点急需标准，并率先在制造、交通、金融、安防、家居、养老、环保、教育、医疗健康、司法等重点行业和领域进行推进。建设人工智能标准试验验证平台，提供公共服务能力
2020 年 6 月	全国人大常委会	《全国人大常委会 2020 年度立法工作计划》	重视对人工智能、区块链、基因编辑等新技术新领域相关法律问题的研究。继续推动理论研究工作常态化、机制化，发挥科研机构、智库等"外脑"作用，加强与有关方面的交流合作，抓紧形成高质量的研究成果
2020 年 3 月	教育部、国家发展改革委、财政部	《关于"双一流"建设高校促进学科融合 加快人工智能领域研究生培养的若干意见》	促进"双一流"建设高校加强学科交叉融合，提高人工智能领域研究生培养能力

1.2 人工智能的应用

随着人工智能相关技术的发展，商业智能化已成为发展趋势，各行各业的"人工智能+"层出不穷，智能制造、智慧金融、智能家居、智能医疗等都在如火如荼地发展之中，推动了人工智能在全产业中的应用，不仅助力经济快速发展，也给消费者带来了全新的消费体验。本节将简要介绍人工智能在金融、家居和医疗行业的应用及发展，为读者带来全方位的人工智能感受。

1.2.1 智慧金融

人工智能技术越来越成熟，依托语音识别、机器人技术、机器学习、人脸识别等人工智能技术研究成果开始走向产业端。人工智能应用的三要素——数据、处理数据的能力和商业变现的场景——使得供应链金融领域已具备应用人工智能的必要条件，人工智能在金融运用中具有广阔的市场空间。智慧金融是人工智能和金融的全面结合，主要依托人工智能、大数据、区块链等高科技，提升金融服务机构的服务效率，拓展金融服务的深度和广度，从而实现金融服务的智能化和统一化。智慧金融最重要的特征是智能化，它使得原本由人来做的决策，逐渐变为借助机器来实现。

（1）智慧金融的现实应用

金融借助人工智能技术变得更加智慧。人工智能的飞速发展，使得机器能够在很大程度上模拟人的功能，并突破时空的束缚，批量且更个性化地服务客户。这必将对身处服务价值链高端的金融带来深刻影响。具体而言，人工智能技术可在三个方面助力金融的发展。一是，在前端可用于提升客户体验，使服务更加人性化；二是，在中端可支持各类金融交易和分析中的决策，使决策更加智能化；三是，在后端可用于风险识别和防控，使管理更加精细化。

随着算法和数据的突破，金融通用领域率先实现智能化，大幅提升了使用效率。随后，随着获取到的数据不断积累整合，金融的各个应用领域逐步开始智能化。基于大数据的金融业务开始出现，提升了业务效能，金融应用展现出了多样化的特点。

一是移动支付。作为与消费者连接最紧密的环节，智能金融对广大用户的支付需求影响得最早、最广、最深。随着智能技术的进一步成熟，支付将进入"万物皆载体"的新阶段。

移动支付是指移动客户端利用手机等电子产品来进行电子货币支付，移动支付将互联网、终端设备、金融机构有效地联合起来，形成了一个新型的支付体系。它不仅仅能够进行货币支付，还可以缴纳话费、燃气、水电等生活费用。移动支付开创了新的支付方式，使电子货币开始普及。同时，以人脸识别、声纹识别、虹膜识别等为代表的生物识别支付技术，正在极大地简化支付流程。生物识别技术还在安防、商业、娱乐等场景得到广泛应用。此外，区块链技术也将对跨境支付帮助不小。它将极大减少支付流程中的人工处理环节，大幅提升交易速度，削弱交易流程中的中介机构作用，提高资金流动性，实现实时确认和监控，有效降低交易各环节中的直接和间接成本。

二是个人智能信贷。针对不同类型的客户开发适合他们的信贷产品提升客户体验，是金融业未来的努力方向。继移动时代的场景流量后，从智能获客到智能反欺诈，再到大数据风控，全链条智能化的技术能力将成为个人信贷企业新的竞争力。在获取具有信贷需求的客户基础上，借助智能技术构建强有力的风控体系，准确评估客户信用风险，成为促进个人信贷健康发展的重要环节。目前，不仅移动支付领域能够基于海量个人数据发放信用贷，如"借呗""花呗"等，绝大多数商业银行也已推出基于大数据的纯信用个人贷款，如南昌农村商业银行的"个商 E 贷"，审批速度较快。

三是企业智能信贷。在贸易融资、供应链金融、企业信用贷款等对公信贷业务方面，智能金融将起到完善企业信用体系、补充企业经营状况信息和降低放贷机构单据确权难度的作用。

大数据可以改善客户与金融机构之间信息不对称的情况，改变传统的信用评级方法，有效解决小微企业融资难的问题。大数据在采集过程中会出现很多不可控的因素，因而真实性的有效验证十分重要。物联网可以获取企业的动产与不动产数据，补充企业经营状况信息。

四是财富管理。智能技术在投资偏好洞察和投资资产匹配环节能极大降本提效，使财富管理逐渐走出高费率、高门槛，走向中低净值人群，实现高效、低费、覆盖更广泛的目标。

互联网多维的行为特征大数据，可低成本深刻理解用户投资需求，立体刻画用户特征，包括人生阶段、消费能力、风险偏好等。此外，通过响应模型和多渠道主动、适时、多次的智能触达策略高效获客。

五是资产管理。资管市场产品多样，结构复杂，资产、资金方面具有较多痛点。智能技术将解决跨期资源配置中的信息不对称问题，全面提升资金和资产流通效率。

一方面，国内的资产证券化市场并未实现本质上的"主体信用和债项信用的分离"，传统方式尚难穿透资产包识别风险。而智能金融通过反欺诈、大数据风控能力的积累，可穿透到资产，提供详尽实时的资产信息和资产评估。

另一方面，区块链技术可应用于资产证券化全流程，通过"联盟链""智能合约""穿透式监管"等技术，增强交易和资产信息的透明度，做到资产全景跟踪和交易全环节可追溯，减少人为操作风险和效率低下的问题，大大提高存续期信息交互的频次与质量。

在投资决策领域，人工智能技术能够赋能资产管理机构。智能金融在资产管理领域的应用有着"软硬结合"的特点。"硬"指系统服务，例如华磊迅拓企业资产管理系统提供的企业资产管理系统，百度也已基本建成与销售系统对接较为完善和标准的资管系统体系；而对于建立在持续的大数据、人工智能技术服务，以及受托资产管理能力上的"软"能力方面，文字识别、知识图谱和特色因子等技术应用尚在探索中。

同时，基于文字识别和自然语言处理技术的智能研报读取工具能够替代人工进行金融信息收集与整合，大幅提升投研效率。

智能技术在保险业的应用不断深化，逐渐涉足核心的产品设计和精算定价领域，真正开启保险业的全面变革。物联网技术的应用和普及，也拓展了保险公司数据的广度，更多基于用户数据的创新保险产品成为可能；并能精确识别客户风险，基于风险进行个性化定价和动态定价，更好地服务消费者。

智能核保基于大规模数据训练，以图像识别技术作为驱动，可智能分类并自动化评估，最终输出定损报告。一键式的自动化操作流程，大大节约了用户的时间和沟通成本。智能客服实现自动化服务和销售，降低人工成本。

（2）智慧金融发展现状

随着我国金融市场不断发展，传统的金融体制和金融发展思想已经不能满足当前市场对于金融领域的技术需求，无法为社会提供更加便利的金融服务。因此我国出台多项政策推动智慧金融产业快速发展。如2020年1月中国银行保险监督管理委员会发布《关于推动银行业和保险业高质量发展的指导意见》提出要充分运用人工智能大数据、云计算、区块链、生物识别等新兴技术，改进服务质量，降低服务成本，强化业务管理。

我国智慧金融的概念由来已久，但近几年才真正得到传统金融机构，尤其是大型传统金融机构重视，并投入了大量资金及人力。以银行业为例，2019年国有大型银行和股份制银行金融科技、信息科技资金投入合计1008亿元，占营收比重总体上超过了2%。其中建设银行、工商银行、农业银行和中国银行四家大型银行投入超过百亿。科技人员投入方面，2019年国有大型银行和股份制银行的金融科技人员总数已突破八万人，且2020年都有进一步的人才扩充计划。

智慧金融的本质是通过科技赋能金融，让金融更加高效、智能、安全、普惠。随着5G、云计算、人工智能等技术的迅猛发展，集合人工智能、大数据、云计算、生物识别等前沿科技元素的智慧金融已经成为银行发展转型的必然趋势。随着移动互联网的迅猛发展和智能设备的快速普及，金融消费者行为模式发生了显著变化。2020年"新型基础设施建设"横空出世并首次写入政府工作报告，国家大力推动重点领域新兴技术创新，加大对金融基础设施建设力度，在此环境下，智慧金融发展空间进一步扩大。

1.2.2　智能家居

智能家居是人工智能和家居用品结合的产物，是依托用户住宅，通过物联网与人工智能相关技术打造的由硬件设备、软件系统和云计算平台构成的一个家居生态圈。家居智能化主要方便用户远程控制设备、设备间互联互通、设备自我学习等功能。

智能家居概念起源甚早，但一直未有具体的案例出现，直到1984年美国联合科技公司将建筑设备信息化、智能化概念首次应用到美国康涅狄格州哈特福特市的都市办公大楼（City Place Building）时，首栋真正意义上的智能型建筑才浮出水面，从此也揭开了全球智能家居的序幕。20世纪80年代中期，家用电器、通信设备和安防设备开始联为一体，形成了住宅自动化概念，总线技术的出现对智能家居意义重大。之后，随着技术的不断进步，智能家居在欧美发达国家开始流行，逐渐在全球范围内得到广泛应用。2006年以后，X-10智能控制产品销售总量"破亿"，智能家居迈入快速发展的新时期。如今，随着无线连接技术和低功耗芯片设计技术的成熟，消费者对于智能家居产品的接受度不断提高，智能家居行业仍在快速发展。

（1）智能家居的组成

智能家居系统中包含了众多系统，比如家庭网络系统、综合布线系统、智能家居控制系统、家居照明控制系统、家庭安防系统、家庭环境控制系统等。其中智能家居控制系统、家居照明控制系统和家庭安防系统是智能家居中的必备系统。智能家居系统的产品还可以分为二十类。常用的有智能照明系统、安防监控系统、电器控制系统、暖通空调系统、智能门窗系统、厨卫电视系统、家庭网络系统、运动与健康检测系统等。

智能照明系统：智能照明系统主要是使用手机 APP 通过遥控、远程等多种方式实现对全屋或局部房间的照明控制。

电器控制系统：电器控制系统是采用弱电控制强电的方式，通过遥控或设置定时来操作多种电器，实现远程操作家里的空调、冰箱和其他家用电器。

安防监控系统：安防监控系统通过自动化设备进行监控管理，主要用于对火灾、有害气体的检测。智能家居中的安防监控系统可以达到不用在家就能知道家中各个地方情况的效果。

（2）智能家居发展现状

虽然在 2020 年，全球爆发新冠肺炎疫情，但是在疫情的影响之下，全球智能家居设备出货量仍保持增长。在国际市场上，2000 年前后，苹果、IBM、谷歌、亚马逊早已提出"智慧城市""智能家居"的概念，并产出安防等领域的智能软件和硬件产品。从出货量来看，据 IDC 公布的数据显示，2020 年全球智能家居设备出货量达 8.54 亿台，同比增长 4.1%。

智能家居设备需求持续增长，其中视频娱乐设备最受欢迎，市场规模及拥有家庭数量双增长。随着无线连接技术和低功耗芯片设计技术的成熟，消费者对于智能家居产品的接受度不断提高，智能家居设备行业开始真正快速发展，成长为物联网行业最具潜力的细分市场之一。据 Strategy Analytics 公布数据显示，自 2016 年以来，全球拥有智能家居设备的家庭数以及智能家居设备市场规模均不断增长，2020 年，全球智能家居设备市场规模达 1210 亿美元，全球拥有智能家居设备的家庭数达 2.35 亿户。

从各细分市场的需求格局来看。全球智能家居设备中视频娱乐智能家居设备的市场份额最大，达41%；其次是家庭监控和安全，份额占比达20%。

　　智能家居设备安全性问题将进一步得到重视，用户对家庭监控、安全设备偏好将明显增长。在互联网用户数量不断增长以及智能家居设备性能不断改善的趋势下，全球智能家居设备市场仍将保持增长，特别是消费者对视频门铃、语音辅助技术和监视系统的偏好不断提高，预计将大幅推动智能家居市场的增长。

　　在出货量方面，据IDC公布的预测数据显示，2021—2024年，全球智能家居设备出货量仍将稳步增长，2024年将超14亿台；而在细分市场发展前景来看，2025年，家庭监控、安全和其他类别的出货量占比将有所提升，而视频娱乐设备、智能音箱设备的出货量占比将有所下降，但总体来看，视频娱乐设备市场仍是智能家居的最大细分市场。

　　在市场规模方面，据Marketsand Markets发布的调研报告数据显示，2021—2025年，全球智能家居市场规模将保持11.6%的年均增速增长，据此测算，至2026年，全球智能家居市场规模将突破2300亿美元。

　　未来，安控、低耗为智能家居设备主要发展方向。智能家居设备产品经过不断更新换代升级，用户最关心的问题依然是设备的安全性。作为智能家居设备使用推广的基础，安全性提升必然是智能家居设备厂商未来不断进步的方向。其次，全球绿色环保意识的提升，对智能家居设备提出更高的低耗要求，这将推动智能家居设备产品向更低耗、使用成本更低的方向发展。

　　此外，在安控和低耗的基础上，用户会更偏好于个性娱乐化的家居设备，若能实现设备间的互联互通，将更大程度上提升用户体验。总体来看，未来全球智能家居设备将整体向安控、低耗、互联互通及个性娱乐化方向进一步发展。

1.2.3　智慧医疗

　　智慧医疗是近年兴起的专有医疗名词，通过打造健康档案区域医疗信息平台，利用最先进的物联网技术，实现患者与医务人员、医疗机构、医疗设备之间的互动，逐步达到信息化。

　　由于国内公共医疗管理系统的不完善，医疗成本高、渠道少、覆盖面窄等问题困扰着大众民生。尤其以"效率较低的医疗体系、质量欠佳的医疗服务、看病难且贵的就医现状"为代表的医疗问题为社会关注的主要焦点。大医院人满为患，社区医院无人问津，病人就诊手续烦琐等问题都是由医疗信息不通，医疗资源两极化，医疗监督机制不全等原因导致，这些问题已经成为影响社会和谐发展的重要因素。所以我们需要建立一套智慧的医疗信息网络平台体系，使患者用较短的等待时间、支付基本的医疗费用，就可以享受安全、便利、优质的诊疗服务。从根本上解决人们"看病难、看病贵"等问题，真正做到"人人健康，健康人人"。

（1）智慧医疗的组成部分

智慧医疗由三部分组成，分别为智慧医院系统、区域卫生系统，以及家庭健康系统。

智慧医院系统，由数字医院和提升应用两部分组成。数字医院包括医院信息系统（Hospital Information System，HIS）、实验室信息管理系统（Laboratory Information Management System，LIMS）、医学影像信息的存储系统（Picture Archiving and Communication Systems，PACS）和传输系统以及医生工作站四个部分。实现病人诊疗信息和行政管理信息的收集、存储、处理、提取及数据交换。

医生工作站的核心工作是采集、存储、传输、处理和利用病人健康状况、医疗信息。医生工作站包括门诊和住院诊疗的接诊，检查，诊断，治疗，处方和医疗医嘱、病程记录、会诊、转科、手术、出院、病案生成等全部医疗过程的工作平台。

提升应用包括远程图像传输、大量数据计算处理等技术在数字医院建设过程的应用，实现医疗服务水平的提升。比如：远程探视，避免探访者与病患的直接接触，杜绝疾病蔓延，缩短恢复进程；远程会诊，支持优势医疗资源共享和跨地域优化配置；自动报警，对病患的生命体征数据进行监控，降低重症护理成本；临床决策系统，协助医生分析详尽的病历，为制定准确有效的治疗方案提供基础；智慧处方，分析患者过敏和用药史，反映药品产地批次等信息，有效记录和分析处方变更等信息，为慢性病治疗和保健提供参考依据。

区域卫生系统，由区域卫生平台和公共卫生系统两部分组成。区域卫生平台包括收集、处理、传输社区、医院、医疗科研机构、卫生监管部门记录的所有信息；包括旨在运用尖端的科学和计算机技术，帮助医疗单位以及其他有关组织开展疾病危险度的评价，制定以个人为基础的危险因素干预计划，减少医疗费用支出，以及制定预防和控制疾病的发生和发展的电子健康档案（Electronic Health Record，HER）。比如：社区医疗服务系统，提供一般疾病的基本治疗，慢性病的社区护理，大病向上转诊，接收恢复转诊的服务；科研机构管理系统，对医学院、药品研究所、中医研究院等医疗卫生科研机构的病理研究、药品与设备开发、临床试验等信息进行综合管理。公共卫生系统由卫生监督管理系统和疫情发布控制系统组成。

家庭健康系统，最贴近市民的健康保障，包括针对行动不便无法送往医院进行救治病患的视讯医疗，对慢性病以及老幼病患远程的照护，对智障、残疾、传染病等特殊人群的健康监测，还包括自动提示用药时间、服用禁忌、剩余药量等的智能服药系统。

从技术角度分析，智慧医疗的概念框架（见智慧医疗方案架构图）包括基础环境、基础数据库群、软件基础平台及数据交换平台、综合运用及其服务体系、保障体系五个方面。

基础环境指的是通过建设公共卫生专网，实现与政府信息网的互联互通，建设卫生数据中心，为卫生基础数据和各种应用系统提供安全保障。基础数据库包括药品目录数据库、居民健康档案数据库、PACS影像数据库、LIS检验数据库、医疗人员数据库、医疗设备等卫生领域的六大基础数据库。软件基础平台及数据交换平台能够提供三个层面的服务。首先是基础架构服务，提供虚拟优化服务器、存储服务器及网络资源；其次是平台服务，提供优化的中间件，包括应用服务器、数据库服务器、门户服务器等；最后是软件服务，包括应用、流程和信息服务。综合应用及其服务体系包括智慧医院系统、区域卫生平台和家庭健康系统三大类综合应用。保障体系包括安全保障体系、标准规范体系和管理保障体系三个方面。从技术安全，运行安全和管理安全三个方面构建安全防范体系，切实保护基础平台及各个应用系统的可用性、机密性、完整性、抗抵赖性、可审计性和可控性。

（2）智慧医疗的发展现状

智慧医疗的发展分为七个层次：一是业务管理系统，包括医院收费和药品管理系统；二是电子病历系统，包括病人信息、影像信息；三是临床应用系统，包括计算机医生医嘱录入系统（CPOE）等；四是慢性疾病管理系统；五是区域医疗信息交换系统；六是临床支持决策系统；七是公共健康卫生系统。总体来说，中国处在第一、二阶段向第三阶段发展的阶段，还没有建立真正意义上的 CPOE，主要是缺乏有效数据，数据标准不统一，加上供应商欠缺临床背景，在从标准转向实际应用方面也缺乏标准指引。中国要想从第二阶段进入到第五阶段，涉及许多行业标准和数据交换标准的形成，这也是未来需要改善的方面。

在远程智慧医疗方面，国内发展比较快，比较先进的医院在移动信息化应用方面其实已经走到了前面。比如，病历信息、病人信息、病情信息等的实时记录、传输与处理利用，使得医院在内部和医院之间通过互联网，实时地、有效地共享相关信息，这一点对于实现远程医疗、专家会诊、医院转诊等可以起到很好的支撑作用，这主要源于政策层面的推进和技术层面的支持。但远程智慧医疗欠缺的是长期运作模式，缺乏规模化、集群化的产业发展，此外还面临成本高昂、安全性及隐私等问题，这也是刺激未来智能医疗。

将物联网技术用于医疗领域，借由数字化、可视化模式，可使有限医疗资源让更多人共享。从医疗信息化的发展来看，医疗卫生社区化、保健化的发展趋势日益明显，通过射频仪器等相关终端设备可以在家庭中进行体征信息的实时跟踪与监控，通过有效的物联网可以实现医院对患者或者是亚健康病人的实时诊断与健康提醒，从而有效地减少和控制病患的发生与发展。此外，物联网技术在药品管理和用药环节的应用过程也将发挥巨大作用。

随着移动互联网的发展，未来医疗会向个性化、移动化方向发展，到2015 年超过 50% 的手机用户使用移动医疗应用，如智能胶囊、智能护腕、智能健康检测产品将会广泛应用，借助智能手持终端和传感器，有效地测量和传输健康数据。

未来几年，中国智慧医疗市场规模将超过 100 亿元，并且涉及的周边产业范围很广，设备和产品种类繁多。这个市场真正启动后，其影响将不仅限于医疗服务行业本身，还将直接触动包括网络供应商、系统集成商、无线设备供应商、电信运营商在内的利益链条，从而影响通信产业的现有布局。

随着安全防范体制的进一步完善和技术的提高，使得医疗行业完全有条件、有能力应用最新的新科技成果，带领全行业步入一个新的台阶，提供最先进最及时的医疗服务，树立自己的行业形象，并能够高效的为用户服务。为促进医院实现现代化、高效管理的具体要求，现提出结合现今行业发展水平，利用先进技术，采用安全可靠的网络监控解决方案，将监控系统"集成化、网络化"是符合医院保卫工作发展需要的。

1.3 理解人工智能产品消费者体验

随着经济社会的不断进步，人类逐渐由"商品经济""服务经济"进入到"体验经济"。体验经济是服务经济的延伸，是农业经济、工业经济和服务经济之后的第四类经济类型，强调顾客的感受性满足，重视消费行为发生时的顾客的心理体验。

所谓体验，就是企业以服务为舞台、以商品为道具，围绕着消费者，创造出值得消费者回忆的活动。其中的商品是有形的，服务是无形的，而创造出的体验是令人难忘的。与过去不同的是，商品、服务对消费者来说是外在的，但是体验是内在的，存在于个人心中，是个人在形体、情绪、知识上参与的所得。没有两个人的体验是完全一样的，因为体验是来自个人的心境与事件的互动。体验经济的灵魂或主观思想核心是主题体验设计，而成功的主题体验设计必然能够有效地促进体验经济的发展。在体验经济中，"工作就是剧院"和"每一个企业都是一个舞台"的设计理念已在发达国家企业经营活动中被广泛应用。主题设计或主题体验设计在发达国家已经成为一个设计行业。"体验经济"也将成为中国 21 世纪初经济发展的重要内容和形式之一。

1.3.1 人工智能时代消费者体验新特点

若要理解人工智能时代的消费者体验，我们首先必须意识到，人工智能不仅仅是科幻电影中的机器人，实际上，在日常生活中，我们已经每天都在使用人工智能了，只是我们没有意识到而已。人工智能产品的出现和使用，给我们的日常生活带来了翻天覆地的变化，目前已有许多日常事务由人工智能承担，这带给了消费者全新的消费体验。

想象一下这样的场景：你正准备起床上班，当你走到厨房，打开冰箱拿早餐时，冰箱内置的智能家居语音助手小叮提醒说："牛奶明天就喝光了，今天的牛奶特价 16 元，你想在淘宝以 16 元的价格下单购买吗？"假如你回答"是"，那么小叮就会帮你确认订单。15 分钟之内，商品就能准备齐全，当你从公司返回家后，牛奶就能直接到家了。

上述场景其实并没有想象中那么遥远。亚马逊、Facebook、谷歌和苹果正在加速进行消费者期待方面的研究以及进行技术上可行的尝试，例如当日送达和机器驱动的图像识别技术。现在，你已经能够通过苹果手机的 Siri 使用 Uber 打车服务，或者完全依靠手机内置的智能语音助手订一张电影票。

回应型零售（Responsive retail）已经发展到了顶峰，我们即将进入预测型商业（Predictive commerce）时代。对于零售商来说，是时候在人们产生需求的确切瞬间，帮助他们找到相应的产品——甚至是在他们形成这种意识之前——无论消费者是否登录了购物网站，是否准备好点击屏幕上的购买按钮。这种商业模式的转移，要求我们设计出一种全新的体验，这种体验要将对人类行为的理解与大规模自动化、数据整合相融合。

（1）机器学习的价值

在过去几年中，零售业巨头一直采用机器学习的算法来预测需求和设定价格。人工智能、机器学习和个性化定制的技术的发展已完全超出了人们的预期。零售商已经开始像技术公司一样进行思考，不仅仅利用人工智能和机器学习去预测如何安排店内库存和制作排班表，更开始向消费者动态地进行产品推荐，进行富有吸引力的产品定价。

假设你正在出差，突然意识到自己忘了带手机充电器，为了能在会议开始前用上，你就不得不考虑重新买一个。在这种情况下，一家电子产品零售商很有可能会根据这一情况，预测你还想要一副新耳机。考虑到你明天晚上还要搭乘航班，它会推荐你购买一副消音耳机，这副耳机同时还兼顾了电商平台上的定价、离你最近的仓库的库存量以及快递费用。

为了实现这一层面的预测，技术人员要做到能够从海量的动态数据中识别出微妙的模式。这些数据集包括：消费者的购物历史、产品偏好、购物清单、竞争对手的定价和库存，以及当前和未来的产品需求。这是人工智能和机器学习发挥作用的地方，也是许多公司正积极投资的领域。为了提高机器学习能力，微软收购了 Bonsai 公司，该公司采用了一种叫做强化学习的流行方法，这种方法包括训练系统，通过反复试验来获得更好的结果。在专家着重标记数据中的重要领域并培训人工智能模型之后，就可以将其纳入公司应用。

（2）发挥互联设备和数据的潜能

预测型零售将在不同场景下激发消费者的购买欲望——购物前、购物中和购物后。商业已经逐渐成为日常生活中的有机部分，不再是一种强行买卖。除了智能手机以外，还有很多东西会让我们不由自主地浏览和购买商品。目前，各大电商平台主页都会根据以前的购买和浏览记录猜测用户喜好来推荐相关商品，很多人打开软件后，尽管没有需求，也会下单购买商品。所有这些，其实都只是开始。

下一代智能助手和互联设备将通过学习用户习惯、识别行为模式和环境模式，来使得消费体验更具预测性。像 Siri、小爱同学等这样的互联设备将获取用户日常交互产生的数据，对可能发生的交易及时机做出精准预测。

在预测消费者行为和满足个体需求方面，零售店中的互联设备还有巨大潜力。许多零售商早已使用智能手机关注顾客动态，以及进行特定的商品推荐。未来，生物识别技术、身份验证技术和位置传感器的进步，将能够使零售商在综合考虑各个因素后为消费者提供个性化推荐。

零售商同时也在用与线上购物相同的定位和个性化服务来设计线下体验。想象一下，当你经过耐克店铺时，手机收到了一条推送通知，它建议你购买一双新运动鞋。你这才意识到脚上穿着的鞋已经陪你走过 500 公里，有些破旧了——所有这些都被鞋底的芯片记录下来，并发送给了你的健身 App。随后，你滑动手机点开了这一通知，开始选择鞋的款式。然后，一张店内地图会引导你走进店里、找到店员，而店员早已拿着你想要的鞋子，耐心地等待着你。

（3）拥抱以人为本的设计

预测型零售的未来需要我们为商业设计出一个新的生态系统。这些系统将会依人而建，而非局限于一个特定的设备，或单纯关注线上和线下的体验。这些系统需要整合人情纽带和叙事手法、空间设计和环境，以及许许多多的数据。

通过建立创新实验室，许多零售商走在了预测型零售变革的前沿。这些实验室配有专门的研究团队，致力于孵化新创意，对连接线上和线下的数字体验进行测试，在人工智能驱动的基础上提高预测能力将会为企业的发展带来巨大潜力。想象一下，手机可以直接连接实体店的橱窗，为你展示个性化的内容。例如，手机上会推荐展示为爱人准备的生日礼物，而所有推荐都是根据你在淘宝和微博上关注的内容和品牌进行个性化定制而得的。通过连接多方的数据和以用户为本进行个性化定制，零售商能创造相关性更高的购物体验，让消费者不由自主地进入实体店、登录网站或点开 App 进行购物。重要的是，它们能提前预测出消费者的需求。

（4）重视个人隐私和建立信任

隐私和个性化之间经常存在一些取舍，这一点对于每一代技术革新来说都是如此。零售商需要把透明、尊重和安全作为优先考虑的事项，并及时采取行动，同时，他们还需要展示自身的价值。国内人工智能服务提供商正在不断努力，不仅是个性化搜索方面，还有服务方面，例如，百度地图在你打开地图的时候预测你要去哪里，无需手动搜索就可以提供路线指引，并且提醒你哪一条线路更适合。

我们中的许多人都愿意为了奇妙和有价值的体验分享个人信息，因为这些体验通常无法在别处获得，零售商正在让这种奇妙和价值变得显而易见。革新早已开始，未来，人们将期待比今天更便捷、更智能的服务。在不久的某一刻，"按需型"商业将转变为"预测型"精准化商业，零售商需要在这次革新中抢占先机。

1.3.2 人工智能给消费者带来的问题

新事物的出现必然伴随着无穷无尽的探讨和争论。人工智能在给消费者带来便利体验的同时，也为消费者带来了安全、伦理和隐私等方面的问题，这引起了消费者的恐慌和抗拒。

2021 年 7 月，英国《每日邮报》报道，近日，美国消费者保护组织出具的一份报告显示，来自亚马逊和谷歌的专利申请曝光了其智能音箱在未激活状态下也在"监听"用户收集信息。该组织的研究称，从这两大巨头的专利申请可以看出，这些设备可能被用作收集大量信息和广告推广。尽管这两家公司一再保证会保护用户隐私，这一报道还是摧毁了消费者对智能设备的信任，有关人工智能的隐私保护探讨逐渐热烈。实际上，人工智能不仅改变用户隐私领域的安全保护守则，也对安全、伦理等方面带来了冲击。

（1）人工智能的安全问题

众所周知，很多行业在应用人工智能这项技术以及相关的知识的时候都是依附于计算机网络来进行的，而计算机网络这个行业是错综复杂的，很多计算机网络存在安全问题，相应的人工智能的网络安全问题也存在问题。比如机器人在为人类服务的过程中，操作系统可能遭到黑客的入侵，机器人的管理权限被黑客拿到，就会使机器人任由黑客摆布；也有可能源代码突然遭受攻击，人工智能的信息基本通过网络进行传输，在此过程中，信息有可能遭到黑客的篡改和控制，这就会导致机器人产生违背主人命令的行为，会有给主人造成安全问题的可能性。不仅如此，在人工智能的发展过程中，大量的人工智能训练师需要对现有的人类大数据进行分析和统计，如何防止信息的泄漏和保护个人信息的隐私也是人工智能领域需要关注的问题。

对一些发展不成熟和有引起安全问题的可能性的领域以及技术的应用范围给出一定的限定，这是保障人类与社会和谐发展的一种手段，也是不可或缺的一个步骤。目前，人工智能的发展也是如此，这也是目前人工智能安全问题所面临的问题之一。目前各行各业都有人工智能的应用，比如无人驾驶、各类机器人等，很多行业都会看到人工智能的存在，小到购物 APP 中的客服机器人，大到国际比赛中机器人的应用。在许多危险的领域，如核电、爆破等危及人民生命安全的场景，人工智能也发挥了至关重要的作用，人工智能在这些领域的应用如果很成功那是没什么问题，一旦出现问题就会产生很严重的后果。我国对于人工智能应用的范围，目前并没有给出明确的界定，也没有明确的法律依据，这就需要相关组织和机构，尽快对人工智能的适用场景进行梳理，加快人工智能标准和法律的建设步伐，防止一些不法分子，利用法律漏洞将人工智能运用到非法的范围中，造成全人类不可估量的损失。

人工智能的产生以及应用的本身目的并不是为了赶超人类或者达到人类的智力水平，它本身存在的价值是服务人类，成为人类提高生活质量的一种工具，人类需要对其有着一定的控制的能力。但是近几年来，很多人工智能产品忽略了伦理问题，甚至涉及部分人权问题，偏离了人工智能本身存在的目的，而这种偏离会产生一定的安全问题，从而影响人工智能的发展。所以人们应该对机器人的道德和行为进行判定，确保其在人类的道德伦理范围中，避免人工智能产品做出危害人类安全的行为。人类必须对人工智能的行为进行严格的监管，也要大力发展人工智能自身的伦理监督机制，使其为人类所用。

（2）人工智能的伦理问题

依托于深度学习、算法等技术，从个性化推荐到信用评估、雇佣评估、企业管理，再到自动驾驶、犯罪评估、治安巡逻，越来越多的人类做决策的工作正在被人工智能所取代，越来越多的人类决策要依托于人工智能的决策。由此产生的一个主要问题是：公平正义如何保障？人工智能的正义问题可以解构为两个方面：第一，如何确保算法决策不会出现歧视、不公正等问题。这主要涉及算法模型和所使用的数据。第二，当个人被牵扯到此类决策中，如何向其提供申诉并向算法和人工智能问责，从而实现对个人的救济，这涉及透明性、可责性等问题。在人工智能的大背景下，算法歧视已经是一个不容忽视的问题，正是由于自动化决策系统逐渐被广泛应用在诸如教育、就业、信用、贷款、保险、广告、医疗、治安、刑事司法程序等诸多领域。从语音助手的种族歧视、性别歧视问题，到美国犯罪评估软件对黑人的歧视，人工智能系统决策的不公正性已经蔓延到了很多领域，而且由于其"黑箱"性质、不透明性等问题，难以对当事人进行有效救济。

人工智能系统进入人类社会，必然需要遵守人类社会的法律、道德等规范和价值，做出合法、守道德的行为。或者说，被设计、被研发出来的人工智能系统需要成为道德机器。在实践层面，人工智能系统做出的行为需要和人类社会的各种规范和价值保持一致，即价值一致性或者说价值相符性。由于人工智能系统是研发人员的主观设计，这一问题最终归结到人工智能设计和研发中的伦理问题，即一方面需要以一种有效的、技术上可行的方式将各种规范和价值代码化再植入人工智能系统，使系统在运行时能够做出合伦理的行为；另一方面需要避免研发人员在人工智能系统研发过程中，将其主观的偏见、好恶、歧视等带入人工智能系统。

算法歧视与算法本身的构建和其基于的数据样本数量及样本性质密不可分。算法歧视问题其实取决于底层数据的积累，数据积累越多算法计算就越准确，对某一人群的算法描述就越精准。同时，随着算法复杂性的增加和机器学习的普及导致算法黑箱问题越来越突出。美国计算机协会公共政策委员会在《算法透明性和可问责性声明》中提出七项基本原则，第一项基本原则即为解释，其含义是鼓励使用算法决策系统对算法过程和特定决策提供解释，并认为促进算法的可解释性和透明性在公共政策中尤为重要。未来人工智能系统将会更加紧密地融入社会生活的方方面面，如何避免诸如性别歧视、种族歧视、弱势群体歧视等问题，确保人工智能符合伦理行为，这需要在当前注重数学和技术等基本算法研究之外，更多地思考伦理算法的现实必要性和可行性。

（3）人工智能的隐私问题

互联网的发展以及人工智能技术的应用在很大程度上降低了大数据在分析应用方面的成本，摄像头已经遍布我们生活的大部分角落，走在街上我们的一举一动，都随时随地在电子监控的掌控之中；计算机被广泛利用来准确地记录人们的浏览记录；移动通信设备随时跟踪人们的通话记录，聊天记录等。在人工智能时代，在收集个人信息面前，人们面对无处可逃的命运。

在人工智能的应用中，监控发生了根本性的变化，融合了各种类型的监控手段，监控的力度也变得越来越强大。以 CCTV 视频监控为例，它不再是单一的视频监控或图像记录和存储，其与智能识别和动态识别相结合，大量的视频监控信息构成了大数据，在此基础上通过其他技术的智能分析就能进行身份的识别，或是与个人的消费、信用等的情况进行关联，构成一个人完整的数字化人格。人工智能应用中的数据来源于许多方面，既包括政府部门也有工商业企业所收集的个人数据资料，又包含着用户个人在智能应用软件中输入和提供的数据资料，比如在可穿戴设备中产生的大量个人数据资料，以及智能手机使用时所产生的大量数据资料都可能成为人工智能应用中被监控的部分，它在不改变原有形态的前提下对个人的信息进行关联，将碎片化的数据进行整合，构成对用户自身完整的行为勾勒和心理描绘，用户很难在此情况下保护自己的个人隐私。视频监控还可能借助无线网络通信，使隐私遭遇同步直播成为现实，一些非法的同步录像行为，具有侵犯隐私利益的可能性。此类人工智能技术的广泛应用，让我们隐私被暴露，这不仅超出了公众所能容忍的限度，也是对整个社会隐私保护发起的挑战。

人工智能不断发展，应用领域不断拓展，人工智能技术在各行各业中都发挥着越来越重要的作用，渗透在各大领域之中，带动着产业的发展，同时我们也必须承认该项技术的发展和应用存在无法避免的隐患。很多情况下，我们在不自知或不能自知的状态下向智能应用的运营商或者服务提供商提供我们的数据信息，每个人的数据都可能被标记，被犯罪分子窃取并转卖。

以Facebook数据泄露为例，2018年3月17日，美国《纽约时报》曝光Facebook造成5000多万用户隐私信息数据被命名为"剑桥分析（Cambridge Analytica）"的一家公司泄露，这些泄露的数据中包含用户的手机号码、姓名、身份信息、教育背景、征信情况等，这些信息被用来定向投放广告。在此次事件中，一方面是由于使用智能应用的普通用户对自身隐私数据缺乏危机意识和安全保护的措施，另一方面是Facebook应用中规定只需要用户的单独授权就能收集到关联用户的相关信息，其将隐私设置为默认公开的选项给第三方抓取数据提供了可乘之机。同样Facebook受到谴责的一个重要原因就是未能保护好用户的隐私数据，欠缺对第三方获取数据目的的必要性审查，对第三方有效使用数据缺乏必要的监控，使用户数据被利益方所滥用。欠缺网络安全事件的信息公开和紧急处理的经验，这不仅会侵害网络用户个人的合法权利，也会对社会的发展进步产生消极的影响。Facebook在对数据的使用和流转中，并未对用户数据提起重视、履行责任，在向第三方提供数据共享便利的同时并没有充分考虑到用户隐私保护的重要性和必要性，以及没有采取必要的预防策略，极易对平台数据造成滥用的风险。不难看出，从分析用户的隐私数据来定向投放广告追求商业价值和经济利益，到一再发生的泄密事件使得用户隐私数据信息泄露变得更加"有利可图"。一方面，由于人工智能应用在技术上占有优势，在获得、利用、窃取用户的隐私数据时有技术和数据库的支撑，可以轻松实现自动化、大批量的信息传输，并在后台将这些数据信息进行相应的整合和分析；另一方面，后台窃取隐私数据时，我们普通的用户根本无法感知到，在签订隐私条款时很难对冗长的条文进行仔细的阅读，这往往使我们难以发现智能应用中隐藏着的深层动机。在此次数据泄露事件中，该平台本身并没有将用户的数据直接泄露出去，而是第三方机构滥用了这些数据。这种平台授权、第三方滥用数据的行为更加快了隐私泄露的进程。

在人工智能时代，个人信息交易已形成完整的产业链，在这个空间中，一个人的重要隐私信息几乎全部暴露在外，包括身份证号，家庭住址，车牌号，手机号码和住宿记录，所有这些的信息都成为待出售的对象。在人工智能技术广泛应用的同时，人们常用的智能手机、电脑以及社交媒体平台都在无时无刻的记录着我们的生活轨迹，各种垃圾广告和邮件可以实现精准的推送，推销电话、诈骗短信等充斥着人们的日常生活，尽管我们没有购买理财产品，没有购房需求，没有保险服务等，也没有向这些公司提供过自己的隐私数据信息，但仍无法避免而且经常能接到理财公司、房地产商、保险公司等的推销电话。探究这些公司对用户偏好和兴趣精准了解的缘由，那便是人工智能应用中个人隐私的非法交易行为，我们保留在网站或企业中的个人信息，除了由该企业本身使用外，这些企业还经常与其他的个人和企业共同分享、非法交易，从而忽略公民的个人隐私安全。目前，个人数据，如电话号码、银行卡信息、购车记录、收入状况、网站注册信息等，已成为非法交易的重灾区，这些个人信息被不法分子通过非法交易获得并通过循环使用来获利。现阶段，这类专门进行个人信息买卖的公司在国内不计其数，大大小小的分布在各种隐蔽的角落，甚至有一些正规的大型企业也免不了买卖个人信息的行为。当今社会，人们的日常生活中很多情况下都要提供自己的私人信息，如应聘工作、参加考试、购买保险、购买车票、寻医看病等等。这些信息提供给企业商家后，他们就有义务对用户的信息进行保密，而目前对用户信息保密的相关法律规定还比较欠缺，因此往往寄希望于企业商家通过自律来保护用户的隐私。但是现状是大多数企业的自身素质不高，单纯将对隐私保护寄希望于商家和企业的自律是不现实的，这些数据往往会被企业商家非法买卖，甚至将这些非法买卖的个人信息用于诈骗、传销。

1.3.3 人工智能时代消费者体验研究中的哲思

有关产品与消费者体验的研究开始较早，研究结论也较为成熟，大部分学者都认同将体验定义为消费者对产品或服务不同方面的反应，并以此为依据对体验进行分类。但是，尽管人工智能产品进入市场只有短短几年，学者们发现人工智能产品与非智能产品有着显著的区别，从而给消费者带来了全新的体验。随着信息技术的发展，很多原本无法由人类自己实现的行为，因为产品功能的强大而成为消费者普遍具有的能力。例如海量信息的储存、即时的人际间沟通等，还有指纹识别、面部识别等技术，使得消费者能够在没有钥匙的情况下直接打开家门。实际上，人本身并不能具备海量信息的存储或者即时的人机沟通等功能，这些功能的实现是需要依赖某些特定产品的，这也使得消费者在日常生活中对人工智能产品的依赖性越来越强。此外，这些赋予人类超出人类个体能力的人工智能产品不再是一种独立的产品，它已经成为了消费者自身的一部分，是消费者在数字世界中的延伸，甚至可以被称为消费者的"数字假肢"。在传统的非人工智能时代，学者们认为体验形成于人与产品产生交互的那个交点，而在人工智能时代，有学者提出，人与产品以及其他的智能设备之间形成了网络状结构，作为一个整体来形成一种全新的体验（如图1.1、图1.2所示）。体验的形成场景由原来的人与产品的交点转变成了人与产品所形成的集群之中。因此，有学者提出，以集群理论为基础，将消费者和人工智能产品作为一个整体来研究，关注产品与消费者所形成的网状结构产生的能力的流动与冲突[①]。

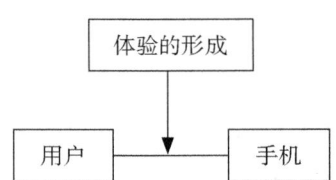

图 1.1 非人工智能时代体验的形成示意图

---

① Hoffman D L，Novak T. Consumer and Object Experience in the Internet of Things：An Assemblage Theory Approach［J］. Journal of Consumer Research，2018，44（6）：1178–1204.

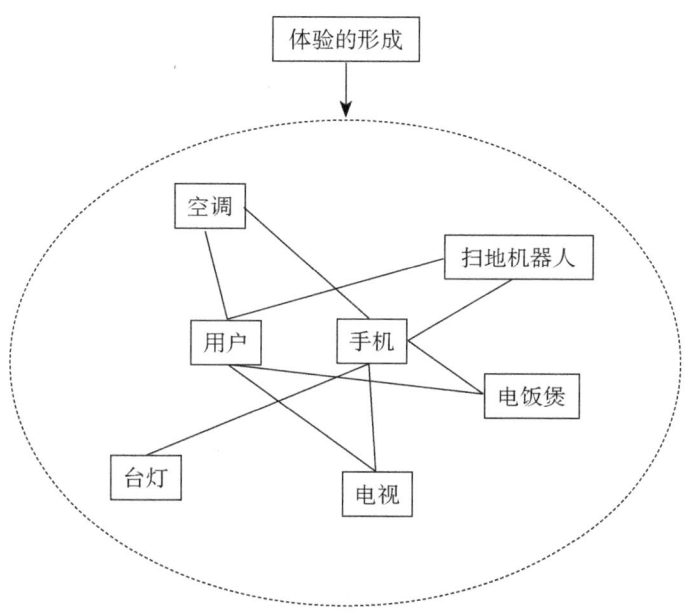

图1.2 人工智能时代体验的形成示意图

（1）集群理论的内涵及特征

集群理论是由 Deleuze 和 Guattari 在《千高原》中第一次提出，并且逐渐流行开来，被诸多学者在多个领域运用。在这本书中，作者们以"根茎"为标题陈述了他们的哲学思想。"根茎"是指在土壤浅表层匍匐状蔓延生长的匍匐茎，在日常生活中，根茎经常会令人联想到马铃薯或红薯之类的植物根茎。而《千高原》中的"根茎"不是单指自然界中的植物根茎，它主要是指所有消融了同一、核心、等级、结构与组织等属性的，具有结构主义意味的存在。该哲学范畴是作为长久以来统治人们思维活动的、具有形而上或建构主义意味的树状思维方法的对立面而出现的。体系化、层级化和中心化是树状思维方法的本质规定，相比之下，根茎思维以无序化、平等化与非中心化为基本特征，它毫无规律地向各个方向拓展，充满变化又难以把握其中的规律。通常来讲，人们能够轻松地辨识树干、树枝和树叶，但要把握根茎却十分困难。其根源在于根茎一般不会深深地根植于某个具体的位置，它会在地面表层或地下浅层不断蔓延，尽管会生根但只是暂时的，而且非永久性的根系会进一步生成为"根茎"，新生的根茎会进一步拓展自己的范围。

在 Deleuze 和 Guattari 看来，不管是在自然界还是在人类社会，根茎无处不在，在自然界中，土豆、红薯等属于根茎，在人类社会中，城市、国家、网络、网页也都是根茎，这是由上述事物的无序性、难以预测性和非决定性决定的，它们有时潜藏、有时出现、有时突破辖域、有时重新生成，可以发现这些特性其实是反中心思维，反同一性思维的外在表现，和西方哲学中依赖的树状思维形成截然不同的对比效果。简而言之，根茎有别于树干、树枝等存在，也和束状根有着本质的差别，我们可以将树干、树枝以及束状根看作一个有机的统一体，但是根茎不包括在内，它始终是面向未来的，难以用恒定不变的结构来约束的。

具体来讲，"根茎"类组织具有以下特征：

根茎的第一和第二特征表达了"联系性原则和异质性原则"（principles of connection and hetrogeneity）。[1] 根茎与仅仅立足于一点并且固定于秩序的树木极为不同。树根类型有系谱或中心论的含义，而根茎类型则把中心去掉并且置入其他维度，这两个特征的核心是"多元异质链接"，而电子媒介的特质与根茎的这些特征颇为吻合。Deleuze 的媒介思想，包括他的电影哲学和美学思想，扬弃索绪尔语言学和西方结构主义的框架，更多地从美国哲学家皮尔斯所代表的多元符号论中汲取丰富营养。皮尔斯的符号论具有超越语言、重视形象的多元性质。根茎论则认为，应当将以语言为中心的文学文本与视频、声频等进行符号链的链接，并与形形色色的符码模式（生物的、政治的、经济的等等模式）建立联系，根茎持续不断地在符号链、权力的组构（这一点显然还与福柯的"话语权力"概念有某种关联）与关涉艺术、科学、社会斗争的环境之间建立联系。[2] 而互联网正是这样一个"多元异质链接"、充满复杂权力关系的当代处境。

根茎的第三个特征是"多元性原则"（principle of multiplicity）。根茎的多元性不再作为与"唯一性"相关的主体或客体、自然现实或精神现实、图像与

---

① 程党根. 后经验主义范式：德勒兹的激进经验主义 [J]. 南昌大学学报（人文社会科学版），2011，42（2）：47-51.

② 黄小惠. 论德勒兹的欲望微观政治学 [J]. 中南大学学报（社会科学版），2011，17（2）：68-71，76.

世界的关系而存在。多元性的根茎图式与树状模式、簇根模式的伪多元性不同，它既非主体，亦非客体，只是决定、量值、运动与维度。根茎联系的拓展必然带来其性质的改变。"多元性原则"的要旨是反对树状的二元对立原则的思想传统。Deleuze 根茎论与柏拉图洞穴神话的一个根本不同的特征，就是他主张根茎的多元生成原则，否弃真实／虚拟的二元对立理论图式。德勒兹认为西方传统思想倾向于看重真实，忽视拟像（或摹本、类像），忽视生成（尚未完成的状态）的虚拟力量。虚拟的力量是一种亟待生成的、强大的力量，不是走向某种既定目的或以某种已然存在的东西（真实或实在）作为基础。虚拟拥有丰富的差异性，它以无法预料的方式进行创新。由此出发来观察，文艺作品的独特性不在于描述这个世界"是"什么，而在于通过亦真亦幻的艺术形象来转化这个世界。只有当虚拟的潜在性现实化之后，我们才能意识到它。文学艺术的力量在于它迥异于现实，超越停滞与静态的生活，生产出新的拟像，生成对生活的一种新的表达方式。概而言之，德勒兹认为虚拟与现实之间是一种动力学的、充满着生成际遇的联系。

"根茎"的第四个特征是"反意指裂变的原则"（principle of asignifying rupture）。根茎可以碎裂、散播开来，但它无论在新旧环境中都仍然能够生长繁衍。人们永远无法清除蚂蚁，因为蚂蚁构成动物的根茎。即使大多数蚂蚁遭到灭顶之灾，它们也能够一次次地重新聚集起来。组织化给万物分层、赋形，把权力还给能指。根茎是反系谱学的。[1] 这个反科层化、解辖域化、反组织化、反固定意义、反系谱学的特征，与前述的光滑空间和游牧美学具有精神上的共通性。根茎式的电脑网络是诠释"反意指裂变的原则"的一个佳例。电子传媒可以十分便捷地、随心所欲地进行各种复制、剪贴与数码合成，用于各种目的，包括网络犯罪与创造新型的多媒体文艺形式。其形态瞬息万变，文学艺术经典的续写、改写、逆写、戏仿乃至恶搞，在电子网络世界已经司空见惯。网络写手与受众具有无限可能性来进行多元互动。赛博世界动态地交织着光滑空间与条纹空间。

---

[1]　麦永雄. 光滑空间与块茎思维：德勒兹的数字媒介诗学［J］. 文艺研究，2007（12）：75-84.

根茎的第五个和第六个特征是"制图学与贴花的原则"（principles of cartography and decalcomania）。这个特征使德勒兹和加塔利的思想与其他关于发生轴和深层结构的思想观念区分开来。德勒兹提供了异质事物之间互相生成的图式和具有后结构主义意味的多元流变拼贴模式，这主要是通过对根茎图式与树状模式的思辨来加以阐发的。他们的著名例子是兰花与蜜蜂（动物与植物）互相生成的根茎图式：两者是异质因素，却构成了一种共生的根茎图式。蜜蜂采蜜时为兰花授粉，双方由此延续了生息繁衍的生命链。根茎图式与总是企图回到"同一"树状追溯不同，在兰花生命中无法追溯蜜蜂的系谱学轨迹。根茎图式具有开放性，可以与多种维度相关联（兰花可以与蜜蜂、蝴蝶，甚至其他小昆虫相关联，同样形成图式）。同样，长期记忆或有组织的记忆（家庭、种族、社会和文明）是树状的，具有中心化特征，激发起模仿等级制和主体化的令人悲哀的思想形象。短期记忆则是根茎或几何图式，不归连续性规律所管辖，可以远距离、长时间之后出现或回归，具有非连续性、断裂、多元、创造的特征（普鲁斯特《追忆似水年华》中著名的"不由自主的记忆"就是这种记忆，它使得"椴花茶"、玛德莱纳甜点心与叙事者关于故乡索多姆的鲜活回忆刹那间融合，从而生成一种新的创造性体验）。

上述关于根茎图式与树状模式的多重思辨，凸显了德勒兹差异哲学的基本特征，启迪我们从哲学角度思考赛博空间和数字电子传媒问题。

《千高原》一经出版便吸引了各路学者投身于解读这部富有隐喻且颠覆了传统哲学的经典著作，尽管 Deleuze 和 Guattari 公开否认了《千高原》中各种隐喻，依然有不同学者对这本书中的新术语提出了自己的解读。目前应用于社会科学领域中的集群理论正是来自 Manuel Delanda 对"根茎"的解读。Manuel Delanda 在《社会新哲学：集群理论与社会复杂性》中对"根茎"的概念进行了扩展，并为其提供了比原作者更持久的理论基础——集群理论。[①] 集群理论的目的是取代其他传统隐喻在社会理论中的使用，以解释复杂的结构，例如国家、社会或全球网络，特别是它对原有的将组织多样的、相互依存的功能归结

---

① Delanda M. A New Philosophy of Society：Assemblage Theory and Social Complexity［M］. London：Continuum，2006.

为系统不同部分的观点提出了质疑，它更多地考虑了系统不同部分之间的关联性。Guattari 经常引用"没有器官的组织"一词来区分集群和功能主义或有组织框架的思想。

"集群"一词描述了一组关系，一方面，它符合一个非常特定的模式，另一方面，它可以运用到广泛的现象。集群的一个重要特征是它的所有部分都是协同的。集群既是较大集群的一部分，也包括了更小的集群。此外，集群没有不可变的本质，也没有独立的部分，因此它的特征完全取决于它的子集群之间发生的相互作用，以及它本身与邻近的其他集群之间发生的相互作用。因此，集群是具有流动性的，因为任何集群的内部或外部关系的变化都可能改变集群的本质。

与任何一组关系一样，集群包括形式和内容。Deleuze 和 Guattari 强调，在一个集群中，内容和表达都是通过"互惠假设"联系起来的，这意味着内容和表达互为因果，所以这两者不能割裂开来分析。用另一句话说，在一个集群内，所有活动都是连续编码的，所有编码都是连续发布的。

每个集群的特性都是由它所包含的个体所决定的，这些特性带来了独一无二的体验。国家就是这样的一种集群，与全球化有着非常强的相关性。还有学者以书为例解释了这一现象。一本书可以包含万物，它可以将很多事物，不仅仅是读者和作者，连接起来。然而，到底是什么被一本书连接了起来是会因时间和空间变化的，例如读者身份背景和阅读情境的不同，都给集群带来了变化。集群之间动态的变化是集群不确定性的根源。

集群理论最复杂的地方就是它的不确定性。想要完全预测集群中发生的任何一组关系的结果是不可能的，但是，结果的多样性总是确定的，也就是说，尽管一个集群的结果在有限的可能性范围内，但是集群依然可以产生无限变化。

（2）集群理论在营销研究中的应用

在营销研究中，集群理论被广泛应用于研究消费者与产品的关系上，并与"产品是消费者自我延伸的一部分"的观点密不可分，在此基础上，消费者和产品可以被看作是一个集群。在人工智能产品与消费者关系的研究中，Hoffman 和 Novak 从集群理论的视角分析了消费者和智能设备所形成的组合以及所有组合所形成的整体，探讨了智能设备产生体验的理论依据，并在自我延伸的基础上，提出了其他三种人工智能时代消费者有可能产生的消费体验，分别为自我扩展、自我受限和自我限制。[①] 同时，Hoffman 和 Novak 认为在这一组合中，消费者和产品在整体与部分中相互作用，每个部分不仅都自由地或依赖另一部分进行活动，也受到集群整体的约束，同时，较小的组合也相互连接形成更大的组合。[②]Hoffman 和 Novak 认为产品也会产生体验，他们提出这一概念以帮助人们理解产品体验的形成，产品体验的形成依赖于产品和人类或其他产品的互动。尽管产品的体验不是产品有意识的行为，但它依然包含了产品与消费者互动中信息的过滤和处理过程。从这个角度来看，人工智能产品也拥有了独立发起行动的能力。

Schweitzer 等人研究了智能语音助手在和消费者互动中所承担的角色，以及消费者的角色感知对他们未来使用意愿的影响，研究发现大部分消费者认为语音助手是他们的仆人、伙伴和主人，也是他们自我角色在数字世界中的延伸，同时不同的关系感知也形成了最终的未来使用意愿。

集群理论也被用来解释消费者对智能设备的拒绝态度。消费者在消费者—智能设备的这个整体中，不仅会出现自我延伸的情形，也会被智能设备"入侵"。由于智能设备的中介性、自主性等特点，消费者会感到自身的自主性被损害，并产生失控感和权力被剥夺的感觉。自主性是智能产品的一大特点，但是在它给消费者带来便利的同时，也使消费者感到权力被剥夺，当一个音乐软件可以自主决定播放时间和播放内容时，消费者反而更不愿意接受它。同样，一个能够记录消费者产品购买内容并同时根据算法自主帮消费者下单的自动购物系统，也会因为伤害了消费者的自主性而被拒绝。

---

① Hoffman D L, Novak T. Consumer and Object Experience in the Internet of Things : An Assemblage Theory Approach [J] . Journal of Consumer Research，2018，44（6）：1178-1204.
② Delanda M. A New Philosophy of Society : Assemblage Theory and Social Complexity [M] . London : Continuum, 2006.

1.4 本章小结

　　本章主要对人工智能时代的消费者体验做了一般性介绍。首先简要介绍了人工智能的概念、发展历史及其特征，帮助读者更好地理解了人工智能，同时也对我国人工智能的发展情况做了分析。然后，依据人工智能产品在消费者日常生活中的应用，详细介绍了智慧金融、智能家居、智慧医疗的内涵及发展现状。接着，本章列举了人工智能时代消费者体验的新特点、面对的新问题，以及在学术研究背后，人工智能时代消费者体验研究所体现的哲学思想，为更好地理解本文的研究主题打下了基础。

第 2 章　人工智能产品消费者体验形成机理初探

2.1 扎根理论应用的实质与缘由

扎根理论最早是由 Glaser 和 Strauss 于 1967 年提出的,[①] 这一理论的提出向宏理论 (grand theory) 发起了挑战,并且对应了在当时极其流行的实证主义研究方法。扎根理论认为,研究对象可以是"解释性真实" (interpretive realities) 的,而宏理论认为研究对象必须是客观真实 (objective realities) 的。即使"解释性真实"带有一定的主观性,依然可以解释现实的现象,对于新理论的形成有着一定的意义。

扎根理论是极端实证主义 (extreme empiricism),与完全相对主义 (complete relativism) 折中,为了进行理论构建,扎根主义发展出了一套系统的数据收集方法,[②] 并提出了两个原则,分别为"持续比较" (constant comparison) 和"理论取样" (theoretical sampling)。"持续比较"强调数据收集和分析是同步进行的,即边收集数据边进行数据的分析,并同时提炼理论,然后持续收集信息,对所提出的理论进行验证,对理论进行修正,直到达到理论饱和。扎根理论的研究流程如图 2.1 所示:

---

① Glaser B G,Strauss A L. The Discovery of Grounded Theory : Strategies for Qualitative Research [J] . Social Forces,1967,46 (4): 377–380.

② Suddaby,R. From the editors : What Grounded Theory is Not [J] . Academy of Management Journal,2006,49 (4): 633–642.

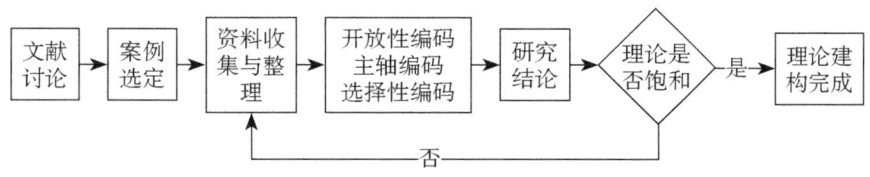

图2.1 扎根理论研究流程图

由于量化研究具有一定的缺陷，所以质性研究被当作了量化研究的重要补充，并且受到了学者们的重视，扎根理论作为一种科学、严谨的质性研究方法，已经被越来越多的学者所接受和应用。尽管量化研究受到了学者们的追捧和广泛使用，但其在应用上存在不足，量化研究主要适用于研究已得到识别的变量之间的关系，但是对于一些新事物并未有清晰的界定，用现有理论对其来进行推导缺乏科学性和解释力，此时质性研究就非常重要，它可以对研究对象进行界定或者提出理论框架。

由于本文的研究对象是人工智能产品消费者体验，其中人工智能产品应用了新技术，存在时间较短，定义不够清晰，而且基于此类产品的消费者体验也未得到深入探讨，分类不明确，尤其是体验背后的心理机制更是处于研究的初级阶段，因此本文采用扎根理论的方法，首先对人工智能产品消费者体验进行定性研究，形成概念，提炼理论，对能对体验产生影响的多方面因素进行总结，以及对其背后的心理机制进行初步探索。

2.2 数据收集与整理

扎根理论的应用需要有大量的文本数据，所有与研究对象相关的访谈资料、田野观察资料、存留档案、社交网站线上评价及内部文件等都是可以用来分析的数据，研究者可根据自己的研究内容及数据收集的难易程度选择适合自己的数据收集途径。[①] 由于本文所研究的对象是人工智能产品消费者体验，因此选择从两个途径进行数据的收集。首先是深度访谈，为了获取消费者人工智

---

① Lawrence J，Tar U. The Use of Grounded Theory Technique as a Practical Tool for Qualitative Data Collection and Analysis［J］. Electronic Journal of Business Research Methods，2013，11（1）：29–40.

能产品的使用行为和体验感受。本文选择了 3 种在消费者日常生活中最常见的人工智能产品对消费者进行访谈：智能语音助手、智能家居、个性化推荐。既包括了线下实体产品—智能家居产品，也包含了线上的虚拟产品—个性化推荐，还有虚拟现实结为一体的产品—智能语音助手。随后在深度访谈的基础上，本文又应用了爬虫技术，从主流社交平台上抓取消费者对人工智能产品的讨论内容，从而进一步补充研究资料，最后进行理论饱和度的检验。

2.2.1 深度访谈

深度访谈是质性研究中经常使用的一种数据收集方法，与定量研究的随机抽样方法不同的是，扎根理论的抽样完全是为了采访内容而服务，通过有目的地挑选和研究主题最为相关的被采访者，不追求统计意义上的大样本。扎根理论的样本量通常较少，在 20 到 30 人之间最佳，且以突出某一现象的重要特征为目的来挑选被采访者。然后以结构化或半结构化访谈的方式，在自然情境下，通过和被采访者的互动来获取原始资料。在采访过程中，采访者不能对被采访者进行诱导，以保证资料来源的客观性和真实性，同时，也要尽可能地鼓励被采访者提供更多有关采访问题的看法与观点，以获取更多的相关资料。①

（1）智能语音助手用户深度访谈

根据 Adobe 的 *Adobe's State of Voice Assistants*，智能助手的主要用户为年轻人，尤其是千禧一代更容易接受智能语音助手，且男性用户比女性用户更多。考虑以上因素，结合本研究所要探索的人工智能产品消费者体验形成机理问题，本研究选取了 10 位拥有智能语音音箱或智能手机的中度到重度使用用户进行访谈，访谈样本描述性统计如表 2.1 所示。为了使被采访者对智能语音助手拥有更为全面的体验和感受，在采访前要求被采访者完成 7 项需要使用智能语音助手完成的任务，使用智能语音音箱或手机上的智能语音助手均可，具体内容参见附录 A。

在完成了智能语音助手的深入体验之后，采用面对面访谈和借助微信、

---

① 贾旭东，衡量.扎根理论的"丛林"、过往与进路［J］.科研管理，2020，41（5）：151–163.

电话等方式进行访谈，访谈采用半结构化的方式，主要采访的内容包括被采访者之前的智能语音助手的使用经历，在具体体验中遇到的困难及便利、对智能助手的感受、未来是否会继续使用等问题，具体访谈内容参见附录 B。

如表 2.1 所示，本次访谈所挑选的被采访者女性与男性人数持平，职业分布范围较广，大部分被采访者属于年轻一代，且都不超过 40 岁。从教育背景来看，平均受教育程度较高，也保证了对智能语音助手会有更深刻的思考。最为重要的是，90% 的被采访者日均使用手机时间都在 3 个小时以上，所以他们对手机的各个功能都非常了解和熟练，能够满足本研究的研究需求。访谈在两个月的时间内完成，共录音 133 分钟，整理成文字 4 万余字。

表 2.1 智能语音助手访谈样本描述性统计表

内容	细分	样本数	百分比 /%
性别	女性	5	50
	男性	5	50
职业	学生	4	40
	教师	1	10
	企业员工	4	40
	事业单位工作人员	1	10
教育背景	小学	1	10
	大专	1	10
	本科	3	30
	研究生及以上	5	50
每天平均使用手机时间	3 小时以下	1	10
	3~6 小时	6	60
	6 小时以上	3	30
年龄	18 岁以下	1	10
	18~25 岁	4	40
	26~40 岁	5	50

（2）智能家居

根据亿欧智库 2022 年的研究结果，从智能家居消费者年龄分布上来看，87.2% 的消费者集中在 21~40 岁，12.8% 的消费者集中在 41~50 岁，这表明智能家居用户大部分为 80、90 后群体。智能家居用户中，中高消费群体占比较高，达到 42.1%，中等消费群体次之，为 26.1%。一线和超一线城市用户占比达到 56.9%，超一线城市主要是北上广深。由此可见智能家居产品的用户多为中等或高等消费群体、居住于发达城市的年轻人，根据这一用户画像分析结果，本研究邀请了六位居住于发达城市且拥有智能家居产品的年轻用户进行深度访谈，访谈样本描述性统计如表 4.2 所示。访谈采用半结构化的方式，主要采访内容包括被采访者拥有的智能家居产品数量和类别、主要使用的功能及频率、在使用过程中遇到的困难及便利、对智能家居的感受、未来是否会继续使用等问题，具体访谈内容参见附录 C。

如表 2.2 所示，本次访谈所挑选的被采访者女性与男性人数持平，职业分布范围较广，大部分被采访者属于年轻一代，且都不超过 40 岁，平均受教育程度较高，66.7% 的被采访者拥有 3 件及以上的智能家居产品，所以他们对智能家居产品的各个功能非常了解和熟悉，体验较为深刻，能够满足本研究的研究需求。访谈在两个月的时间内完成，共录音 106 分钟，整理成文字 3 万余字。

表 2.2　智能家居访谈样本描述性统计表

内容	细分	样本数	百分比 /%
性别	女性	3	50
	男性	3	50
职业	学生	1	16.7
	教师	1	16.7
	企业员工	2	33.3
	事业单位工作人员	2	33.3
教育背景	本科	4	66.7
	研究生及以上	2	33.3

续表

内容	细分	样本数	百分比 /%
智能家居产品拥有数量	3 件以下	2	33.3
	3~6 件	3	50
	6 件以上	1	16.7
年龄	18~25 岁	2	33.3
	26~40 岁	4	66.7

（3）个性化推荐用户深度访谈

个性化推荐是基于用户在线上网站的产品点击、停留、购买等行为所产生的大量数据，通过相应算法为用户匹配可能感兴趣的产品，从而吸引消费者注意并充分挖掘消费者价值。个性化推荐不仅仅应用于购物网站，音视频网站、社交网站等绝大多数网站都采用了这一人工智能产品来为消费者推荐更符合消费者口味的内容，因此这一产品的用户几乎包含了所有的互联网用户。本研究邀请了七位年龄在 18 岁至 60 岁之间的互联网用户进行深度访谈，访谈样本描述性统计如表 2.3 所示。访谈以半结构化的形式进行，主要内容包括日常生活中接触到的个性化推荐服务的网站、该服务带来的感受、未来是否会继续使用该产品等，具体访谈内容参见附录 D。

如表 2.3 所示，本次访谈所挑选的被采访者女性与男性人数基本持平，职业分布范围较广，大部分被采访者属于年轻一代，但也邀请了一位 40 岁以上的被采访者，兼顾了中老年群体，满足了充分了解个性化推荐消费者体验的研究需求。访谈在两个月的时间内完成，共录音 97 分钟，整理成文字 3 万余字。

表 2.3　个性产品推荐访谈样本描述性统计表

内容	细分	样本数	百分比 /%
性别	女性	4	57.1
	男性	3	42.8
职业	学生	3	42.9
	事业单位工作人员	1	14.3
	企业员工	3	42.9

续表

内容	细分	样本数	百分比 /%
教育背景	中专	1	14.3
	本科	4	57.1
	研究生及以上	2	28.6
年龄	18~25 岁	2	28.6
	26~40 岁	4	57.1
	40 岁以上	1	14.3

（4）深度访谈数据收集小结

本研究在两个月的时间内，邀请了 23 位被采访者进行了深度访谈，以智能语音助手、智能家居、个性化推荐为例充分了解了人工智能产品消费者体验。被采访者大多年龄在 25 岁到 40 岁之间，学历本科以上，符合人工智能产品主流用户的用户特征，且都拥有人工智能产品的使用经历，满足了研究需求。本研究进行的深度访谈共录音 237 分钟，整理成文字 11 万余字，基本满足了后续扎根理论三阶段编码的要求。

2.2.2 社交网站平台的消费者评论内容

在 Web2.0 时代，社交网站已经成为当代年轻人发表观点的主要场景，形成了体量庞大的线上口碑资料，且更加真实，即时性更强。微博，是微博客（microblog）的简称，在这一平台上，与用户关系相关的信息可以分享、传播并获取。用户可以通过网页和移动端建立微博主页，以 140 个字符以内的内容发布信息，并分享到微博平台上去。美国的 Twitter 是最早也是最著名的微博。中国于 2009 年 8 月推出了"新浪微博"内测版，新浪成为门户网站中第一家提供微博服务的网站，后续还有腾讯微博、网易微博等网站，但是新浪微博的发展一枝独秀，它在 2014 年 3 月 27 日正式改名为"微博"，所以一般情况下，如若没有特别说明，微博就是指新浪微博。

微博作为中国最大的社交网站平台，拥有月活跃用户 4.62 亿人次，且年轻人较多，23~30 岁的用户占比最高，日均文字发布量 1.3 亿。随着社会的变革，社会竞争日趋激烈，人们在生活工作中需要有一个平台来发泄自己的情绪和分享当下的心情，恰好新浪提供了一个这样的平台。据调查，59.3% 的微博用户习惯于在微博上记录自己的心情。除此之外，微博平台也产生了大量和品牌、产品有关的使用评价，成为网络口碑研究以及消费者行为研究的重要资料来源。因此，为了丰富研究资料，本研究选择了爬虫法，从中国最大的社交网站——微博上抓取了微博用户有关的人工智能产品消费者体验、感受等方面的微博，作为深度访谈资料的补充材料以及理论饱和度检验的依据。本研究通过在新浪微博上输入和人工智能产品相关的关键词进行搜索，抓取近三个月以来的用户的微博，共提取文本数据 10 万余字。

2.3 数据分析

在收集完数据之后，进入数据分析阶段，在此阶段，需要从大量的文本数据中分析每个词语、句子和段落的含义，通过系统性地编码过程，从中提炼模型和理论。[1] 编码是应用扎根理论进行理论推演最重要也是最基础的过程，是理论形成的依据，[2] 主要分为三个阶段：开放性编码、主轴编码和选择编码。

2.3.1 开放性编码分析

开放性编码是编码过程的最初阶段，在这一阶段，将收集到的数据按照被采访者人数分为 23 个部分，通过仔细分析，比较彼此之间的异同，形成了76 个概念。然后，对概念进行比较和分类，把概念相似的事件、事情、过程归为一组，并用一个比较抽象的概念命名，形成 25 个范畴。选取部分样本对开放式编码的过程进行举例说明，如表 2.4 所示。样本资料的范畴化分析结果如表 2.5 所示。

---

① Walker D，Myrick F. Grounded Theory：An Exploration of Process and Procedure [J]. Qualitative health research，2006，16（4）：547–559.
② Corbin J M，Strauss A. Grounded Theory Research：Procedures，Canons，and Evaluative Criteria [J]. Qualitative Sociology，1990，13（1）：3–21.

表 2.4　开放性编码的概念化分析

序号	开放性编码原始资料	概念
1	我觉得小爱同学还是很方便的，我经常坐在沙发上喊"小爱同学，打开电视""小爱同学，打开空调"，它就能给我打开电视啊，空调啊，台灯什么的，只要是跟它关联之后都可以，就不用我自己找遥控器或者跑过去开了	a1 家电关联 a2 不用自己动手
2	我觉得日常生活中我可能会用这个比较少，因为有这个跟他说话的时间，我自己就能动手完成。我又不是手不方便或者很慢，或许残疾人会需要它吧	a3 较少使用 a4 自己动手更快 a5 适合残疾人
3	这种事情我还是更习惯自己在电脑、手机端搜索对比。比如说在各个网站平台对比同一个型号电脑的价格。虽然它会在后台给你提供各个网站平台的价格，但是它只是给你提供了一个搜索渠道，并没有直观地表达出来，这个平台多少钱那个平台多少钱，还是要自己查看的，没有完成一个信息筛选，然后呈现优化后的结果，也没有自己直接看的直观、准确，像这种复杂一点的任务，它几乎是没办法完成的	a6 使用习惯 a7 无信息筛选 a8 无结果优化 a9 仍需本人参与 a10 自己动手更准确 a11 复杂任务完成困难
4	说实话，在日常生活中的应用可能还没有完全的开发出来。现在可能还更多停留在科技理论噱头，距离大规模的民用普及可能还有改进的空间	a12 无法满足日常生活 a13 仍需改进
5	未来我不会去用它，因为没有必要啊，你还要对着它说话，有时候可能还要求标准的普通话，说话也要加大音量。如果语音控制的话，说实话有的时候因为内容比较多，可能比较长，语音有时候识别不了那么多，它就断了	a14 未来拒绝使用 a15 没有必要 a16 需要说话 a17 要求普通话 a18 要求大音量 a19 长句识别困难
6	Siri 是基于手机的嘛，它只有一个手机的话，它自己开发了很多 App，它可以实现很多 App 的功能。这种只要基于它自己开发的 App，它的功能就可以实现，你看它为什么现在没有办法查询航班价格之类的，因为它自身的 App 里面没有这种航程预定，它没有办法很灵活地运用第三方去做一些事情	a20 自带 App 关联 a21 第三方 App 关联

续表

序号	开放性编码原始资料	概念
7	Siri 的发展比前几年还是有进步的，以前比如说我让 siri 讲个故事吧，它只会讲它数据库里用到的故事，现在的话它会从苹果开发的 App 里面调取资源来给你讲，会多很多，所以这些年语音助手还是在发展，虽然算法没有进步，但是对接的 App 更多了	a22 有进步
8	因为它是算法嘛，它有可能根据它的需要或者算法来给你呈现一个唯一的结果，说白了就是把你所知道的知识的领域给限制狭窄了。比如说我自己刷论坛，有可能会看到很多不同的结果，它搜索的话只会呈现一种结果	a23 限制信息获取
9	是需要自己去筛选信息的，感觉还是不如自己直接去搜索方便	a24 仍需自己筛选 a25 自己动手更方便
10	我就说一个我自己之前经历的吧，用那个苹果 7 的时候，手机不知道怎么了，屏幕一直是黑的，然后我那时候要打电话，我就用 Siri 打电话	a26 手机坏了可使用
11	我对小度最大的感受就是方便和便捷，特别省事。它可以帮你排除掉一些你用不到的，就给你几个关键的，这会比你自己去百度更快一点	a27 方便 a28 帮助筛选信息 a29 比自己动手更快
12	它可以节约很多时间，而且它会推送一些你可能要去花好多时间去找的东西，比如说我想去吃什么东西，它能立马给到你选择，比你自己去选择会好很多，对于那种选择困难症的人来说很好	a30 节约时间 a31 不用自己选择
13	比如说有时候手上在忙着又想查个东西、想知道你要知道的信息、想知道你要走的路就很方便，我以后肯定还会继续用	a32 用手不便时可使用 a33 继续使用
14	但是它也有一些不好的点，就是它唤醒有点难，有好几次我唤醒它的时候它不一定会响应我，要我唤醒好几次它才会响应我，就是他的反应不是很快，很便捷	a34 唤醒困难
15	我让它搜索深圳现在的实时天气，它汇报的是今天的天气。深圳今天多少度到多少度？现在实时的天气，它就不会说了。我就很失望	a35 失望

续表

序号	开放性编码原始资料	概念
16	有些就是比如说文字比较专业的，比如最后产品的对比，那个 thinkPadX1，可能有时候听得不太清楚	a36 专业词句识别困难
17	首先就是我觉得它给我的帮助非常有限，比如说一些很简单的指令就是开电视关电视这些本身就很简单，我自己动手也不难。然后另外一些我觉得需要它帮我筛选的，比如说推荐一款手机，反而它就是没有办法按照我的要求来筛选。而且它推荐的手机我认为不是从消费者的角度来考虑，而是从它公司的利益来出发的，像做广告，我其实不太信任它的推荐	a37 帮助有限 a38 关键词筛选问题 a39 不信任
18	我觉得一个手机或者一个智能音箱可以直接管理家里这么多家电啊，家具啊之类的，很酷	a40 产品关联
19	比如说小爱它默认的就是 QQ 音乐或者网易云音乐，我不用这两个想用其他的，这个它选不了。可能有人，我有同学就喜欢用网易云音乐，它如果打开网易云音乐的话，我觉得还不如自己去用手机听歌的	a41 独特需求
20	我经常躺在沙发上指挥我的小爱同学，打开窗帘，打开电视，打开空调，这种不用动手还能操控一切的感觉还挺好	a42 不用动
21	如果说要是那个需要我定位的话，今天我没有设置我的定位，那我就用不了	a43 没定位无法使用
22	如果我使用它来问一个问题，要经过多个步骤，比如生病了问它要一直给它解释，所以一直就完成不了，太不智能了	a44 智能度低 a45 步骤烦琐
23	其实这个东西我是觉得它作为一个辅助性的功能还行，但是如果作为主要的一个应用的时候很不方便，比如说，很晚了大家都睡觉了，有时候你用手直接操作更方便一些，大呼小叫地说这些确实不太方便	a46 可做辅助功能 a47 语音操控影响他人
24	还有一个就是说这个跟微信有点相似，微信里面其实也是我比较讨厌发语音，你正在开会的来个短信可能能看，但是语音你不能听，是不是？没有私密性	a48 语音没有私密性
25	要是家里有了客人，而我在那咋咋呼呼喊小度小度，还是有点尴尬	a49 语音操控尴尬

续表

序号	开放性编码原始资料	概念
26	我每次问它问题之前，都得重新把它唤醒，很麻烦	a50 需要重复唤醒
27	不好用，我不会用的，平时我认为发短信什么的还是手动比较谨慎一点，我很少发语音，我可能就不太容易接受新东西。但是像很多年轻人，他们可能就更愿意尝试新的产品、新的功能	a51 不愿尝新 a52 喜欢新产品
28	我最喜欢家里的电饭煲，因为我平时上班也挺忙的，我又不喜欢在外面吃，还是自己做，这个电饭煲可以提前把水和米放好，快下班的时候通过手机把它打开	a53 远程操控
29	但是小爱有个缺点，就是它的知识量还是不够，我喜欢的一些方面它还是回答不到，是很麻烦的	a54 知识量不足
30	但是它现在的呈现方式还是无法达到你的要求，比如问它一道计算题，我想要一个分数，结果给我一个小数，没法转换，你给它说它也听不懂	a55 结果呈现方式单一
31	我让它给我搜汇率，结果给了我一堆跟新加坡币有关的网页，那些汇率都是很久前的了，根本不是现在的，没有用。我以后绝对不会再用了，我已经把这个功能关闭了	a56 结果老旧 a57 拒绝使用
32	我以前没用过这个，你一开始让我体验的时候，我搞了很久都搞不好	a58 上手困难
33	电视的开关是很简单，不过电视换台换不了，至少我没法实现	a59 无法换台
34	因为每个星期同一时间都准时让小爱同学播新闻，今天忘了喊它了，它竟然主动问我要不要播新闻，就感觉是一个惊喜	a60 主动提醒 a61 记录习惯 a62 惊喜
35	以前主要用小爱同学开关台灯，因为我用的手机是小米，所以我就买了个小米台灯	a63 智能台灯关联

续表

序号	开放性编码原始资料	概念
36	其实小米的智能空调有个设置是当你回了家推开门以后，它就会自动打开，温度、风量什么的都是你可以设好的。但是这个功能我一般不用，因为我觉得这个空调吧，有时候我回了我会打开，但有时候我可能回家一趟立马就走，那我还得自己关空调，那就很麻烦。开空调这个事情，不是那么简单的到家就能开，是有很多复杂的前提条件的，它目前还没有办法识别我的具体需求	a64 识别家里有人 a65 拒绝自动开启功能 a66 主动开空调 a67 无法识别具体需求
37	小爱同学分得清早上和晚上，要是你早上跟它说早上好，它会回复你早上好，还给你播早间新闻。到了晚上，好像是 11 点左右，你再让它播什么东西它的音量明显比白天的时候小，我觉得这个还蛮智能的，可能是到了晚上怕吵到邻居自己就把音量减小了	a68 能够感知时间 a69 主动调节音量
38	而且你要是白天跟小爱同学说晚安，它会回答你"现在就去睡觉，也太早了吧"，它知道还没到睡觉的时候，有意思	a70 知道睡觉时间
39	我经常在唯品会上买衣服，我发现唯品会就是这样，比如我之前在唯品会上看了看裙子，再上去看的时候首页推荐的全是裙子，各种各样的，还有我常看的那几个牌子，那这肯定是给我定制的	a71 记录喜好 a72 推荐喜欢的东西
40	我感觉这个功能（个性化推荐）不怎么好用啊，我上次买了纸，你这次还给我推荐纸，我都买过了你还推荐给我干吗？我肯定不需要了啊	a73 推荐重复产品
41	我一般不让它给我推荐什么，就那么几首歌	a74 推荐种类少
42	我认为个性化推荐最大的问题是它让我们只能不断接受和自己观点相近或一致的内容，不断强化自己的认知，最终形成了很坚固的偏见。实际上世界上存在着多种不同的观点，只是我们在技术的限制下看不到也接触不到	a75 观念强化 a76 信息限制

表 2.5　开放性编码的概念范畴分类

序号	范畴	概念
1	A1 自动管理设备	a65 主动开空调、a68 主动调节音量
2	A2 主动和人互动	a60 主动提醒
3	A3 时间感知	a67 能够感知时间、a69 知道睡觉时间
4	A4 用户识别	a63 识别家里有人
5	A5 产品提升	a22 有进步
6	A6 向用户学习	a61 记录习惯、a70 记录喜好
7	A7 手机软件关联	a20 自带 App 关联、a21 第三方 App 关联
8	A8 智能家居关联	a1 家电关联、a40 产品关联、a62 智能台灯关联
9	A9 自主性冲突	a41 独特需求、a53 语音无法修改、a66 无法识别具体需求
10	A10 语音不便	a47 语音操控影响他人、a48 语音没有私密性、a49 语音操控尴尬
11	A11 信息获取限制	a23 限制信息获取、a73 推荐种类少、a74 观念强化、a75 信息限制
12	A12 产品种类单一	a72 推荐重复产品、a73 推荐视频种类少、
13	A13 个体尝新能力	a6 使用习惯、a51 不愿尝新、a52 喜欢新产品
14	A14 语音操作受限	a16 需要说话、a17 要求普通话、a18 要求大音量、a19 长句识别困难、a34 唤醒困难、a36 专业词句识别困难、a38 关键词筛选问题
15	A15 结果无法满足需求	a7 无信息筛选、a8 无结果优化、a9 仍需本人参与、a24 仍需自己筛选、a55 结果呈现方式单一、a56 结果老旧
16	A16 功能有限	a11 复杂任务完成困难、a12 无法满足日常生活、a13 仍需改进、a37 帮助有限、a44 智能度低、a54 知识量不足、a59 无法换台
17	A17 使用要求高	a43 没定位无法使用、a45 步骤烦琐、a50 需要重复唤醒、a58 上手困难
18	A18 人比产品强	a4 自己动手更快、a10 自己动手更准确、a25 自己动手更方便

续表

序号	范畴	概念
19	A19 拒绝使用	a3 较少使用、a14 未来拒绝使用、a15 没有必要、a39 不信任、a57 拒绝使用、a64 拒绝自动开启功能
20	A20 特殊情境使用	a5 适合残疾人、a26 手机坏了可使用、a27 方便、a28 帮助筛选信息、a32 用手不便时可使用、a46 可做辅助功能、a53 远程操控
21	A21 身体扩展	a2 不用自己动手、a29 比自己动手更快、a30 节约时间、a42 不用动
22	A22 继续使用	a33 继续使用
23	A23 消极情绪	a35 失望
24	A24 积极情绪	a76 惊喜
25	A25 认知扩展	a31 不用自己选择、a71 推荐喜欢的东西

2.3.2 主轴编码分析

编码过程的第二阶段是主轴编码，在这一阶段，主要发展和建立概念类属之间的各种联系，从而发现资料中各个部分之间的有机关联。经过对开放性编码提取到的 76 个概念和 25 个范畴反复分析，最终得到了 14 个副范畴和 5 个主范畴。范畴总结分析的具体结果如表 2.6 所示。

通过对访谈资料和微博记录的反复分析与编码，研究者发现消费者有关人工智能产品消费者体验的探讨主要围绕以下几个方面来进行：（1）人工智能产品的智能性；（2）在使用人工智能产品时消费者和人工智能产品之间形成的自主性冲突；（3）人工智能产品消费者体验；（4）影响消费者体验的个人因素。因此，将开放性编码中所提炼的范畴按照其反映的不同主题的特性或维度为依据进行语义上的分类与归纳，共总结出 5 个主范畴，分别为人工智能产品智能性、自主性冲突、感知受限型体验、感知扩展型体验和个体尝新能力。

表 2.6 主轴编码分析结果

	副范畴	主范畴
A1 自动管理设备 A2 主动和人互动	B1 主动性	C1 人工智能产品智能性
A3 时间感知 A4 用户识别	B2 情境感知性	
A5 产品提升 A6 向用户学习	B3 学习性	
A7 手机软件关联 A8 智能家居关联	B4 关联性	
A9 自主性冲突	B5 自主性冲突	C2 自主性冲突
A10 语音不便 A14 语音操作困难 A15 结果无法满足需求 A16 功能不足 A17 使用要求高	B6 行为受限	C3 感知受限型体验
A11 信息获取限制 A12 产品种类单一	B7 认知受限	
A23 消极情绪	B8 消极情绪	
A18 人比产品强 A19 拒绝使用	B9 消极态度	
A20 特殊情境使用 A21 身体扩展	B10 行动扩展	C4 感知扩展型体验
A25 认知扩展	B11 认知扩展	
A24 积极情绪	B12 积极情绪	
A22 继续使用	B13 积极态度	
A13 个体尝新能力	B14 个体尝新能力	C5 个体尝新能力

2.3.3 选择性编码分析

选择性编码是数据分析的最后一步，是在前两步编码基础上的理论化过程，是指选择核心范畴，把它系统地和其他范畴予以联系，验证其间的关系，并把概念化尚未发展完备的范畴补充整齐并发展最终理论的过程。最终理论是用最精炼的范畴，在一定结构中讲述整个研究具体关于什么的，值得注意的是，最终的理论是重要范畴之间的整合，而非不同主题的平行排列。

经过对开放性编码和主轴编码的不断重复地比较，最终确定了核心范畴为"人工智能产品消费者体验形成机理"，该核心范畴可将主范畴关联成一个有机整体。该范畴包含的意义是：影响消费者体验形成的产品因素包括4个：主动性、学习性、情境感知性和关联性，这4个因素统称为人工智能产品智能性。消费者能够依托人工智能产品的智能性，感知到个体各方面的扩展，从而产生感知扩展型体验。与此同时，人工智能产品智能性也会与消费者产生自主性冲突，侵害消费者对自身自主性的感知，从而产生了感知受限型体验。此外，消费者的个体尝新能力，也会在消费者体验的形成过程中产生影响。

2.3.4 理论饱和度分析

本研究使用微博上提取的有关人工智能产品消费者体验的文本数据资料进行理论饱和度分析，经分析发现，在资料的编码分析过程中，得到的概念、范畴反复出现，没有出现新的概念和范畴，核心范畴仍为"人工智能产品消费者体验形成机理"。因此，经过理论饱和度检验表明，质性分析得到的理论模型已达到理论饱和。

2.4 理论发现

本研究通过数据的收集、整理与分析和扎根理论的应用及三个阶段的编码分析，得到了与人工智能产品智能性、人工智能产品与消费者之间的自主性冲突、人工智能消费者体验及影响体验形成的一系列概念，并得出了主范畴"人工智能产品消费者体验形成机理"，具体分析如下。

2.4.1 人工智能产品消费者体验内涵及类型

本研究发现，同非智能产品相比，人工智能产品的确给消费者带来了较为新奇的体验。由于人工智能产品具有主动性、学习性、关联性、情境感知性等新特性，人工智能产品不再是仅仅给消费者提供功能性或情感性价值，而是成为消费者自我的外延，使得消费者形成全新的体验。通过对文本资料的反复分析后本研究认为，人工智能产品消费者体验总体可以分为两大类：感知扩展和感知受限。具体内涵如下。

（1）感知扩展

Belk 曾经指出，人并不是一个独立的个体，也是一个合集。这一论述开拓了人与产品关系研究的新方向。[①]Belk 认为，产品是个体自我认同定义的一部分，而且是很重要的部分，并且产品是个体对自我认知的扩展部分。在当时，作者讨论的产品主要是实体产品；在之后的三十年间，随着互联网技术的迅猛发展，Belk 发现个体自我认知的扩展部分不再仅限于实体产品，也包含了数字世界中的自我。因此，他在 2014 年发表的论文中详细地探讨了个体在数字世界中的自我扩展，并同时提到了"数字假肢"现象，[②] 这样个体对自我认知的扩展范围进一步扩大了，扩展的自我包括人和物的网络。

感知扩展描述的是个体在亲近关系中如何思考、感受和行动。[③]感知扩展有两个主要原则：第一，个体有动力扩展自己。第二，自身的扩展是通过十分亲近的关系来实现的。在这两个基础原则之上，个体扩展的动力代表了个体希望通过周围的事物或人寻找到新的资源、身份认知或能力，并将其融入自身。也就是说，感知扩展指的是个体通过与他人或事物的合作，感知到自我知识、技能、能力、积极的生活变化和重要体验的增长。一方面，获得感知扩展体验的个体会对感知扩展体验的来源拥有更高的满意程度及忠诚度；另一方面，为了尽可能的扩展自己，个体会尽力将对方扩展到自己的自我认知中，对自我的认知也会通过与他人或事物的关系的形成得以扩展。

---

① 　Belk R. Possessions and the Extended Self [J]. Journal of Consumer Research, 1988, 15（2）: 139–168.

② 　Belk，R. Digital Consumption and the Extended Self [J]. Journal of Marketing Management，2014，30（11–12）: 1101–1118.

③ 　Aron，A.，Aron，E. Self-Expansion Motivation and Including Other in the Self. In（Eds.），The social psychology of personal relationships [M]. Chichester，UK: Wiley.2000.

当消费者使用人工智能产品时，对于有着独立意识的消费者来讲，人工智能产品有时可以被看为消费者的"数字假肢"，是个体外延的一种形式，人工智能产品的功能便扩展成了个体的新功能，使消费者感受到了行动扩展（B10）和认知扩展（B11）。行动扩展主要体现在两个方面。第一，在某些特殊情境下，人工智能产品扩展了消费者自身的能力。例如对于残障人士，智能语音助手的出现使得他们具备了使用智能手机的能力。第二，人工智能产品可以使消费者实现人类原本无法实现的能力（A21 身体扩展）。例如当消费者开车时，原本是无法用手操控手机进行导航的，但是因为手机内智能语音助手的出现，消费者可以通过语音对手机进行操控，在行驶过程中使用手机的导航功能。这原本是消费者无法做到的事情，但是人工智能产品的出现，使得消费者扩展了身体的能力。另外，人工智能产品也使人类感受到了认知的扩展。当消费者选择和人工智能产品共同实现某一行动时，人工智能产品其实已经在帮助消费者进行了筛选。例如，当以某一问题对智能蓝牙音箱进行询问时，它一般会给出一个结果，这是它筛选后的结果。而如果消费者自己进行查询，可能会得到很多结果，从这一层面来讲，人工智能产品减少了消费者在选择过程中所付出的认知成本。

当消费者感知到了行动扩展和认知扩展时，通常伴随着积极情绪（B11），很多被采访者都表达了在使用人工智能产品中能体会到惊喜感（a76），并同时表示未来会继续使用（A22），这代表了消费者对人工智能产品持积极态度（B12）。

（2）感知受限

感知受限指的是消费者在使用人工智能产品的过程中，感到自己原有的能力被产品所限制了。这一受限主要体现在两个方面：行为受限（B6）和认知受限（B7）。在使用人工智能产品的相关功能时，很多功能设计并不完善，也有很多功能无法实现。例如智能语音助手就无法像科幻电影中的虚拟助手一样处理消费者发布的所有指令，这会使消费者产生自己的能力被限制了的感觉。再例如一位被采访者指出，自己想买电影票的时候可以很方便地查询影院位置、排片时间、票价等，但智能语音助手目前还不能实现查询影院排片时间和电影票价等功能，所以消费者无法选择使用智能语音助手来进行票价等查询，在这种情况下，消费者原本拥有的查询功能就失去了，行为受到了限制（B6行为受限）。同时，人工智能产品还有可能限制消费者自由获取信息的权力，使消费者陷入"信息茧房"，使得消费者认知受限（B7）。"信息茧房"是指人们在浏览信息时会习惯性地被自己的兴趣所引导，从而将自己的生活限制在像蚕茧一般的"茧房"中的现象[①]。由于信息技术的发展为人们提供了更加自我的思考空间和多领域的海量信息，一些人还可能为了逃避社会中的冲突与矛盾和其他世界隔离开来。在社群内的交流更加迅速的同时，社群之间的沟通反而出现了更多阻碍。人工智能产品大多会根据消费者特征为消费者推荐更加符合其兴趣的产品或服务，这本身是智能性的体现，但是却使消费者陷入了"信息茧房"之中。这一现象已经被消费者所发觉，尽管未有被采访者提到"信息茧房"这一词语，但很多被采访者都提到了人工智能产品所带来的信息上的限制，比如询问智能语音助手一些问题时，它们只能提供有限的信息和结论，而自己通过互联网搜索信息不仅可以获取结论，更能获得更多相关的信息。另一个非常有代表性的例子是购物软件上的个性化推荐功能，这一功能使得消费者的购物软件主页所展示的产品都是根据大数据及算法得出的消费者有可能感兴趣的商品，而实际上，有被采访指出"推荐的全是那几种东西，想看看其他的都不知道在哪里找，我都买过的东西近期肯定不会买啊，再推荐给我还有什么用。"这一发言并非个例，这说明消费者对于技术所产生的"信息茧房"效应已有所感知，并产生了抵触心理。

当消费者感知到行为受限（B6）和认知受限（B7）时，通常会出现消极情绪（B8），例如有被采访者提出，当时他感受到了"失望"（a35）时，消费者一般会对产品持消极态度（B9），比如出现拒绝使用（A19）等行为。

2.4.2 人工智能产品智能性内涵及分类

人工智能产品总是能给消费者带来意想不到的惊喜，这是它区别于非人工智能产品最主要的特点，而这些惊喜是通过人工智能产品智能性来实现的。

---

① 段荟、袁勇志、张海．大数据环境下网络用户信息茧房形成机制的实证研究［J］．情报杂志，2020，39（11）：158–164．

本研究通过对数据的收集、整理与分析，通过扎根理论的应用及三个阶段的编码分析，认为人工智能产品智能性指的是人工智能产品拥有而非人工智能产品没有的特性，这些特性需要依赖算法、芯片、信息技术、机器人技术等来实现。

在前文的文献综述部分，本研究已经对前人有关人工智能产品智能性的研究做了整理和归纳，可以发现研究的结论不尽相同，这可能是因为研究处于人工智能产品发展的不同时期，也可能是因为研究的产品不同，因此得出了不同的产品智能性。不过可以从前文的分析看出，近年来对人工智能产品智能性的研究结论有一些共同之处，例如很多学者都提到了人工智能产品的主动性、情境感知性等。结合扎根理论三阶段的编码结果，本研究认为人工智能产品智能性主要有四个方面，分别为：主动性、学习性、情景感知性、关联性。其内涵分别如图 2.2 所示。

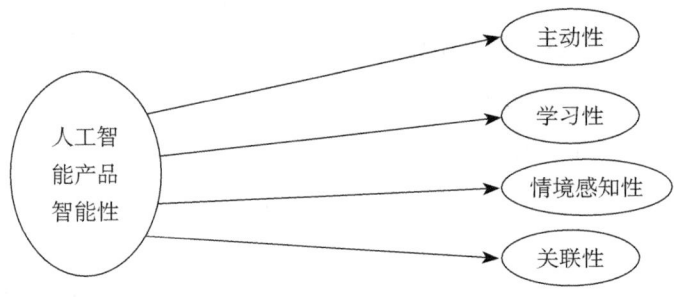

图 2.2 人工智能产品智能性维度划分示意图

（1）主动性

主动性是人工智能产品区别于非智能产品的一个显著特点，几乎所有有关人工智能产品智能性的研究都对这一特性有所提及，正是因为人工智能产品具备了主动性，才能给用户提供许多出其不意的服务和惊喜。也正是因为人工智能产品具有主动性，使得用户和人工智能产品之间用户不再是唯一能够发起行动的一方，产品也拥有了发起行动的能力，也能够在某些情况下成为消费者与产品之间的核心。与此同时，由于人工智能产品的主动性具备如此强大的颠覆性，近年来也有很多学者关注人工智能产品主动性对消费者的情感、认知所产生的影响。在本研究的深度访谈过程中，几乎所有的被采访者都提到了人工智能产品的主动性表现，人工智能产品主动性也是在采访过程中被采访者提到次数最多的一类产品智能性。

根据本研究的定性调查结果，人工智能产品主动性主要有两类表现。第一，对产品的开关与调节等操作具有一定的主动性（A1 自动调节设备）。有多位被采访者提到，家中的智能家电通过一定的设置可以主动决定何时开启和关闭，这一过程不需要用户指令就能实现。例如，智能空调可以在主人回家开门之后自动打开空调，智能蓝牙音箱可以在无用户设定的情况下主动在晚上 11点钟降低音量。第二，主动和用户进行沟通（A2 主动和人互动）。有位被采访者提到，由于平时都有起床后使用智能蓝牙音箱播放新闻的习惯，在某天没有播放新闻的情况下，智能蓝牙音箱主动询问是否要播放新闻，这也是人工智能产品主动性的体现。

因此，本研究认为人工智能产品主动性指的是人工智能产品可以在没有用户介入的情况下主动进行某些操作的能力。

（2）学习性

Chen 认为人工智能产品学习性指的是人工智能产品具备改善其功能与环境之间匹配程度的能力。[①] 智能设备可以通过和用户的互动收集用户信息，记录用户的使用习惯，从而适应其环境，以更好地服务用户。具备学习性的产品通常是用算法编程的，这些算法随着时间的推移收集数据，以及影响产品体验。

本研究通过定性调查发现，人工智能产品的学习性主要通过两个途径进行，第一个途径是由人工智能产品的生产公司所主导的（A5 产品提升），表现为产品软件的升级换代、产品性能的提升等。如有被采访者指出的，两年前的苹果手机内置的 Siri 只会讲储存于手机内的故事，数量较少，而现在的 Siri，已经可以通过网络获取云端的海量数据库，在完成用户"讲故事"的指令时，提供更加丰富有趣的故事。另一个途径是向用户学习（A6 向用户学习），学习

---

① Chen H. Machine Learning for Information Retrieval：Neural Networks，Symbolic Learning，and Genetic Algorithms［J］. Journal of the American Society for Information ence，1995，46（3）：194‑216.

用户的喜好、行为习惯等，为用户提供更加贴合的服务。例如有文本数据显示，当用户表现出了在固定时间播新闻的行为习惯，但是当某日没有播新闻时，智能蓝牙音箱主动询问了是否需要播放新闻，这表明它已经习得了用户的行为习惯，并避免了用户有可能因一时疏忽所造成的损失。

因此，本研究认为，人工智能产品学习性指的是，人工智能产品会在使用过程中通过对用户和环境信息的学习提升产品能力以更好地为用户提供服务的能力。

（3）情境感知性

情境是人工智能产品所处的环境，人工智能产品具备感知和应用周围环境信息的能力，而且还能利用这些信息更好地适应环境和用户，以提升在情境中的体验。

在前文的扎根理论三阶段的编码分析中自然萌生了"时间感知"、"用户识别"等有关人工智能产品情境感知性的相关内容，反映了人工智能产品在情境感知方面的智能性。

拥有情境感知性的人工智能产品可以识别产品所处情境，记录用户的行为习惯，并为用户提供更符合情境的服务，这一特性需要使用互联网以及特制的传感器来实现。例如智能空调可以根据感应家中是否有人以及室内温度来确认是否开启空调及调节温度。智能语音助手会根据一天内不同的时间而设置不同的音量，播报不同的内容，都体现了人工智能产品的情境感知性。

（4）关联性

关联性指的是人工智能产品能够和其他的智能设备通过互联网及唯一用户 ID 相互关联。关联性也是人工智能产品区别于非智能产品的一大显著特点。传统产品总是各自为政，单独负责某一项功能，完成用户的某一种需求，而如今物联网的迅猛发展，所有人工智能产品都可以连接为一个整体，共同处理用户的指令。

通过扎根理论的分析，人工智能产品的关联性主要体现在两个方面，一个方面是设备内在的关联，另一个方面是同其他设备的关联。设备内在的关联主要体现在智能手机里的智能语音助手上，当用户要求智能语音助手完成某种指令如某产品价格查询时，智能语音助手会通过第三方的软件完成用户的指令，为用户提供该产品在淘宝、京东或唯品会上的价格，即智能语音助手可以和其他的软件相关联。同其他设备的关联在智能家居上表现明显，通过采访发现，拥有智能音箱的家庭早已习惯通过智能音箱对其他的家电如电视、空调、电灯等进行操控。例如一个非常经典的指令就是"小爱同学，打开电视。"这样，一个人工智能产品，如小爱音箱，就可以将家中所有的人工智能产品关联起来，为用户提供更为方便快捷的服务。

2.4.3 消费者与人工智能产品的自主性冲突

通过对文本资料的分析发现，人工智能产品和消费者之间产生了一种与非智能产品完全不同的人—产品关系，这一关系主要体现为产品与消费者之间产生了自主性冲突。自主性冲突主要表现为人工智能产品有可能出于自己的目的而非用户的意愿行事，其具体表现如下。

人工智能产品的主动性是其非常显著的一个特点，它可以在没有用户指令的情况下主动采取一些行动，在某些情况下，有可能和消费者产生自主性冲突。个体对自主性有着独特的需求，这一需求的存在使得个体希望与自己有关的选择都是以自己的意愿为基础的，当出现了与自己相关的选择但这些选择并非自己所需要时，个体就会感到自身的自主性被侵犯了，这种情况在使用人工智能产品时非常常见。例如有被采访者提出，尽管小爱同学在晚上 11 点时主动降低音量体现了人性化，但却并不是出于自己的意愿，因此就和用户产生了自主性冲突。还有被采访者提到使用手机内置的智能语音助手进行导航时，关联到的地图软件是自己不喜欢使用的软件，且没有办法更改，这也给用户带来了困扰。同时，人工智能产品会学习用户的行为习惯，提供更符合用户使用规律的服务，但作为人的用户并非拥有每日都一成不变的行为规律，目前的人工智能产品还无法识别用户的无规律和不可预测的行为，只能按照它所记录的行为习惯继续延续原有的服务，而这与用户真正的需求是不同的，此时就产生了自主性冲突。因此，人工智能产品智能性会侵犯消费者自身的自主性，产生自主性冲突。

2.4.4 影响人工智能产品消费者体验形成的个人特质因素

消费者体验的形成除了受产品因素（人工智能产品智能性）、消费者与产品的共同作用（自主性冲突）的影响，还会受到消费者个人特质的影响。

从采访资料来看，一些采访者认为性格中的尝新能力是影响他们对人工智能产品态度的一个重要因素，年轻人尤其儿童对人工智能产品兴趣较浓，更愿意尝试新产品新功能并对不足之处容忍度较高，所以更有可能持续使用。而另一些消费者对新事物接受程度较低，遇到无法满足需求的情况更容易直接放弃使用该功能。所以个体尝新能力会是影响人工智能产品消费者体验的个人特质因素。

2.5 本章小结

本章主要应用定性研究方法，邀请人工智能产品的主流消费者参与深度访谈，选取了三类有代表性的人工智能产品，包括智能语音助手、智能家居和个性化推荐，探寻消费者在使用人工智能产品过程中所产生的消费者体验，并且利用爬虫技术在互联网主要社交网站上搜集消费者分享的有关人工智能产品消费者体验的内容，对深度访谈获取的文本资料进行了一定的补充，并使用这部分数据进行理论饱和度的检验。在完成数据的收集之后，对数据进行初步的整理，利用扎根理论对数据进行三个阶段的编码，最终获取了主范畴"人工智能产品消费者体验形成机理"。定性研究发现人工智能产品智能性，如主动性、学习性、关联性和情境感知性会影响消费者体验的形成，并且会和消费者产生自主性冲突，最终形成了两种不同类型的消费者体验：感知扩展和感知受限。此外，消费者的个人特质如个体尝新能力也会对消费者体验的形成产生影响。接下来本研究将对本章所发现的结论进行归纳总结，构建理论模型，提出研究假设，并使用定量的研究方法进行进一步的数理验证。

第 3 章 理论模型与研究假设

3.1 理论模型

随着第五代移动通信技术的迅猛发展和智能设备制造水平的跨越式提升，人工智能产品已成为消费者生活中必不可少的日常用品，并且给消费者带来了和非智能产品不同的体验。然而，目前学者们对人工智能产品消费者体验的研究还处于初级阶段，很多学者对人工智能产品消费者体验的研究都是基于一个全新的视角，做出的成果未得到一致的结论，但与之相关的深入探索仍在继续。本研究以人工智能产品所具有的独特智能性出发，探寻消费者体验的形成机理，并引入了在消费者体验形成过程中消费者心理状态的变化，是对人工智能产品消费者体验研究的深化和补充。

通过对人工智能产品消费者体验前人研究结论的详细探讨，可以发现学者们认为人工智能产品消费者体验和非智能产品消费者体验相比呈现出了一些新的特性。我们可以看到，体验研究相对已比较成熟，研究结果认为体验是主观的，同时是多层面的，包含了外在的行为层面和内在的情感、认知、意识层面等。不过，由于人工智能产品带来的新的产品特性，给消费者体验也带来了新内涵。人工智能产品对于消费者而言，已经不再仅是一件商品，有时甚至成为身体的外延，给消费者的认知和行为带来了不一样的内涵。此外，产品不再仅是被使用的一个物品，它具有主动性、能够向消费者学习、感知情境且和多类型产品相互关联，消费者不再仅是一个被动的接收者的角色，消费者本身对产品能够产生影响，使产品发生变化。这一过程不断循环，最终形成了完整的消费者体验。在这一过程中，消费者本身存在着主动性，并影响了最终的消费者体验的形成。

同时，根据第三章利用扎根理论对数据进行三个阶段的编码，本研究最终获取了主范畴"人工智能产品消费者体验形成机理"。研究发现人工智能产品智能性，如主动性、学习性、关联性和情境感知性会影响消费者体验的形成，并且会和消费者产生自主性冲突，最终形成了两种不同类型的消费者体验：感知扩展和感知受限。此外，消费者的个体尝新能力等一些个人特质也会对消费者体验的形成产生影响。

因此，本研究认为人工智能产品消费者体验是由人工智能产品因素、消费者因素和产品与消费者的相互作用因素共同作用的结果。其中产品因素指的是人工智能产品智能性，主要有主动性、学习性、关联性和情境感知性；消费者因素主要指的是消费者的个人特质，如个体尝新能力等；产品和消费者的相互作用是指产品与消费者之间的自主性冲突，如图3.1所示。基于此，以下将详细阐述人工智能产品消费者体验形成机理模型的构建思路。

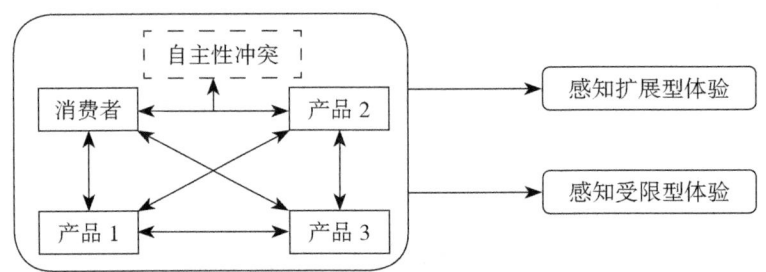

图3.1　人工智能产品消费者体验形成过程图

首先，本研究提出人工智能产品智能性作为研究人工智能产品消费者体验的前因变量。以人工智能产品消费者为研究对象，认为人工智能产品的智能性是影响人工智能产品消费者体验形成的关键因素，因此提出以人工智能产品智能性为前因变量的人工智能产品消费者体验形成机理模型，探索人工智能产品智能性对人工智能产品消费者体验的影响机理。

其次，本研究选择人工智能产品消费者体验为结果变量，这是因为本研究希望探讨人工智能产品消费者体验新的内容。尽管人工智能产品进入市场仅短短几年，学者们发现人工智能产品与非智能产品有着显著的区别，从而给消费者带来了新的内涵。一方面，随着信息技术的发展，消费者在日常生活中对人工智能产品的依赖性越来越强，很多日常行为都需要依托产品来完成，例如信息的储存等，消费者通过人工智能产品，获得了自身能力、行为和认知等方面的扩展。但另一方面，由于人工智能产品的"智能"，在使用产品时感知到了自身行为和认知等方面的受限。因此，本研究将人工智能产品消费者体验分为两种类型，分别是感知扩展型体验和感知受限型体验。

再次，本研究将人工智能产品与消费者的相互作用，即自主性冲突列为中介变量，这是因为消费者体验的形成离不开消费者使用人工智能产品时所形成的心理状态。心理学家托尔曼认为，中介变量是不能直接观察到的，但却是影响结果变量的关键因素。在使用人工智能产品时，同样的产品对消费者产生了不同方面的影响，使消费者形成了不同类型的体验，在其中起到关键中介作用的便是消费者的心理状态，正是消费者的心理状态使消费者形成了或是正面或是负面的体验。因此，本研究借鉴学者们对消费者心理的重要研究成果和第三章通过定性研究所获得的研究成果，将自主性冲突确定为人工智能产品消费者体验影响因素，形成一个人工智能产品消费者体验形成机理的完整模型。

最后，本研究认为消费者的个人特质即个体尝新能力的影响是理论模型中的调节变量。根据第三章的定性研究发现，个体尝新能力会影响消费者对人工智能产品使用过程中出现的一系列问题的认知，对人工智能产品消费者体验的形成产生不同的影响，因此，本研究将个体尝新能力设为调节变量。

根据以上分析，本研究提出概念模型如图 3.2 所示。

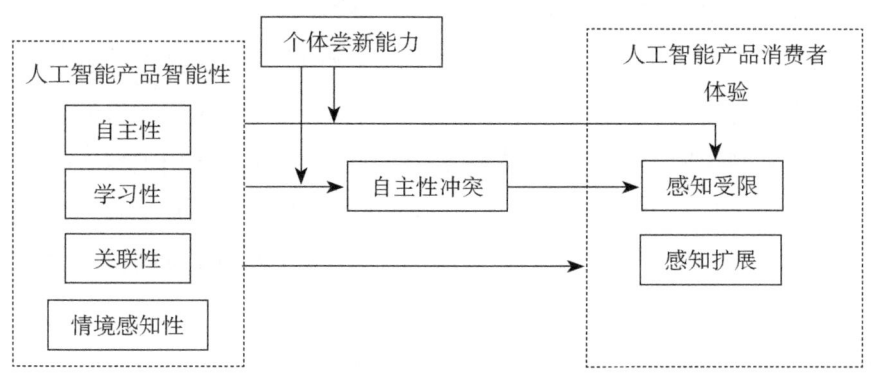

图 3.2　人工智能产品消费者体验形成机理概念模型图

3.2 研究假设

3.2.1 人工智能产品智能性对人工智能产品消费者体验形成的影响关系

（1）人工智能产品智能性对感知受限型体验影响的相关假设

本研究认为人工智能产品消费者体验形成的过程中，人工智能产品的一系列特性，即人工智能产品智能性，会对消费者产生不同的影响，从而形成不同类型的体验。

在人工智能产品给消费者生活方式带来巨大变化的同时，也限制了消费者认知、行为等方面的感知。首先，人工智能产品的智能性使得消费者可以在认知、行动等方面获得扩展，但是这一扩展的前提是消费者需要按照人工智能产品要求的模式来行动。例如在与智能语音助手对话时，消费者的表达必须符合智能语音助手听得懂的模板，每次使用智能语音助手都需要首先说出唤醒词，等到智能语音助手被唤醒后再发布指令，且发布指令用语也要符合智能语音助手所提供的模板。此外，连续发布指令目前依然无法实现，每一句指令都需要前置的唤醒词。这样的使用过程其实和自然流畅的对话有很大的区别，消费者的行为被限制在产品所要求的模式中，无法自由发挥，而当环境背景迫使个体以某种方式行动时，个体就会感到自身的行动受到了限制。此时，消费者便会形成感知受限型体验。

此外，人工智能产品对消费者认知的限制已成为学术界研究的热点，同时也在消费者群体中引起了热议。如今的消费者已经严重依赖用智能手机或电脑等通过互联网获取信息，于是目前很多的软件和网站为吸引消费者眼球，普遍采用特殊算法学习消费者的偏好，主动为消费者推荐个性化内容，增加用户黏性[①]。在这种情况下，消费者的信息获取已经由原来的主动搜寻变成了被动

---

① 戴德宝,刘西洋,范体军."互联网+"时代网络个性化推荐采纳意愿影响因素研究［J］.中国软科学，2015（8）：163-172.

获取，而由于受到技术水平以及算法优劣性的限制，消费者的信息领域会习惯性地被自己的兴趣所引导，限制了信息获取的广度和深度，会使消费者被动地限制于像蚕茧一般的"茧房"中。"信息茧房"现象已慢慢被消费者察觉，有消费者认为自己被企业人为地限制在某些领域内，产生了感知受限型体验，并在一定程度上引发了消费者对产品的负面态度。[①]

使消费者产生感知受限型体验的原因还有技术发展水平的限制。尽管和非智能产品相比，人工智能产品表现出了优越的智能性，但是在一些使用场景下，它们依然无法与人类比肩。例如消费者可以使用家里的智能蓝牙音箱开启与之关联的电视，却无法自由选择自己想要观看的视频。消费者可以在工作时开启家里的智能扫地机器人清洁地面，但是依然没有自己动手打扫干净，消费者自身的能力受到了限制。还有一些消费者表示，清洁本身就是一件增添生活意义的事情，而使用人工智能产品剥夺了他们生活的意义。[②]

因此，人工智能产品会使消费者感到自身的行动、认知等方面受到了限制，产生了感知受限型体验，这一体验是由人工智能产品的智能性联合产生的，据此本研究提出假设1：

H1：人工智能产品智能性对感知受限型体验的形成有显著正向影响。

H1a：人工智能产品主动性对感知受限型体验的形成有显著正向影响。

H1b：人工智能产品学习性对感知受限型体验的形成有显著正向影响。

H1c：人工智能产品关联性对感知受限型体验的形成有显著正向影响。

H1d：人工智能产品情境感知性对感知受限型体验的形成有显著正向影响。

（2）人工智能产品智能性对感知扩展型体验影响的相关假设

人工智能产品的出现影响了消费者的方方面面，视频识别、指纹解锁、图片识别、语音转文字、机器翻译等功能，深刻地改变了人们的生活方式和认知。手机里的智能语音助手，使消费者可以不用手就能操作手机；智能家居的

---

① 范钧，关潇汇，陈婷婷. 您喜欢电商平台的"猜您喜欢"吗？——个性化推荐对在线消费者心理抗拒的影响机制［J］. 财经论丛，2020（4）：84–93.

② Schweitzer F, Belk R, Jordan W, Ortner M. Servant, Friend or Master? The Relationships Users Build with Voice-Controlled Smart Devices［J］. Journal of Marketing Management, 2019, 35（5）：693–715.

存在，使消费者远在千里之外就可以打开家里的空调，或者打扫家里的卫生，甚至和家里的宠物互动；智能翻译机器，使消费者可以在异国他乡打败语言的限制，进行流畅的跨语言交流；虚拟现实技术，使消费者可以坐在家里享受远方的美景。人工智能产品具备主动性、学习性、关联性、情境感知性等区别于非智能产品的智能特性，在这些智能性的协助下，消费者不再受个体自身能力的限制，通过机器，个体可以自由地扩展自己的能力，甚至获取超出人类种族限制的能力，这一扩展甚至可以超出时间和空间。

人工智能产品主动性指的是产品能够在不受用户干扰的情况下主动独立运作完成目标，它控制的领域超越了用户的日常生活和关注的产品。[①] 因此，人工智能产品主动性经常使得人工智能产品做出超出用户意识范围以外的行为。例如，拥有主动性的人工智能产品可以在没有和用户交互的情况下主动地和其他设备进行交互，独立完成某些任务，这样一来，人工智能产品就扩展了用户的感知和控制范围，使得用户的控制范围不仅超出了自己有意识控制的领域，甚至可以超出时间和空间的限制，使得用户得以形成感知扩展型体验。

人工智能产品通常也会通过学习算法提高它们的性能。例如，智能加热系统是一种人工智能产品，当它连接到智能手机时，用户能够远程打开或关闭加热。用户需要安装加热系统，设定时间，调整功能，并根据需要从用户自己的智能手机应用程序来控制它。当智能供暖系统在与业主的数字日历进行数据交换且适应家庭温度后，通过人工智能产品，智能供暖系统就了解了用户的使用习惯，并自动适应供暖行为，优化能源效率和舒适性，这是用户在使用非人工智能产品时无法实现的功能，这同样使用户体会到了自我能力的扩展。

普遍来讲，人工智能产品具备关联性，它们不会"各自为政"，它们一般通过互联网和专属身份标识号相互链接，并拥有一个或多个终端。[②] 典型的人工智能终端有智能手机以及智能音箱，消费者可以通过手机或智能音箱操控其他的人工智能产品，大至汽车、空调，小到卧室台灯。人工智能产品的关联

① Rijsdijk S A, Hultink E J. How Today's Consumers Perceive Tomorrow's Smart Products [J]. Journal of Product Innovation Management, 2009, 26（1）: 24–42.

② Yang H, Lee H, Zo H. User Acceptance of Smart Home Services: an Extension of the Theory of Planned Behavior [J]. Industrial Management and Data Systems, 2017, 117（1）: 68–89.

性，使消费者可以在不接触某一产品时通过集群内的某个终端进行产品的操控，而在非人工智能时代，操控产品是总是需要进行肢体接触的，所以从这一角度来看，人工智能产品的关联性扩展了消费者操控产品的能力，不仅使消费者可以在没有肢体接触的情况下对设备下达指令，甚至可以在当前对未来的产品、在此处对远方的产品进行操作。

同时，人工智能产品还能感知使用情景，具备情境感知性，并根据不同的使用情景更换更适合消费者的服务，比如智能空调可以依托专用的传感器感知家中的人数、温度，并分析不同的情景，自动调节温度风量。智能手机可以根据消费者日常的使用习惯，分辨出工作日及休息日，并在消费者出现遗忘日常行程时主动进行提醒。

可以看到，人工智能产品总是依托其自身的主动性、学习性、关联性和情境感知性，扩展消费者的行动能力以及认知能力，使消费者产生感知扩展型体验。据此本研究提出假设2：

H2：人工智能产品智能性对感知扩展型体验的形成有显著正向影响。

H2a：人工智能产品主动性对感知扩展型体验的形成有显著正向影响。

H2b：人工智能产品学习性对感知扩展型体验的形成有显著正向影响。

H2c：人工智能产品关联性对感知扩展型体验的形成有显著正向影响。

H2d：人工智能产品情境感知性对感知扩展型体验的形成有显著正向影响。

3.2.2 人工智能产品智能性对自主性冲突的影响关系

在人工智能时代，消费者面临着更多的选择以及和这些选择相关的更为丰富的背景信息，但是在人工智能给消费者提供便利的同时，消费者可能会感到自主性被剥夺，从而和人工智能产品产生自主性冲突。

首先，人工智能产品具备超高的智能性与强大的功能，但是在使用时还不能达到科幻电影中那样通过自然流畅的沟通来操控的水平，消费者在使用时必须按照产品的要求，根据产品的指示一步步完成指令的输入，这就会影响消费者对自身自主性的感知。有研究表明，在这一使用过程中，消费者感到更高的不确定性，并且此类产品还削弱了人们对环境的掌控感，威胁了消费者自主性的感知。① 还有学者从另一个角度解释了人工产品操作的复杂性对个体自主性的威胁，作者举例在使用智能语音助手时，所有消费者都需要按照智能语音助手所能理解的对话模板来说话，这让消费者感觉自己变成了机器人，失去了对自我的控制。②

其次，人工智能产品被赋予智能性使产品可以在没有用户指令的前提下自主行动，对于智能性较高的人工智能产品，消费者自主性被侵害的感觉会十分明显，因为此类产品被授予了很高的决策权，而产品的决策可能与消费者的愿望不一致，③ 最终形成自主性冲突。同时，人工智能产品的智能是由主动性、学习性、关联性和情境感知性共同实现的。

最后，基于人工智能产品的学习性、大数据及智能算法的智能推荐功能，有可能使消费者陷入"信息茧房"，推荐功能将消费者所能接收到的信息限制在某些领域内。由于信息技术可以为消费者提供更自我的思想空间和任何领域的巨量知识，一些消费者可能会因此只能获取到限定领域内的信息，这同样给消费者带来了困扰。④ 消费者无法控制自己对信息的选择和接收，甚至会感觉自己正被信息技术所操控，只能看到一些群体希望自己能看到的信息，从而产生了自主性冲突。

总而言之，人工智能产品智能性的存在，使得消费者出现有违自身意愿的行为，并使消费者表现得更加刻板，更像机器人，甚至限制消费者获取信息的自由，这都会造成产品和消费者之间的自主性冲突。因此，本研究提出假设 3：

H3：人工智能产品智能性对自主性冲突有显著正向影响。

H3a：人工智能产品主动性对自主性冲突有显著正向影响。

H3b：人工智能产品学习性对自主性冲突有显著正向影响。

———————————

① Faraji-Rad，Ali，Melumad. Consumer Desire for Control as a Barrier to New Product Adoption [J]. Journal of Consumer Psychology，2017，30（4）：712–732.

② Hoffman D L，Novak T. Consumer and Object Experience in the Internet of Things：An Assemblage Theory Approach [J]. Journal of Consumer Research，2018，44（6）：1178–1204.

③ Lauren，A，Leotti，Sheena，S，Iyengar，Kevin，N. Born to Choose：the Origins and Value of the Need for Contro [J]. Trends in Cognitive Sciences，2010，14（10）：457–463.

④ 赵云泽，薛婷予. 社交媒体中的"信息偶遇"行为研究——解决"信息茧房"问题的一种视角 [J]. 编辑之友，2020（5）：38–43.

H3c：人工智能产品关联性对自主性冲突有显著正向影响。

H3d：人工智能产品情境感知性对自主性冲突有显著正向影响。

3.2.3 自主性冲突对感知受限型体验形成的影响关系

自主性冲突是消费者感觉新产品降低了他们的选择自由或者行动的自由，使他们失去控制和自主性。[①] 消费者希望自己的思考和行为是自由的，这一信念既不言而喻且不可动摇，同时这也是独立人格的基础。在消费过程中，自主性感知会使消费者获得更积极的购物体验，消费者对产品定制或者是自己完成产品的偏好，就可以理解为是对自主性的需求。[②] 非常有名的"宜家效应"就是一个例子，同购买家具相比，消费者会从制作特定的家具中获得更多的愉悦感，由此提升购物体验。

那么反过来，产品使用过程中自主性的丧失，会给消费者带来更多的负面效应。当消费者无法控制环境中最重要的因素时，自主性缺失的感知就会出现。有关习得性无助的研究提出，当个体面对他们强烈希望改变的情境却无能为力时，会最终撤回行为并遭受严重的心理创伤。[③] 当然，人工智能产品目前还未能对消费者产生如此深刻的影响，但已有研究表明，消费者在使用人工智能产品时同产品产生的自主性冲突，使得消费者感到无力，他们认为他们对如何和何时执行任务失去了决定的能力。[④] 例如，没有方向盘和刹车踏板的无人驾驶汽车为用户提供了非常有限的可能性，并带来了其他潜在的威胁，如汽车故障或黑客攻击其 IT 系统，尽管消费者可能会对这些问题产生担忧，但是却没有能力进行干预。此时，消费者便会产生感知受限型体验。据此，本研究提

---

① De Bellis E, Venkataramani Johar G. Autonomous Shopping Systems：Identifying and Overcoming Barriers to Consumer Adoption［J］. Journal of Retailing，2020，96（1）：74–81.

② 甄杰，严建援，谢宗晓.产品涉入度与在线个性化产品定制意向——基于自我表达的中介效应研究［J］.软科学，2018，32（4）：110–114.

③ 白洁,郭永玉,杨沈龙.人在丧失控制感后会如何？——来自补偿性控制理论的揭示［J］.中国临床心理学杂志，2017，25（5）：982–985，981.

④ Quentin André，Carmon Z，Wertenbroch K，Crum A, Frank D, Goldstein W, Huber J, Boven LV, Weber B, Yang H. Consumer Choice and Autonomy in the Age of Artificial Intelligence and Big Data［J］. Customer Needs & Solutions，2018，5（1–2）：28–37.

出假设 4：

H4：自主性冲突对人工智能产品感知受限型体验有显著正向影响。

3.2.4 自主性冲突的中介作用

根据假设 H1（a~d）推测，人工智能产品智能性，包括主动性、学习性、关联性、情境感知性四个方面对消费者感知受限型体验具有显著的影响；根据研究假设 H3（a~d）推测，人工智能产品智能性，包括主动性、学习性、关联性、情境感知性四个方面对产品与消费者之间形成的自主性冲突有着显著影响；由研究假设 H4 推测，自主性冲突对消费者感知受限型体验的形成有显著影响。根据中介作用发生的条件：首先，自变量能够对因变量产生显著影响；其次，自变量能够对中间变量产生显著影响；然后，中间变量能够对因变量产生显著影响，此时便可以认为中介效应是存在的。由此本研究认为，自主性冲突在人工智能产品智能性，包括主动性、学习性、产品关联性和情境感知性，与感知受限型体验之间具有中介效应，具体假设如下：

H5：自主性冲突在人工智能产品智能性和感知受限型体验之间起中介作用。

H5a：自主性冲突在人工智能产品主动性和感知受限型体验之间起中介作用。

H5b：自主性冲突在人工智能产品学习性和感知受限型体验之间起中介作用。

H5c：自主性冲突在人工智能产品关联性和感知受限型体验之间起中介作用。

H5d：自主性冲突在人工智能产品情境感知性和感知受限型体验之间起中介作用。

3.2.5 个体尝新能力的调节作用

个体尝新能力指的是个体在其他人之前接受新产品的能力。对于人工智能产品的优势和劣势，不同消费者可能有着完全不同的态度，个体尝新能力可以用来解释这一差异性。个体尝新能力高的消费者愿意做出改变，愿意承担使用新产品的风险，也会主动搜集更多有关新产品的信息，购买更多的创新型产品，而且与个体尝新能力低的消费者相比，他们也会认为新产品更加有用。更进一步的，他们对新产品的偏好也会加强对新产品的信任，增加购买行为。到最后，个体尝新能力高的消费者可能会更加关注人工智能产品的优势，而忽略这些产品给消费者带来的不便，也会忽悠人工智能产品并没有按照他们所希望的那样行事。个体尝新能力高的消费者也愿意因为人工智能产品所能提供的便利而放弃自己的一部分自主性，个体与产品之间的自主性冲突对他们来讲并不是非常严重的问题。

因此，消费者个体尝新能力的不同，决定了消费者是否会在意人工智能产品对自身自主性的侵害，个体尝新能力高的消费者更不容易和产品产生自主性冲突，而个体尝新能力低的消费者，可能会更在意人工智能产品使自身自主性缺失的感知，所以，个体尝新能力调节了人工智能产品智能性对自主性冲突的影响，与此同时，也会对最终的结果变量感知受限型体验产生影响，据此，本研究提出假设6和假设7：

H6：个体尝新能力在人工智能产品智能性和自主性冲突之间起调节作用。

H6a：个体尝新能力在人工智能产品主动性和自主性冲突之间起调节作用。

H6b：个体尝新能力在人工智能产品学习性和自主性冲突之间起调节作用。

H6c：个体尝新能力在人工智能产品关联性和自主性冲突之间起调节作用。

H6d：个体尝新能力在人工智能产品情境感知性和自主性冲突之间起调节作用。

H7：个体尝新能力在人工智能产品智能性和感知受限型体验之间起调节作用。

H7a：个体尝新能力在人工智能产品主动性和感知受限型体验之间起调节作用。

H7b：个体尝新能力在人工智能产品学习性和感知受限型体验之间起调节作用。

H7c：个体尝新能力在人工智能产品关联性和感知受限型体验之间起调节作用。

H7d：个体尝新能力在人工智能产品情境感知性和感知受限型体验之间起

调节作用。

3.3 本章小结

　　本章在前文进行的定性研究的基础上，构建了本研究的概念模型，并对模型中所涉及的概念进行了界定，接着在文献研究的基础上，提出了本研究的三个主要假设：（1）人工智能产品智能性、自主性冲突、人工智能产品消费者体验等变量之间的直接效应，具体内容为人工智能产品智能性，包括主动性、学习性、关联性、情境感知性等对人工智能产品消费者体验的两种类型，即感知受限型和感知扩展型的直接效应假设，人工智能产品智能性对自主性冲突的直接效应假设，以及自主性冲突对感知受限型体验的直接效应假设。（2）自主性冲突在人工智能产品智能性与感知受限型体验之间的中介效应假设。（3）个体尝新能力在人工智能产品智能性与自主性冲突及感知受限型体验之间的调节效应假设。

第4章 问卷设计与数据收集

4.1 变量的操作性定义与测量

根据前文提出的概念模型和研究假设，本研究需要测量的变量包括人工智能产品主动性、学习性、关联性、情境感知性、自主性冲突、感知受限、感知扩展和个体尝新能力。本研究各个变量的测量题项都是在借鉴国内外有关文献中相对成熟的量表及定义的基础上，结合本研究的定性研究结果，以及本研究的实际研究需要设计的。经过专家们的多次讨论并通过预调研进行检验，最后不断修正得到了最终的调查问卷。

4.1.1 对人工智能产品智能性的测量

（1）人工智能产品智能性的操作性定义

本研究对人工智能产品智能性的概念进行了界定，即人工智能产品以各种形式将信息技术包含在内，如微芯片、软件和传感器，因此它可以收集、处理和生产信息，所以也表现出了一系列非智能产品不具备的能力。

本研究根据相关学者对人工智能产品智能性的维度划分，将人工智能产品智能性分为主动性、学习性、关联性和情境感知性等四个维度。

其中，主动性主要指人工智能产品可以在没有用户介入的情况下自己主动进行某些操作。学习性是指人工智能产品会在使用过程中不断进行自我学习，提升产品能力。关联性是指人工智能产品能够和其他的智能设备通过互联网及唯一用户身份标识码相互关联。情境感知性是指人工智能产品可以识别产品所处情境，并为用户提供更符合情境的服务，这一特性需要使用互联网以及特制的传感器来实现。

（2）变量的测量

关于主动性的测量题项，本研究主要参考了 Rijsdijk 和 Hultink 的人工智能产品主动性量表以及 Schweitzer 和 Hende 的智能医疗设备主动性量表。

关于学习性的测量题项，本研究主要参考了 Rijsdijk 和 Hultink 的人工智能产品学习能力量表、Sako 对人工智能产品自我学习的定义。

关于关联性的测量题项，本研究主要参考了 Rijsdijk 和 Hultink 的人工智能产品合作能力量表、Yang 等的多终端应用量表。

关于情境感知的测量题项，本研究主要参考了 Muhlhauser 的情境感知能力定义、Gutiérrez 等对人工智能产品的定义及其对人工智能产品情境感知能力的描述、Sako 对情境感知能力的定义。

在借鉴了学者们已有研究的基础上，结合本研究的定性研究结论以及与营销方面学者专家的讨论，最后对人工智能产品智能性的测量量表设计如表4.1 所示。

表 4.1　人工智能产品智能性的初始测量题项表

变量	题项	题项描述	量表来源
主动性	AU1	这个产品会按照自己的想法行动	Rijsdijk 和 Hultink（2007）、Schweitzer 和 Hende（2016）
	AU2	这个产品有自己的目的	
	AU3	这个产品会在没有用户指令的情况下自己行动	
学习性	AL1	这个产品具有学习能力	Rijsdijk 和 Hultink（2007）、Sako（2019）
	AL2	这个产品会表现得越来越好	
	AL3	这个产品会从过往经历中学习	
	AL4	这个产品会自己提升自己能力	
	AL5	这个产品会随着时间的推移不断调整自己	

续表

变量	题项	题项描述	量表来源
关联性	AC1	这个产品可以和其他产品合作	Rijsdijk 和 Hultink（2007）、Yang 等（2017）
	AC2	这个产品可以和其他产品沟通	
	AC3	这个产品可以和其他产品相互连接	
	AC4	这个产品和其他产品合作效果更好	
情境感知性	CA1	这个产品知道我是谁	Muhlhauser（2008）、Gutiérrez 等（2013）、Sako（2019）
	CA2	这个产品知道现在的日期和时间	
	CA3	这个产品了解我的购买历史	
	CA4	这个产品知道我喜欢什么	

4.1.2 对人工智能产品消费者体验的测量

（1）人工智能产品消费者体验的操作性定义

本研究通过第三章的定性研究，提出了两大类人工智能产品消费者体验：感知扩展及感知受限。其中感知扩展指的是和非人工智能产品不同，人工智能产品更像是个体通过人工智能产品让个体在数字世界中延伸，人工智能产品更类似于"数字假肢"的存在，人工智能产品的功能便扩展成了个体的新功能，即感知扩展体验。感知扩展体验是消费者所感知到的一种正面体验，是人工智能产品便利性的体现。

感知受限指的是用户作为人与人工智能产品所组成的关系中的主体，在使用人工智能产品的过程中，感到自己原有的能力被产品所限制了。

对于感知扩展型体验的测量，本研究主要参考了 Lewandowski 等的基于情感关系的感知扩展量表，以及 Gorlier 和 Michel 的基于消费者品牌关系的感知扩展量表，由于这两个量表并不是基于人与产品的关系构建的，因此本研究挑选了其中适用于人与产品关系的题项，并对其稍加改动。

对于感知受限型体验的测量，本研究主要参考了 Hoffman 和 Novak 对感知受限的定义、第三章定性研究的研究结论以及杨斌等的信息窄化量表。[①] 最后对人工智能产品消费者体验的测量量表设计如表 4.2 所示。

表 4.2　人工智能产品消费者体验的初始测量题项表

变量	题项	题项描述	量表来源
感知扩展	SE1	这个产品开阔了我的视野	Lewandowski 和 Aron（2002）、Gorlier 和 Michel（2020）
	SE2	这个产品让我接触了更多的新东西	
	SE3	这个产品让我产生了新的体验	
	SE4	这个产品能让我完成以前无法做到的事情	
感知受限	SR1	使用这个产品来完成某件事情不如我自己直接动手更快	Hoffman 和 Novak（2018）、杨斌等（2017）
	SR2	使用这个产品来完成某件事情不如我自己直接动手更方便	
	SR3	使用这个产品来完成某件事情不如我自己直接动手做的更好	
	SR4	这个产品的语音功能在很多情况下不方便使用	
	SR5	这个产品给我推荐的信息类型相似内容较多，使我错过了其他类型的信息	
	SR6	这个产品的个性化推荐让我的选择越来越少	
	SR7	这个产品限制了我获取更多信息的机会	

4.1.3　对自主性冲突的测量

（1）自主性冲突的操作性定义

本研究通过第三章的定性研究，以及相关的文献阅读发现，自主性冲突是消费者产生感知受限型体验的主要原因，自主性冲突指的是消费者在使用人工智能产品的过程中，由于其智能性的存在，而感知到的自主性被侵犯，从而与产品产生的有关自主性争夺的冲突。

---

① 杨斌，王琳.数字经济时代客户服务数字化转型策略［J］.东岳论丛，2020，41（11）：30-38.

（2）变量的测量

对于自主性冲突的测量，本研究主要参考了 Schweitzer 和 Hende 的感知失控量表。最后对自主性冲突的测量量表设计如表 4.3 所示。

表 4.3　自主性冲突的初始测量题项表

变量	题项	题项描述	量表来源
自主性冲突	AT1	这个产品替我做出了选择，但是我更希望可以自己来选	Schweitzer 和 Hende（2016）
	AT2	我担心这个产品会采取我不喜欢的行动	
	AT3	这个产品降低了让我选择我真正喜欢的东西的机会	
	AT4	这个产品降低了我行动的自由度	

4.1.4 对个体尝新能力的测量

（1）个体尝新能力的操作性定义

本研究通过第三章的定性研究，以及相关的文献阅读发现，个体尝新能力指的是个体在其他人之前接受新产品的能力，在人工智能产品智能性对自主性冲突的影响中起调节作用。

（2）变量的测量

对于个体尝新能力的测量，本研究主要参考了 Agarwal 和 Karahanna 的个性和技术接受能力：信息技术中的个体尝新能力量表（Personality and Technology Acceptance：Personal Innovativeness in IT），并根据研究内容对其进行了一些修改，最后对个体尝新能力的初始测量题项如表 4.4 所示。

表 4.4　个体尝新能力的初始测量题项表

变量	题项	题项描述	量表来源
个体尝新能力	PI1	在我周围的朋友中，我经常是最先尝试新产品的人	Agarwal 和 Karahanna（2000）
	PI2	如果我听说我有新产品上市，我会非常希望体验一下	

续表

变量	题项	题项描述	量表来源
	PI3	我喜欢体验这些新产品	

4.2 预调研数据收集与问卷前测

4.2.1 小样本取样和数据描述

尽管本研究的人工智能产品智能性、消费者感知扩展型和感知受限型体验、自主性冲突以及个体尝新能力的测量题项都是借鉴国内外研究中的成熟量表，但有些量表在开发时并非用于测量人工智能产品，如感知扩展型体验量表等，因此，这些量表是否适合检验人工智能产品的使用情景还有待验证，依照实证研究的程序，必须对问卷的有效性进行验证。检验问卷有效性非常常见的方法是对问卷进行小样本的预测试，[①] 对问卷中所使用量表的测量误差及有效性进行检验，并以此为依据，对问卷进行及时的修正，进而形成最终的正式问卷。

本研究通过网络及一些公共场所如学校等地方发放调查问卷，共发放问卷 200 份，200 份问卷中有 24 份问卷出现填写不认真等情况，如连续多题选择同一数字，剩下 176 份有效问卷，有效回收率为 88%。同时，176 份有效问卷满足了问卷发放最小样本数原则，即预测试的样本数应大于最大分量表题项数的 5 倍，[②] 本问卷题项最多的分量表有 16 个题项，本次预测试已满足了这一原则。

之后，本研究运用 SPSS22.0 对初始问卷的测量题项进行了信度与效度检验，并以此为基础对初始问卷进行了修正，最终形成了科学有效的问卷。

人口统计学状况分析可以在一定程度上验证所获得数据的可信度以及代表性，因此本研究首先对 176 份问卷调查得到的数据进行人口统计学分析，具

---

① 荣泰生.AMOS 与研究方法［M］.重庆：重庆大学出版社，2009.

② 吴明隆.问卷统计分析实务［M］.重庆：重庆大学出版社，2010.

体结果如表 4.5 所示。

表 4.5 预测试人口统计学数据

基本特征	分类	样本数量	百分比 /%
性别	男	68	38.6
	女	108	61.4
年龄	18 岁及以下	0	0
	19~25 岁	56	31.8
	26~30 岁	55	31.3
	31~40 岁	48	27.3
	41 岁及以上	17	9.6
教育程度	初中及以下	1	0.6
	高中 / 中专 / 技校	1	0.6
	大专	24	13.6
	本科	112	63.6
	硕士及以上	38	21.6
职业	企业从业人员	58	33.0
	政府机关、事业单位人员	21	11.9
	学生	83	47.2
	自由职业者	8	4.5
	其他	6	3.4
平均月收入	3000 元以下	90	51.1
	3000~6000 元	63	35.8
	6000~10000 元	21	12.0
	10000 元以上	2	1.1

从人口统计学变量数据可以看出，在性别方面，男性占 38.6%，女性占 61.4%；从年龄方面来看，18~25 岁为 31.8%，26~30 岁为 31.3%，31~40 岁为 27.3%，18 岁以下，40 岁以上人数较少，共占 9.6%；在受教育程度方面，大

专及以下的人数占 14.8%，本科及以上的人数占 85.2%；在职业方面，学生为 47.2%，企业从业人员占比 33%，政府机关、事业单位人员占比 11.9%，自由职业者为 4.5%，其他为 3.4%；在个人平均月收入方面，51.1% 的人员平均月收入在 3000 元以下，3000 元至 6000 元的占 35.8%，6000 元至 10000 元的占 12%，10000 元以上的占 1.1%。从人口统计变量占比来看，调查的小样本数据符合人工智能产品主流消费群体特征，即中等收入群体的年轻人及中年群体。

4.2.2 信度和效度检验

在进行正式的问卷发放之前，通常我们会检验问卷的信度与效度以验证其是否具有内部一致性以及能否准确测量出需要测量的变量，这决定了这份问卷能否满足调查所需，因此，在进行正式调查，需要对问卷的信度和效度进行检验。

信度（reliability）代表量表的一致性或稳定性，也可以作为同质性检验指标之一。信度可以被定义为真实分数（true score）的方差占测量分数方差的比例，通常来讲，一份量表在检验相同的特质时，量表题项数目越多量表的信度会越高。在社会科学领域中有关李克特量表的信度检验，一般采用的方法是克隆巴赫 α 系数（Cronbach's α），克隆巴赫 α 系数又称内部一致性 α 系数。Nunally 和 Bernstein 认为，一份信度理想的量表，其总量表的内部一致性 α 系数至少要在 0.7 以上，[1] 因此，本研究以 0.6 作为标准进行检验。

结构效度（construct validity）指的是量表能够测量理论的概念或特质的程度。检验结构效度最常用的方法是进行探索性因子分析（Exploratory Factor Analysis，EFA），在进行探索性因子分析之前，要对样本数据进行 KMO 检测和 Bartlett 球体检验，以确认是否适合进行因子分析。Kaiser（1970）[2] 认为，KMO 的度量标准以 0.7 为界，0.7 表示合适，0.8 表示很合适，0.9 以上表示非常合适。马庆国认为 KMO 在 0.5 以下表示不合适，0.5 至 0.6 为很勉强，0.6 至 0.7 为不太合适，0.7 至 0.8 为合适，0.8 至 0.9 为很合适，在 0.9 以上则为非常合适。

---

① Nunnally, J.C, H.Bernstein.PsychometricTheory.3rd ed. New York：McGraw-Hill, 1994.

② Kaiser, H. F. 1970. A Second Generation Little Jiffy. Psychometrika, 35（4）：401-415.

为使本研究的研究结论有效、一致，本研究同时进行了 KMO 检测和 Bartlett 球形检验。

本研究使用 SPSS22.0 对所测量变量进行探索性因子分析，采用主成分分析法和最大方差旋转法进行实证检验，按照特征值（Eigenvalue）大于 1 的方式提取因子。题项的因子负荷以大于 0.5 为标准，因子负荷在 0.5 以上表明收敛效度较好，予以接受，因子负荷在 0.5 以下的则剔除。

（1）人工智能产品智能性的信度与效度检验

首先对人工智能产品智能性的有效样本进行 KMO 和 Bartlett 球形检验，结果如表 4.6 所示。

表 4.6　人工智能产品智能性的 KMO 和 Bartlett 球形检验表

取样足够度的 Kaiser–Meyer–Olkin 度量		0.931
Bartlett 的球形度检验	近似卡方	1748.144
	df	120
	Sig.	0.000

通过对人工智能产品智能性的 KMO 和 Bartlett 球形检验，得出 KMO 值为 0.931，大于 0.9；Barlett 球形检验卡方值为 1748.144；显著性水平为 0.000，小于 0.05。统计检验显著，这说明非常适合进行因子分析。

然后，对人工智能产品智能性有效样本进行探索性因子分析，因子萃取标准遵循 Kaiser 标准，即选取特征值大于 1 的因素，刚好可以得到 4 个公因子，这与前文定性研究与理论分析所得出的人工智能产品智能性由 4 个维度构成吻合。且所有测量题项的因子负荷均高于 0.5，总体方差的解释力达到 73.935%。因此，将 16 个题项全部保留，作为人工智能产品智能性的正式量表题项。具体分析如表 4.7 所示。

表 4.7　人工智能产品智能性的探索性因子分析结果

人工智能产品智能性	测量题项	因子 1	因子 2	因子 3	因子 4
主动性 AU	AU1	0.721	0.120	0.432	0.261
	AU2	0.726	0.193	0.427	0.030
	AU3	0.898	0.187	0.213	0.075
学习性 AL	AL1	0.339	0.181	0.665	0.371
	AL2	0.031	0.284	0.722	0.345
	AL3	0.210	0.430	0.628	0.430
	AL4	0.308	0.438	0.600	0.247
	AL5	0.176	0.429	0.580	0.411
关联性 AC	AC1	0.174	0.696	0.372	0.235
	AC2	0.074	0.808	0.271	0.251
	AC3	0.248	0.824	0.196	0.131
	AC4	0.284	0.692	0.349	0.252
情境感知性 CA	CA1	0.274	0.089	0.355	0.754
	CA2	0.042	0.062	0.341	0.803
	CA3	0.298	0.445	0.159	0.619
	CA4	0.231	0.196	0.495	0.612
KMO=0.931 Barlett 的球形度检验近似卡方 =1748.144 df=120 Sig.=0.000					

　　继续使用 SPSS22.0 软件对人工智能产品智能性的 4 个维度的题项进行信度检验，检验结果如表 4.8 所示。由表 6.8 可知，人工智能产品智能性的 4 个维度分量表的 Cronbach's α 系数分别为 0.816、0.873、0.818、0.834，均在 0.8以上，说明对人工智能产品智能性 4 个维度的测量具有良好的信度。

表 4.8 人工智能产品智能性的信度分析

人工智能产品智能性	测量题项	题项 – 总体相关系数	删除该题项后的 Cronbach's α 值	Cronbach's α 值
主动性 AU	AU1	0.747	0.611	0.816
	AU2	0.556	0.742	
	AU3	0.637	0.734	
学习性 AL	AL1	0.691	0.849	0.873
	AL2	0.643	0.860	
	AL3	0.667	0.854	
	AL4	0.743	0.836	
	AL5	0.761	0.831	
关联性 AC	AC1	0.597	0.790	0.818
	AC2	0.639	0.772	
	AC3	0.609	0.785	
	AC4	0.714	0.735	
情境感知性 CA	CA1	0.703	0.772	0.834
	CA2	0.584	0.824	
	CA3	0.609	0.814	
	CA4	0.763	0.743	

（2）人工智能产品消费者体验的信度和效度检验

首先对人工智能产品消费者体验的有效样本进行 KMO 和 Bartlett 球形检验，结果如表 4.9 所示。

通过对人工智能产品消费者体验的 KMO 和 Bartlett 球形检验，得出 KMO 值为 0.895，大于 0.8；Barlett 球形检验卡方值为 1449.691；显著性水平为 0.000，小于 0.05。统计检验显著，这说明非常适合进行因子分析。

表 4.9　人工智能产品消费者体验的 KMO 和 Bartlett 球形检验

取样足够度的 Kaiser–Meyer–Olkin 度量		0.895
Bartlett 的球形度检验	近似卡方	1449.691
	df	55
	Sig.	0.000

　　然后，对人工智能产品消费者体验使用有效样本进行探索性因子分析，因子萃取标准遵循 Kaiser 标准，即选取特征值大于 1 的因素，刚好可以得到 2 个公因子，这与前文定性研究与理论分析所得出的人工智能产品消费者体验由两种类型构成吻合。且所有测量题项的因子负荷均高于 0.5，总体方差的解释力达到 74.69%。因此，将 11 个题项全部保留，作为人工智能产品消费者体验的正式量表题项。具体分析如表 4.10 所示。

表 4.10　人工智能产品消费者体验的探索性因子分析结果

人工智能产品消费者体验	测量题项	因子 1	因子 2
感知扩展 SE	SE1	0.872	0.009
	SE2	0.803	0.072
	SE3	0.781	0.204
	SE4	0.751	0.092
感知受限 SR	SR1	0.134	0.920
	SR2	0.098	0.893
	SR3	0.067	0.887
	SR4	0.084	0.885
	SR5	0.091	0.876
	SR6	0.075	0.873
	SR7	0.170	0.868
KMO=0.895　Barlett 的球形度检验近似卡方 =1449.691　df=55　Sig.=0.000			

　　继续使用 SPSS22.0 软件对人工智能产品消费者体验的两种类型的题项进

行信度检验，检验结果如表 4.11 所示。由表 4.11 可知，人工智能产品消费者体验的 2 种类型分量表的 Cronbach's α 系数分别为 0.821、0.957，均在 0.8 以上，说明对人工智能产品消费者体验两种类型的测量具有良好的信度。

表 4.11　人工智能产品消费者体验的信度分析

人工智能产品消费者体验	测量题项	题项—总体相关系数	删除该题项后的 Cronbach's α 值	Cronbach's α 值
感知扩展 SE	SE1	0.547	0.776	0.821
	SE2	0.518	0.808	
	SE3	0.566	0.779	
	SE4	0.552	0.734	
感知受限 SR	SR1	0.900	0.946	0.957
	SR2	0.830	0.952	
	SR3	0.859	0.949	
	SR4	0.840	0.951	
	SR5	0.836	0.951	
	SR6	0.847	0.950	
	SR7	0.845	0.951	

（3）自主性冲突的信度和效度检验

首先对自主性冲突的有效样本进行 KMO 和 Bartlett 球形检验，结果如表 4.12 所示。

表 4.12　自主性冲突的 KMO 和 Bartlett 球形检验

取样足够度的 Kaiser-Meyer-Olkin 度量		0.834
Bartlett 的球形度检验	近似卡方	417.146
	df	6
	Sig.	0.000

通过对自主性冲突的 KMO 和 Bartlett 球形检验，得出 KMO 值为 0.834，

大于 0.8；Barlett 球形检验卡方值为 417.146；显著性水平为 0.000，小于 0.05。统计检验显著，这说明非常适合进行因子分析。

然后，对自主性冲突有效样本进行探索性因子分析，因子萃取标准遵循 Kaiser 标准，即选取特征值大于 1 的因素，可以提取出 1 个因子，所有测量题项的因子负荷均高于 0.5，总体方差的解释力达到 77.95%。因此，将 4 个题项全部保留，作为自主性冲突的正式量表题项。具体分析如表 4.13 所示．

表 4.13　自主性冲突的 KMO 和 Bartlett 球形检验

变量	测量题项	因子负荷
自主性冲突 AT1	AT1	0.895
	AT2	0.894
	AT3	0.875
	AT4	0.867
KMO=0.834 Barlett 的球形度检验近似卡方 =417.146 df=6 Sig.=0.000		

继续使用 SPSS22.0 软件对自主性冲突的题项进行信度检验，检验结果如表 4.14 所示。由表 4.14 可知，自主性冲突量表的 Cronbach's α 系数为 0.905，在 0.9 以上，说明对自主性冲突的测量具有良好的信度。

表 4.14　自主性冲突的信度分析

自主性冲突	测量题项	题项—总体相关系数	删除该题项后的 Cronbach's α 值	Cronbach's α 值
自主性冲突 AT	AT1	0.763	0.886	0.905
	AT2	0.776	0.882	
	AT3	0.805	0.870	
	AT4	0.806	0.869	

（4）个体尝新能力的信度和效度检验

首先对个体尝新能力的有效样本进行 KMO 和 Bartlett 球形检验，结果如表 4.15 所示。

表 4.15　个体尝新能力的 KMO 和 Bartlett 球形检验

取样足够度的 Kaiser–Meyer–Olkin 度量		0.689
Bartlett 的球形度检验	近似卡方	119.796
	df	3
	Sig.	0.000

通过对个体尝新能力的 KMO 和 Bartlett 球形检验，得出 KMO 值为 0.689，大于 0.6；Barlett 球形检验卡方值为 119.796；显著性水平为 0.000，小于 0.05。统计检验显著，这说明可以进行因子分析。

然后，对个体尝新能力有效样本进行探索性因子分析，因子萃取标准遵循 Kaiser 标准，即选取特征值大于 1 的因素，可以提取出 1 个因子，所有测量题项的因子负荷均高于 0.5，总体方差的解释力达到 67.527%。因此，将 3 个题项全部保留，作为个体尝新能力的正式量表题项。具体分析如表 4.16 所示。

表 4.16　个体尝新能力的探索性因子分析结果

变量	测量题项	因子负荷
个体尝新能力 PI	PI1	0.846
	PI2	0.818
	PI3	0.801
KMO=0.689 Barlett 的球形度检验近似卡方 =119.796 df=3 Sig.=0.000		

继续使用 SPSS22.0 软件对个体尝新能力的题项进行信度检验，检验结果如表 4.17 所示。由表 4.17 可知，个体尝新能力的 Cronbach's α 系数为 0.759，在 0.7 以上，说明对个体尝新能力的测量具有良好的信度。

表 4.17　个体尝新能力的信度分析

个体尝新能力	测量题项	题项 – 总体相关系数	删除该题项后的 Cronbach's α 值	Cronbach's α 值
个体尝新能力 PI	PI1	0.583	0.684	0.759
	PI2	0.560	0.711	
	PI3	0.625	0.635	

4.3 最终问卷的确定

以小样本数据的信度和效度分析，对初始量表进行了验证，最终得到了包含 8 个变量，由 34 个题项组成的量表，该量表将作为正式量表进行大规模的问卷调查，具体量表如表 4.18 所示。

表 4.18　人工智能产品消费者体验形成机理的测量量表

变量	题项	题项描述
主动性	AU1	这个产品会按照自己的想法行动
	AU2	这个产品有自己的目的
	AU3	这个产品在没有用户指令的情况下自己行动
学习性	AL1	这个产品具有学习能力
	AL2	这个产品会表现得越来越好
	AL3	这个产品会从过往经历中学习
	AL4	这个产品会自己提升自己能力
	AL5	这个产品会随着时间的推移不断调整自己
关联性	AC1	这个产品可以和其他产品合作
	AC2	这个产品可以和其他产品沟通
	AC3	这个产品可以和其他产品相互连接
	AC4	这个产品和其他产品合作效果更好
情境感知性	CA1	这个产品知道我是谁
	CA2	这个产品知道现在的日期和时间
	CA3	这个产品了解我的购买历史
	CA4	这个产品知道我喜欢什么
感知扩展	SE1	这个产品开阔了我的视野
	SE2	这个产品让我接触了更多的新东西
	SE3	这个产品让我产生了新的体验
	SE4	这个产品能让我完成以前无法做到的事情

续表

变量	题项	题项描述
感知受限	SR1	使用这个产品来完成某件事情不如我自己直接动手更快
	SR2	使用这个产品来完成某件事情不如我自己直接动手更方便
	SR3	使用这个产品来完成某件事情不如我自己直接动手做得更好
	SR4	这个产品的语音功能在很多情况下不方便使用
	SR5	这个产品给我推荐的信息类型相似内容较多，使我错过了其他类型的信息
	SR6	这个产品的个性化推荐让我的选择越来越少
	SR7	这个产品限制了我获取更多信息的机会
自主性冲突	AT1	这个产品替我做出了选择，但是我更希望可以自己来选
	AT2	我担心这个产品会采取我不喜欢的行动
	AT3	这个产品减少了让我自由选择我真正喜欢的东西的机会
	AT4	这个产品降低了我行动的自由度
个体尝新能力	PI1	在我周围的朋友中，我经常是最先尝试新产品的人
	PI2	如果我听说我有新产品上市，我会非常希望体验一下
	PI3	我喜欢体验这些新产品

在此量表的基础之上，于正式问卷中加入了问卷指导语、消费者使用人工智能产品过往经历调查以及有关个人人口统计信息的题项，从而形成了本研究的最终正式调查问卷。具体见附录 E。

4.4 数据收集

针对本研究的目的，被调查者应该选择那些具有人工智能产品消费者体验的消费者，人工智能产品消费者收入属于中高水平且消费水平较高，在年龄层次上比较年轻，有着较高的学历背景，追求新鲜事物。同时根据观察发现，大学生群体也对人工智能产品兴趣浓厚，有着丰富的人工智能产品消费者体验的经历。因此，本研究的大规模正式问卷调查的主要样本来源分为两个方向：

一部分问卷通过线上发放，主要是在各大人工智能产品讨论社区中寻找此类产品的消费者；另一部分问卷选择高校大学生群体，采取线下和线上调研相结合的形式，在江西、河南、福建等几所高校的课堂上进行了问卷的发放和收集，现场指导帮助被调查者理解题目，确保他们能够认真作答。同时进行线上问卷调查。线上问卷调查主要依托于"问卷星"免费问卷发放平台，通过二维码或网页链接邀请被调查者填写问卷。

问卷发放从 2020 年 9 月 25 日开始到 2020 年 10 月 27 日结束，历时一个月，共发放问卷 988 份，通过对问卷的初步筛查，将明显不符合要求的问卷剔除（如全部选择某项，或选项具有规律性），最后获得有效问卷 701 份，有效回收率 70.95%。

4.5 本章小结

本章在阅读大量文献和借鉴相关研究的成熟量表的基础上，结合前文的定性研究结果，对人工智能产品智能性的 4 个维度：主动性、学习性、关联性、情境感知性，以及人工智能产品消费者体验的两种类型：感知扩展、感知受限，还有自主性冲突和个体尝新能力的测量量表进行了设计，形成了用于预调研的初始问卷。然后通过预调研将回收的 176 份有效问卷数据进行了信度和效度检验，得到了用于大样本调研的最终正式问卷，并进行了问卷的发放，以及数据的收集。

第5章　数据分析与假设检验

由前文的小样本数据分析可知，本研究各量表的信度和效度有已经达到了基本要求，接下来，本章将对收集到的大数据样本进行统计分析、信效度检验，以及使用结构方程模型对前文所提出的理论模型和研究假设进行验证，得到最终的理论模型。

5.1 统计分析方法和拟合指标体系

根据本研究的目的及假设检验的需要，本研究主要采用了以下统计分析方法：描述性统计分析、信度与效度分析、相关与回归分析、结构方程模型分析，其具体含义及拟合指标体系如下所示。

5.1.1 描述性统计分析

在描述性统计分析阶段，主要是掌握样本的基本情况，如被调查的个人人口统计信息，在本研究中主要体现为个人的性别、年龄、学历和收入等。同时在进行下一步与模型有关的数据验证分析之前，还需要使用描述性统计分析对各变量题项的均值、标准差、方差、偏度、峰度等进行分析和报告，还需要进行正态分布检验。

5.1.2 信度与效度分析

（1）信度分析

量表的信度指的是量表的可靠性或稳定性，量表的信度越大，则其测量标准误差越小。在实践中最常用的检验方法为 L.J.Cronbach 所创的 α 系数。

α 系数多大才能表示测验的分数是可靠的？根据 Henson 的观点[1]，这与研究目的和测验分数的运用有关，如果使用者的目的在于编制预测问卷，测验某概念的先导性，内部一致性系数在 0.50 至 0.60 已足够。当目的为基础研究时，内部一致性系数在 0.80 以上为佳。当测验分数是用来作为截断分数来扮演重要角色时，例如筛选、分数等，那么内部一致性系数最好在 0.90 以上，如果能达到 0.95 就是最合适的。如果以发展测量工具为目的，内部一致性系数应在 0.70 以上。Loo 从近年来对《谘商发展与测量与评估》期刊的探究中发现，对于一般性的研究而言，内部一致性估计值普遍可以接受的数值为 0.80，当把标准化测验分数作为重要的临床或教育决策时，则内部一致性系数至少应在 0.90 以上。[2] 在一般探索性研究中，内部一致性系数的最低要求标准是系数值在 0.50 以上，0.60 以上较佳；但在应用性与验证性的研究中，内部一致性系数最好在 0.80 以上，0.90 以上更佳。

综合上述各学者的观点可以发现，对于本研究所使用的以验证模型及假设的量表，只是一般的态度或心理知觉量表，则其内部一致性系数最好在 0.80以上，如果在 0.70 至 0.80 之间，也算是可以接受的范围；如果是分量表（维度），其内部一致性系数最好在 0.70 以上，如果在 0.60 至 0.70 之间，也可以接受使用；如果分量表的内部一致性系数在 0.60 以下或总量表的系数在 0.80以下，应考虑重新修订量表或增删题项。

（2）效度分析

效度指的是能够测到该测验所欲测的（使用者所设计的）心理或行为特质到何种程度。本研究所使用的量表是在借鉴了国内外研究学者比较成熟的量表基础上，经过专家讨论、人工智能产品用户深度访谈讨论以及预测试等多

---

[1]　Henson R K. Understanding Internal Consistency Reliability Estimates：A Conceptual Primer on Coefficient Alpha［J］. Measurement and Evaluation in Counseling and Development，2001.32：177–189.

[2]　Loo R. Motivational Orientations Toward Work：An Evaluation of the Work Preference Inventory（Student Form）［J］. Measurement and Evaluation in Counseling and Development，2001，33（4）：222–233.

个环节的修正和调整，确保了内容效度和效标关联效度，因此在这一阶段，主要进行建构效度的检验，最为常用的方法是因子分析（Factor Analysis），同时因子分析方法又分为探索性因子分析及验证性因子分析。本研究对于大样本的数据分析，将同时使用这两种办法分别探索和验证各变量的因子结构。根据统计学对因子分析的要求，探索性因子分析和验证性因子分析应采用不重叠的样本。所以，本研究将回收的 701 份大样本问卷数据随机分为两组，分别命名为样本 1 和样本 2，样本 1 包含有效样本 350 份，样本 2 包含有效数据 351 份，样本 1 用于探索性因子分析，样本 2 用于验证性因子分析。

①探索性因子分析

本研究使用 SPSS22.0 对所测量变量进行探索性因子分析，采用主成分分析法和最大方差旋转法进行实证检验，按照特征值（Eigenvalue）大于 1 的方式提取因子。题项的因子负荷以大于 0.5 为标准，因子负荷在 0.5 以上表明收敛效度较好，予以接受，因子负荷在 0.5 以下的则剔除。在删除题项时采用逐个删除的方式，每删除一个题项后都要重新进行一次因子分析，如此反复进行，直到获得清晰、稳定的因子结构。对于提出的公共因子的累计方差贡献率要求高于 60% 的标准。

②验证性因子分析

在进行了探索性因子分析之后，接着进行验证性因子分析。在实际科研过程中，学者们一般会在样本容量足够大的情况下，将样本数据随机分为两组，首先使用一组数据进行探索性因子分析（EFA），用数据来验证模型假设中的因子结构是否合理，接着对另一组样本进行验证性因子分析（CFA），以进一步地检验和修正因子结构的理论模型。本研究也采用了这种交互验证的方法，使用结构方程模型软件 AMOS23.0 来进行验证性因子分析，以检验和修正量表的因子结构。

在使用 AMOS23.0 进行验证性因子分析阶段，本研究主要根据模型数据运行后得到的拟合指标、因子载荷以及修正系数（Modification Index，MI）等指标来判断因子结构是否合理，并对模型进行修正。首先，观察模型的拟合度指标，包括 CMIN/DF、RMSEA、GFI、NFI、RFI、IFI、CFI、AGFI、PNFI、PCFI、PGFI 等，其中，CMIN/DF 应小于 5，RMSEA 小于 0.08，GFI、NFI、

RFI、IFI、CFI、AGFI 等大于 0.90，PNFI、PCFI、PGFI 等大于 0.05。不过，也有学者指出，对于模型的优劣，应从拟合指标的整体来看，若有一两项指标无法满足要求也可以接受。若是指标非常不理想，则表示该模型还存在进一步优化的空间，此时应该对模型进行修正，通过修正系数对模型进行修正。

5.1.3 相关分析

相关性分析（Correlation Analysis）是指对两个或多个具备相关性的变量元素进行分析，从而衡量两个变量因素的相关密切程度。本研究使用相关分析主要是为了检测变量间是否存在依存关系，以及各自变量之间是否存在多重共线性。对于变量间相关性的评估一般由 Pearson 相关系数来判断，Pearson 相关系数由 Karl Pearson 提出，一般认为，如果相关系数 $r < 0.3$，表示变量之间是弱相关关系；如果 $r=0.3\sim0.5$，表示变量之间是中等相关关系；如果 $r > 0.5$，表示变量之间是强相关关系。

5.1.4 结构方程模型分析

结构方程模型分析（Structural Equation Modeling，SEM），简称 SEM，也被称作"协方差结构分析"（covariance structure analysis），"隐变量分析"（latent variable analysis），或以一种统计软件命名的"里司瑞模型"（LISREL Model），是一种结合路径分析（Path analysis），因子分析（Factor analysis）及隐变量理论的多变量、多方程的统计分析方法。换言之，路径分析、多元回归分析及因子分析可以理解成是结构方程分析的各种不同的特殊形式。相对其他的统计方法而言，结构方程模型分析是一种自 20 世纪 60 年代才开始出现的新兴的统计分析手段，更确切地讲，结构方程模型是一种正在发展中的分析手段。目前结构方程模型分析主要用于社会科学和心理学领域，但最近几年其在医学科研中的应用也在迅速增加。

（1）结构方程模型的组成

结构方程模型将传统的因子分析与路径分析技术整合在了一起，包含了测量模型（measurement model）和结构模型（structural model）两个基本模型。测量模型主要反映了观测变量和潜变量之间的关系，而结构模型反映的是潜变量之间的关系。

测量模型的表达公式如下：

$$\chi = \Lambda x \, \xi + \delta \tag{5-1}$$

$$y = \Lambda y \, \eta + \varepsilon \tag{5-2}$$

其中，χ 是外源指标组成的向量；y 是内生指标组成的变量；ξ 是外源潜变量组成的向量；η 是内生潜变量组成的向量；Λx 是外源指标与外源变量之间的关系，是外源指标在外源潜变量上的因子符合矩阵，Λy 是内生指标与内生变量之间的关系，是内生指标与内生变量之间的关系。

对于潜变量间，通常写成如下结构方程：

$$\eta = B \, \eta + \Gamma \, \xi + \zeta \tag{5-3}$$

其中，B 是内生潜变量间的关系；Γ 指的是外源潜变量对内生潜变量的影响；ζ 是结构方程的残差项，反映了在方程中未能被解释的部分。

在结构方程模型分析中，最常用的软件是 AMOS 和 LISER，本研究将采用 AMOS23.0 进行分析。

（2）样本数据要求

通常情况下，结构方程模型所采用的参数估计方法为最大似然法（Maximum Likelihood Estimates，MLE），不过最大似然法的使用对样本数据有着较高的要求。首先，样本数据应该服从正态分布，样本数据是否服从正态分布可以通过偏度和峰度两个指标来进行判断。一般来说，变量的偏度系数绝对值如果大于 3，样本数据分布可能不是正态的[1]；峰度系数绝对值如果大于 5，数据分布很可能不是正态的[2]。本研究以变量的偏度系数绝对值小于 3、峰度系数绝对值小于 5 为标准判断样本数据是否符合正态分布。

此外，结构方程模型适合大样本数据分析，对于样本数量有一定的要求，若样本数量不足，则结果的稳定性也会较差。一般来说，样本量应大于 200，并且能够达到模型中观测变量数目的 5 到 20 倍，才能达到较为稳定的参数

---

① 吴明隆 . SPSS 统计应用实务［M］. 北京：中国铁道出版社，2000.
② Hu, Li-tze, Bentler. Cutoff Criteria for Fit Indexes in Covariance Structure Analysis：Conventional Criteria Versus［J］. Structural Equation Modeling，1999，6（1）：1-55.

结果。

（3）模型拟合指标体系

在运用结构方程模型进行研究时，需要对样本数据与提出的理论模型的适配度进行评价。通常来讲，这一评价可以使用模型基本拟合指标（Preliminary Fit Criteria）和模型整体拟合指标（Overall Model Fit）来进行评价。

①模型基本拟合指标

对于模型的基本拟合指标，一般的要求是估计参数中不能有负的误差方差，并且能够达到显著水平，潜变量与其测量题项间的因子载荷应在0.5以上，同时不能有很大的标准误差。

②模型整体拟合指标

模型整体拟合指标主要分为三类：第一，绝对拟合度指标，主要包括 X2/df、GFI、AGFI、RMSEA 等指标。第二，简约拟合度指标，主要包括 PNFI、PGFI 等指标。第三，增值拟合度指标，主要包括 NFI、RFI、IFI、CFI 等指标。

可以看出，对于结构方程模型的评价指标非常多，所以在评价模型的适配度时，不需要报告所有的指标值，只需要报告一些重要指标即可，且不需要所有指标都完美地达到标准值。结合国内外学者常用的模型拟合指标，本研究选取了 X2/df、GFI、AGFI、RMSEA、CFI、NFI、NNFI 作为模型整体拟合程度的重要评价指标，其具体评价标准如表 5.1 所示。

表 5.1 模型整体拟合程度的评价标准

拟合指标	X2/df	GFI	AGFI	NFI	IFI	CFI	NNFI	RMSEA
评价标准	< 5	> 0.9	> 0.9	> 0.9	> 0.9	> 0.9	> 0.9	< 0.08

（4）模型的修正

同验证性因子分析一样，如果结构方程评价指标结果不够理想，也可以根据初始模型的参数的显著性（Critial Ratio）和 AMOS 提供的修正指数（Modification Index，MI）进行模型的修正。对模型进行修正主要通过观察修正系数，修正系数反映了没有在模型图上表示出来但实际上确实存在的路径关系，此时可以通过两种方法对模型进行修正。第一，可以根据修正指数增加变量之间的路径；第二，如果某一题项跟其他多个题项之间的修正系数均较高，则可以考虑删除该题项。每进行一次修正都需要重新进行一次模型整体拟合度分析，如此反复进行，直至提高模型整体拟合度到满意的程度。

5.2 大样本数据描述

5.2.1 人口统计学状况

首先对 701 份问卷调查得到的数据进行人口统计学分析，具体结果如表5.2 所示。

从人口统计学变量数据可以看出，在性别方面，男性占 40.7%，女性占59.3%；从年龄方面来看，19~25 岁为 45.5%，26~30 岁为 21.4%，31~40 岁为23%，18 岁以下，40 岁以上人数较少，共占 10.1%；在受教育程度方面，大专及以下的人数占 29.6%，本科及以上的人数占 70.4%；在个人平均月收入方面，46.9% 的人员平均月收入在 3000 元以下，3000~6000 元的占 35.9%，6000~10000 元的占 15%，10000 元以上的占 2.2%。从人口统计变量占比来看，本研究所抽取的大样本数据基本符合人工智能产品主流消费群体特征，即具有中等收入的年轻人群体及中年群体，其中，男性比例和女性比例均等，受教育水平处于中上水平。这说明的本研究的样本数据具有一定的代表性，符合研究的需求。

表 5.2 大样本人口统计学数据

基本特征	分类	样本数量	百分比 /%
性别	男	285	40.7
	女	416	59.3
年龄	18 岁及以下	12	1.7
	19~25 岁	319	45.5
	26~30 岁	150	21.4
	31~40 岁	161	23
	41 岁及以上	59	8.4

续表

基本特征	分类	样本数量	百分比 /%
教育程度	初中及以下	7	1
	高中 / 中专 / 技校	57	8.1
	大专	144	20.5
	本科	435	62.1
	硕士及以上	58	8.3
平均月收入	3000 元以下	329	46.9
	3000~6000 元	252	35.9
	6000~10000 元	105	15
	10000 元以上	15	2.2

5.2.2 大样本数据正态性及平均分检验

在使用结构方程模型进行数据分析之前，要先确认数据的准确性，即数据的最小值是否超出 1，最大值是否超出 7。之后判断数据是否符合正态分布，标准为峰度绝对值小于 5，偏度绝对值小于 3。本研究大样本调研数据的描述性统计量如表 5.3 所示。从表 5.3 可知，各测量题项的最小值不小于 1，最大值不超过 7，没有发现数据出错。所有测量题项的偏度和峰度的绝对值符合要求，表明大样本调研数据符合正态分布，可以在此基础上进行后续的科学统计分析。

计算出问卷题项的平均分也可以衡量题项品质。本调查问卷采用的是李克特 7 分量表，中介效应值为 4，因此题项的平均分越靠近 4 越理想，而题项的平均分越靠近极端值（1 或 7），则该题项就无法测量某些平均的构建值。本研究 701 份大样本有效问卷中，各题项测算得到的平均分如表 5.3 所示。从表 5.3 可知，各题项的平均分均在 3.31 到 4.79 之间，中间值 4 是包含在内的，说明本调查问卷编制的各题项品质较好。

从表 5.3 可知，人工智能产品智能性的 4 个维度，包括主动性、学习性、关联性和情境感知性在内，其各题项平均得分都超过了 4，这说明在消费者心中，人工智能产品的智能性特点是突出的，同时，感知扩展型体验和感知受限型体验的得分也超过了 4，这说明大部分消费者都感受到了这两种体验类型。但是，自主性冲突得分相对来讲较低，也符合了本研究对个体尝新能力调节自主性冲突和感知受限型体验的假设。

表 5.3 大样本测量题项的描述性统计分析（N=701）

变量	题项	极小值	极大值	均值	标准差	偏度		峰度	
						统计量	标准误	统计量	标准误
主动性	AU1	1	7	4.41	1.522	−0.337	0.092	−0.532	0.184
	AU2	1	7	4.5	1.428	−0.182	0.092	−0.492	0.184
	AU3	1	7	4.64	1.558	−0.444	0.092	−0.404	0.184
学习性	AL1	1	7	4.78	1.462	−0.265	0.092	−0.59	0.184
	AL2	1	7	4.48	1.527	−0.092	0.092	−0.987	0.184
	AL3	1	7	4.52	1.51	−0.331	0.092	−0.886	0.184
	AL4	1	7	4.6	1.635	−0.272	0.092	−0.903	0.184
	AL5	1	7	4.65	1.58	−0.375	0.092	−0.795	0.184
关联性	AC1	1	7	4.6	1.4	−0.107	0.092	−0.662	0.184
	AC2	1	7	4.58	1.36	0.078	0.092	−0.536	0.184
	AC3	1	7	4.73	1.433	−0.392	0.092	−0.567	0.184
	AC4	1	7	4.59	1.397	−0.057	0.092	−0.402	0.184
情境感知性	CA1	1	7	4.51	1.436	−0.213	0.092	−0.592	0.184
	CA2	1	7	4.65	1.506	−0.182	0.092	−0.898	0.184
	CA3	1	7	4.67	1.389	−0.358	0.092	−0.548	0.184
	CA4	1	7	4.71	1.503	−0.523	0.092	−0.329	0.184
感知扩展	SE1	1	7	4.69	1.612	−0.39	0.092	−0.579	0.184
	SE2	1	7	4.79	1.515	−0.484	0.092	−0.434	0.184
	SE3	1	7	4.66	1.482	−0.267	0.092	−0.428	0.184
	SE4	1	7	4.48	1.394	−0.095	0.092	−0.519	0.184

续表

变量	题项	极小值	极大值	均值	标准差	偏度		峰度	
						统计量	标准误	统计量	标准误
感知受限	SR1	1	7	4.33	1.953	−0.372	0.092	−1.219	0.184
	SR2	1	7	4.35	1.874	−0.271	0.092	−1.185	0.184
	SR3	1	7	4.36	1.84	−0.346	0.092	−1.079	0.184
	SR4	1	7	4.4	1.796	−0.324	0.092	−1.063	0.184
	SR5	1	7	4.5	2.02	−0.233	0.092	−1.346	0.184
	SR6	1	7	4.3	1.921	−0.084	0.092	−1.259	0.184
	SR7	1	7	4.06	1.712	0.151	0.092	−0.88	0.184
自主性冲突	AT1	1	7	4.04	1.775	0.069	0.092	−0.945	0.184
	AT2	1	7	4.12	1.775	−0.024	0.092	−1.229	0.184
	AT3	1	7	4.19	1.82	−0.075	0.092	−1.205	0.184
	AT4	1	7	3.93	1.857	−0.081	0.092	−1.386	0.184
个体尝新能力	PI1	1	7	3.31	1.802	0.612	0.092	−0.685	0.184
	PI2	1	7	3.51	1.67	0.694	0.092	−0.573	0.184
	PI3	1	7	3.8	1.789	0.296	0.092	−0.817	0.184

5.2.3 人口统计特征对变量的差异分析

人工智能产品智能性、自主性冲突、感知受限型体验、感知扩展型体验以及个体尝新能力都是抽象的概念，人工智能产品用户的性别、年龄、收入、教育水平等属性的不同，对它们会产生不同的作用。本研究分析了人工智能产品用户属性特征对人工智能产品智能性、自主性冲突、感知受限型体验、感知扩展型体验以及个体尝新能力的影响差异，用户属性特征包括人工智能产品用户的性别、年龄、收入、教育水平等。最后的分析结果如下所示。

（1）用户性别差异

实证研究发现，在对人工智能产品智能性感知方面，性别对用户智能性中的主动性、关联性和情境感知性的感知没有显著影响，不过对于人工智能产品学习性的感知，性别这一因素产生了显著影响，女性用户比男性用户感知到了更高程度的人工智能产品学习性。在人工智能产品消费者体验方面，用户性别对感知扩展型体验影响并不显著，但是对于感知受限型体验，男性用户比女性用户感受到了更加强烈的感知受限型体验。在对个体尝新能力的得分方面，不同性别的用户之间在个体尝新能力上的得分产生了显著差异，男性用户在该量表上的得分显著高于女性用户。对自主性冲突的感知方面，用户的性别对自主性冲突的感知没有显著影响。

（2）用户年龄差异

在对人工智能产品智能性感知方面，年龄对用户人工智能产品智能性的感知产生了显著影响，主动性、关联性在不同年龄组别之间的得分呈现显著差距，而学习性和情境感知性在不同年龄组别之间的得分没有呈现显著差距。同时，用户年龄对感知扩展型体验产生了显著影响，对感知受限型体验没有产生影响。年纪越大的人工智能产品用户在使用产品的过程中体验到的感知扩展越强烈。用户的年龄对自主性冲突的感知和个体尝新能力不存在显著影响。

（3）用户受教育程度差异

在对人工智能产品智能性感知方面，受教育程度对用户人工智能产品智能性的感知产生了显著影响，主动性在不同受教育程度组别之间的得分呈现显著差距，而学习性、关联性和情境感知性并没有表现出显著差距。同时，用户受教育程度对感知扩展型以及感知受限型体验都产生了显著影响，用户的受教育程度对自主性冲突的感知也存在显著影响，从总体趋势来看，受教育程度越低的用户越容易和人工智能产品产生自主性冲突。用户的受教育程度对个体尝新能力的得分也存在显著影响。

（4）用户平均月收入差异

在对人工智能产品智能性感知方面，平均月收入对用户人工智能产品主动性的感知产生了显著影响，主动性在不同平均月收入水平组别之间的得分呈现显著差距，而在学习性、关联性、情境感知性上没有表现出显著差距。用户的平均月收入也对用户人工智能产品感知扩展型体验产生了显著影响，平均月收入越高，感受到的感知扩展型体验越强烈。用户的平均月收入对自主性冲突产生了显著影响。同时，用户的平均月收入还对个体尝新能力产生了显著影响。

5.3 大样本信度效度分析结果

对于得到的大样本数据，依然需要对量表进行信度和效度检验。本研究使用 SPSS20.0 对正式问卷进行信度和探索性因子分析，并使用 AMOS23.0 进行验证性因子分析，具体分析过程和结果如下所示。

5.3.1 探索性因子分析和信度检验

（1）人工智能产品智能性的探索性因子分析和信度检验

在小样本数据分析中，本研究初步建立了 8 个变量、34 个题项组成的量表。在大样本数据分析中，将首先对人工智能产品智能性、自主性冲突、感知扩展型体验、感知受限型体验和个体尝新能力进行因子分析，采用主成分分析方法抽取因子，并采用正交方差极大法进行因子旋转，因子提取准则根据 Kaiser 规则，即挑选特征值大于 1 的因素，根据 KMO 检验值和 Bartlett 球形检验值判断各量表是否适合进行因子分析，一般来说，采取因子分析的前提条件是 KMO 值必须至少大于 0.5，要求应大于 0.6；而内部一致性系数 Cronbach's α 应大于 0.7。

本研究使用 SPSS22.0 对样本 1 的 350 份样本所测量的变量进行探索性因子分析，采用主成分分析法和最大方差旋转法进行实证检验，按照特征值（Eigenvalue）大于 1 的方式提取因子。题项的因子负荷以大于 0.5 为标准，因子负荷在 0.5 以上表明收敛效度较好，予以接受，因子负荷在 0.5 以下的则剔除。

①人工智能产品智能性的探索性因子分析和信度检验

首先对人工智能产品智能性的有效样本进行 KMO 和 Bartlett 球形检验，结果如表 5.4 所示。

表 5.4 人工智能产品智能性的 KMO 和 Bartlett 球形检验

取样足够度的 Kaiser–Meyer–Olkin 度量		0.891
Bartlett 的球形度检验	近似卡方	7608.986
	df	120
	Sig.	0.000

通过对人工智能产品智能性的 KMO 和 Bartlett 球形检验，得出 KMO 值为 0.891，大于 0.8；Barlett 球形检验卡方值为 7608.986；显著性水平为 0.000，小于 0.05。统计检验显著，这说明非常适合进行因子分析。

然后，对人工智能产品智能性有效样本进行探索性因子分析，因子萃取标准遵循Kaiser标准，即选取特征值大于1的因素，刚好可以得到4个公因子，这与前文定性研究与理论分析所得出的人工智能产品智能性由 4 个维度构成吻合。且所有测量题项的因子负荷均高于 0.5，总体方差的解释力达到 74.776%。因此，本研究所使用的包含 16 个测量题项的人工智能产品智能性量表是合理的。具体分析如表 5.5 所示。

表 5.5 人工智能产品智能性的探索性因子分析结果

人工智能产品智能性	测量题项	因子 1	因子 2	因子 3	因子 4
主动性 AU	AU1	0.602	0.291	0.276	0.394
	AU2	0.764	0.240	0.300	0.248
	AU3	0.823	0.129	0.237	0.285
学习性 AL	AL1	0.276	0.801	0.123	0.119
	AL2	0.136	0.722	0.231	0.233
	AL3	0.246	0.746	0.242	0.218
	AL4	0.172	0.843	0.174	0.153
	AL5	0.153	0.850	0.173	0.214

续表

人工智能产品智能性	测量题项	因子 1	因子 2	因子 3	因子 4
关联性 AC	AC1	0.289	0.172	0.629	0.280
	AC2	0.220	0.192	0.762	0.129
	AC3	0.192	0.329	0.717	0.116
	AC4	0.287	0.267	0.692	0.245
情境感知性 CA	CA1	0.366	0.228	0.123	0.663
	CA2	0.030	0.194	0.094	0.803
	CA3	0.303	0.181	0.212	0.644
	CA4	0.279	0.070	0.144	0.782
KMO=0.891　　Barlett 的球形度检验近似卡方 =7608.986　　df=120　　Sig.=0.000					

继续使用 SPSS22.0 软件对人工智能产品智能性的 4 个维度的题项进行信度检验，检验结果如表 5.6 所示。由表 5.6 可知，人工智能产品智能性的 4 个维度分量表的 Cronbach's α 系数分别为 0.893、0.931、0.862、0.820，均在 0.8 以上，说明对人工智能产品智能性 4 个维度的测量具有良好的信度。

表 5.6　人工智能产品智能性的信度分析

人工智能产品智能性	测量题项	题项—总体相关系数	删除该题项后的 Cronbach's α 值	Cronbach's α 值
主动性 AU	AU1	0.811	0.829	0.893
	AU2	0.792	0.848	
	AU3	0.770	0.866	
学习性 AL	AL1	0.776	0.922	0.931
	AL2	0.799	0.918	
	AL3	0.835	0.911	
	AL4	0.830	0.912	
	AL5	0.845	0.909	

续表

人工智能产品智能性	测量题项	题项—总体相关系数	删除该题项后的Cronbach's α 值	Cronbach's α 值
关联性AC	AC1	0.722	0.819	0.862
关联性AC	AC2	0.694	0.830	0.862
关联性AC	AC3	0.674	0.839	0.862
关联性AC	AC4	0.748	0.808	0.862
情境感知性CA	CA1	0.665	0.763	0.820
情境感知性CA	CA2	0.621	0.783	0.820
情境感知性CA	CA3	0.602	0.791	0.820
情境感知性CA	CA4	0.681	0.754	0.820

②人工智能产品消费者体验的探索性因子分析和信度检验

首先对人工智能产品消费者体验的有效样本进行 KMO 和 Bartlett 球形检验，结果如表 5.7 所示。

表 5.7　人工智能产品消费者体验的 KMO 和 Bartlett 球形检验

取样足够度的 Kaiser–Meyer–Olkin 度量		0.906
Bartlett 的球形度检验	近似卡方	5857.05
Bartlett 的球形度检验	df	55
Bartlett 的球形度检验	Sig.	0.000

通过对人工智能产品消费者体验的 KMO 和 Bartlett 球形检验，得出 KMO 值为 0.906，大于 0.8；Barlett 球形检验卡方值为 5857.05；显著性水平为 0.000，小于 0.05。统计检验显著，这说明非常适合进行因子分析。

然后，对人工智能产品消费者体验有效样本进行探索性因子分析，因子萃取标准遵循 Kaiser 标准，即选取特征值大于 1 的因素，刚好可以得到 2 个公因子，这与前文定性研究与理论分析所得出的人工智能产品消费者体验由两种类型构成吻合。且所有测量题项的因子负荷均高于 0.5，总体方差的解释力达到 70.298%。因此，本研究 11 个人工智能产品消费者体验的正式量表题项是合理的，具体分析如表 5.8 所示。

表 5.8　人工智能产品消费者体验的探索性因子分析结果

人工智能产品消费者体验	测量题项	因子 1	因子 2
感知扩展 SE	SE1	0.714	0.171
	SE2	0.720	0.179
	SE3	0.695	0.012
	SE4	0.758	0.053
感知受限 SR	SR1	0.128	0.878
	SR2	0.123	0.922
	SR3	0.084	0.893
	SR4	0.133	0.878
	SR5	0.136	0.898
	SR6	0.141	0.892
	SR7	0.096	0.830
KMO=0.906　Barlett 的球形度检验近似卡方 =5857.05　df=55　Sig.=0.000			

继续使用 SPSS22.0 软件对人工智能产品消费者体验的两种类型的题项进行信度检验，检验结果如表 5.9 所示。由表 5.9 可知，人工智能产品消费者体验的两种类型分量表的 Cronbach's α 系数分别为 0.705、0.957，均在 0.7 以上，说明对人工智能产品消费者体验 2 种类型的测量具有良好的信度。

表 5.9　人工智能产品消费者体验的信度分析

人工智能产品消费者体验	测量题项	题项—总体相关系数	删除该题项后的 Cronbach's α 值	Cronbach's α 值
感知扩展 SE	SE1	0.503	0.635	0.705
	SE2	0.510	0.630	
	SE3	0.438	0.674	
	SE4	0.516	0.629	

续表

人工智能产品消费者体验	测量题项	题项—总体相关系数	删除该题项后的 Cronbach's α 值	Cronbach's α 值
感知受限 SR	SR1	0.846	0.951	0.957
	SR2	0.901	0.947	
	SR3	0.859	0.950	
	SR4	0.848	0.951	
	SR5	0.871	0.949	
	SR6	0.861	0.950	
	SR7	0.780	0.956	

③自主性冲突的探索性因子分析和信度检验

首先对自主性冲突的有效样本进行 KMO 和 Bartlett 球形检验，结果如表 5.10 所示。

表 5.10 自主性冲突的 KMO 和 Bartlett 球形检验

取样足够度的 Kaiser–Meyer–Olkin 度量		0.831
Bartlett 的球形度检验	近似卡方	1612.971
	df	6
	Sig.	0.000

通过对自主性冲突的 KMO 和 Bartlett 球形检验，得出 KMO 值为 0.831，大于 0.8；Barlett 球形检验卡方值为 1612.971；显著性水平为 0.000，小于 0.05，统计检验显著，这说明非常适合进行因子分析。

然后，对自主性冲突有效样本进行探索性因子分析，因子萃取标准遵循 Kaiser 标准，即选取特征值大于 1 的因素，可以提取出 1 个因子，所有测量题项的因子负荷均高于 0.5，总体方差的解释力达到 75.197%。因此，将 4 个题项全部保留，作为自主性冲突的正式量表题项。具体分析如表 5.11 所示。

表 5.11　自主性冲突的探索性因子分析结果

变量	测量题项	因子负荷
自主性冲突 AT	AT1	0.835
	AT2	0.880
	AT3	0.909
	AT4	0.843
KMO=0.831　Barlett 的球形度检验近似卡方 =1612.971　df=6　Sig.=0.000		

继续使用 SPSS22.0 软件对自主性冲突的题项进行信度检验，检验结果如表 5.12 所示。由表 5.12 可知，自主性冲突量表的 Cronbach's α 系数为 0.889，在 0.8 以上，说明对自主性冲突的测量具有良好的信度。

表 5.12　自主性冲突的信度分析

变量	测量题项	题项—总体相关系数	删除该题项后的 Cronbach's α 值	Cronbach's α 值
自主性冲突 AT	AT1	0.710	0.875	0.889
	AT2	0.776	0.851	
	AT3	0.825	0.832	
	AT4	0.721	0.872	

④个体尝新能力的探索性因子分析和信度检验

首先对个体尝新能力的有效样本进行 KMO 和 Bartlett 球形检验，结果如表 5.13 所示。

表 5.13　个体尝新能力的 KMO 和 Bartlett 球形检验

取样足够度的 Kaiser–Meyer–Olkin 度量		0.723
Bartlett 的球形度检验	近似卡方	1251.972
	df	3
	Sig.	0.000

通过对个体尝新能力的 KMO 和 Bartlett 球形检验，得出 KMO 值为 0.723，大于 0.7；Barlett 球形检验卡方值为 1251.972；显著性水平为 0.000，小于 0.05。统计检验显著，这说明是可以进行因子分析的。

然后，对个体尝新能力有效样本进行探索性因子分析，因子萃取标准遵循 Kaiser 标准，即选取特征值大于 1 的因素，可以提取出 1 个因子，所有测量题项的因子负荷均高于 0.5，总体方差的解释力达到 81.912%。因此，将 3 个题项全部保留，作为个体尝新能力的正式量表题项。具体分析如表 5.14 所示。

表 5.14　个体尝新能力的探索性因子分析结果

变量	测量题项	因子负荷
个体尝新能力 PI	PI1	0.903
	PI2	0.933
	PI3	0.879
KMO=0.723　Barlett 的球形度检验近似卡方 =1251.972　df=3　Sig.=0.000		

继续使用 SPSS22.0 软件对个体尝新能力的题项进行信度检验，检验结果如表 5.15 所示。由表 5.15 可知，个体尝新能力量表的 Cronbach's α 系数为 0.888，在 0.8 以上，说明对个体尝新能力的测量具有良好的信度。

表 5.15　个体尝新能力的信度分析

变量	测量题项	题项—总体相关系数	删除该题项后的 Cronbach's α 值	Cronbach's α 值
个体尝新能力 PI	PI1	0.775	0.847	0.888
	PI2	0.838	0.794	
	PI3	0.735	0.881	

5.3.2　验证性因子分析

（1）人工智能产品智能性验证性因子分析
①人工智能产品智能性的一阶验证性因子分析
本研究采用 AMOS23.0 软件，对人工智能产品智能性进行验证性因子分析，

检验人工智能产品智能性量表的主动性、学习性、关联性、情境感知性的因素结构模型是否与实际收集数据匹配。所有数据来自样本 2 的 351 份有效数据。

本研究所采用的结构方程模型的拟合指数主要包含以下几种：卡方自由度比 χ^2/df、根均方差 RMSEA、拟合优度 GFI、校正拟合优度 AGFI、标准拟合指数 NFI、比较拟合指数 CFI、增值适配指数 IFI、简约拟合指数 PGFI，其判断标准可以参见表 5.16。人工智能产品智能性的一阶验证性因子分析模型的拟合结果如表 5.16、表 5.17 和图 5.1 所示。

表 5.16　人工智能产品智能性模型的拟合指数

拟合指标	χ^2/df	RMSEA	GFI	AGFI	NFI	CFI	IFI	PGFI
评价标准	< 5	< 0.08	> 0.9	> 0.9	> 0.9	> 0.9	> 0.9	> 0.5
原始模型	5.293	0.081	0.897	0.857	0.920	0.931	0.932	0.646
修正模型	4.763	0.079	0.908	0.871	0.927	0.939	0.939	0.648

表 5.17　人工智能产品智能性测量的一阶验证性因子分析

路径	标准化路径系数	标准误	临界比值	p
AU3 ← AU	0.826			
AU2 ← AU	0.866	0.036	26.807	***
AU1 ← AU	0.885	0.038	27.636	***
AL5 ← AL	0.878			
AL4 ← AL	0.865	0.033	31.654	***
AL3 ← AL	0.868	0.030	31.504	***
AL2 ← AL	0.839	0.031	30.219	***
AL1 ← AL	0.816	0.031	27.869	***
AC4 ← AC	0.832			
AC3 ← AC	0.756	0.043	21.693	***
AC2 ← AC	0.764	0.041	21.901	***
AC1 ← AC	0.786	0.041	22.983	***

续表

路径	标准化路径系数	标准误	临界比值	p
CA4 ← CA	0.771			
CA3 ← CA	0.709	0.049	17.468	***
CA2 ← CA	0.686	0.051	17.328	***
CA1 ← CA	0.755	0.050	18.799	***

***. 显著性水平小于 0.001

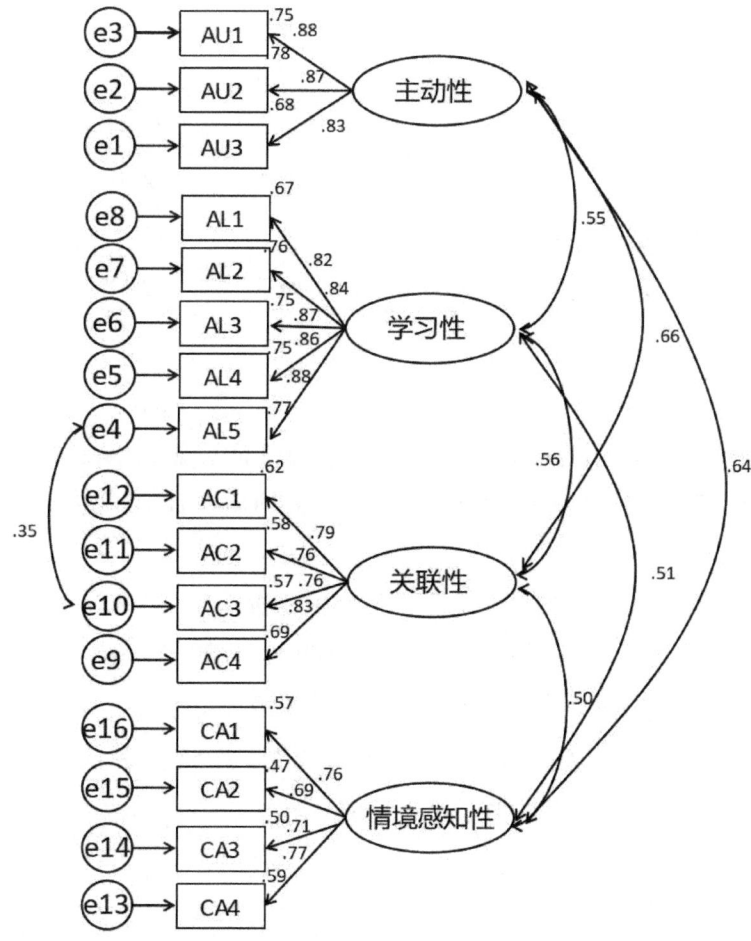

图 5.1 人工智能产品智能性一阶验证性因子测量模型

从表 5.16 和 5.17 结果可知，在经过修正后的人工智能产品智能性模型的适配性指标中，$\chi^2/df=4.763 < 5$，RMSEA=0.079 < 0.08，GFI、NFI、CFI 及 IFI 均大于 0.9，PGFI > 0.5，AGFI 尽管没有达到大于 0.9 的标准，但也十分接近，这说明数据和模型的适配性比较理想。而且，各路径系数的显著性 p 值都小于 0.001。验证结果表明，人工智能产品智能性四个维度的测量是有效的。人工智能产品智能性潜在变量之间的协方差估计值如表 5.18 所示。

表 5.18　人工智能产品智能性潜在变量之间的协方差估计值

	协方差估计值	标准误	临界比值	p
主动性←→学习性	0.967	0.086	11.223	***
关联性←→学习性	0.887	0.080	11.057	***
关联性←→情境感知性	0.675	0.070	9.649	***
主动性←→关联性	0.988	0.081	12.207	***
主动性←→情境感知性	0.959	0.084	11.352	***
情境感知性←→学习性	0.813	0.079	10.239	***

*** 显著性水平小于 0.001

从表 5.18 发现，人工智能产品智能性 4 个潜在变量的协方差估计值显著异于 0，说明人工智能产品智能性 4 个潜在变量之间有显著相关性。因此，这 4 个初阶因子可以归于另一个更高阶因子，因此使用二阶验证性因子分析进行验证。

②人工智能产品智能性的二阶验证性因子分析

根据前文分析，以主动性、学习性、关联性、情境感知性 4 个一阶因子为内因潜在变量，以人工智能产品智能性为外因潜在变量的高阶因子，构建人工智能产品智能性二阶因子结构方程模式，使用 AMOS23.0 软件进行验证，结果如表 5.19、图 5.2 和表 5.20 所示。

表 5.19 人工智能产品智能性测量的二阶验证性因子分析

路径	标准化路径系数	标准误	临界比值	p
主动性←人工智能产品智能性	0.854			

续表

路径	标准化路径系数	标准误	临界比值	p
关联性←人工智能产品智能性	0.681	0.063	13.574	***
学习性←人工智能产品智能性	0.766	0.056	14.609	***
情境感知性←人工智能产品智能性	0.726	0.055	13.878	***
AU3 ← AU	0.823			
AU2 ← AU	0.865	0.036	26.697	***
AU1 ← AU	0.888	0.038	27.625	***
AL5 ← AL	0.877			
AL4 ← AL	0.865	0.033	31.603	***
AL3 ← AL	0.868	0.031	31.426	***
AL2 ← AL	0.837	0.031	30.102	***
AL1 ← AL	0.817	0.031	27.896	***
AC4 ← AC	0.830			
AC3 ← AC	0.753	0.043	21.588	***
AC2 ← AC	0.764	0.041	21.872	***
AC1 ← AC	0.790	0.041	23.080	***
CA4 ← CA	0.771			
CA3 ← CA	0.710	0.049	17.458	***
CA2 ← CA	0.685	0.051	17.336	***
CA1 ← CA	0.755	0.050	18.813	***

***. 显著性水平小于 0.001

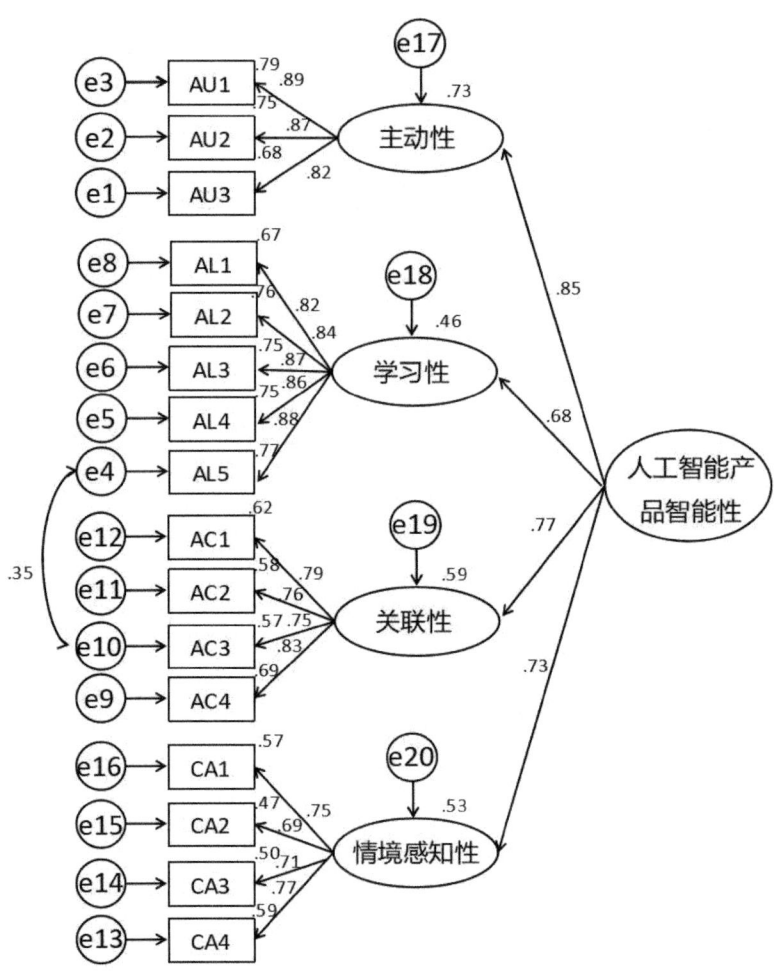

图 5.2　人工智能产品智能性二阶验证性因子测量模型

表 5.20　工智能产品智能性二阶模型的拟合指数

拟合指标	χ^2/df	RMSEA	GFI	AGFI	NFI	CFI	IFI	PGFI
评价标准	< 5	< 0.08	> 0.9	> 0.9	> 0.9	> 0.9	> 0.9	> 0.5
原始模型	5.31	0.082	0.895	0.858	0.918	0.930	0.930	0.658
修正模型	2.581	0.077	0.907	0.872	0.925	0.937	0.937	0.660

由表 5.19 和图 5.2 可知，一阶内因潜在变量对二阶外因潜在变量的标准

化路径系数范围为 0.681 到 0.854，全部介于 0.5 到 0.95 的范围内，说明模型
的基本适配指标非常好。在模型的整体适配度检验方面，$\chi^2/df=2.581 < 5$，
RMSEA=0.077 < 0.08，GFI、NFI、CFI 及 IFI 均大于 0.9，PGFI > 0.5，尽管
AGFI 未能达到大于 0.9 的标准，但也十分接近，这说明数据和模型的适配性
比较理想。而且，各测量指标在潜在变量上的标准载荷都在 0.70 以上，各路
径系数的显著性 p 值都小于 0.001。

因此，人工智能产品智能性二阶验证性因子分析模型所有的路径系数均
得到了检验，表明人工智能产品智能性二阶因子与一阶因子间存在明显的相关
性，人工智能产品智能性是在 4 个一阶因子相关影响下形成，证明人工智能产
品智能性确实可以由本研究的 4 个维度构成。

（2）人工智能产品消费者体验的验证性因子分析

①感知扩展型体验的验证性因子分析

人工智能产品消费者体验由两种类型构成，其中感知扩展型体验由 4 个
题项构成，感知受限型体验由 7 个题项构成，本研究首先使用 AMOS23.0 对人
工智能产品感知扩展型体验的测量模型进行验证性因子分析，具体结果见表
5.21 和图 5.3，拟合检验结果见表 5.22。

表 5.21　人工智能产品感知扩展型体验的验证性因子分析

路径	标准化路径系数	标准误	临界比值	p
SE4 ← SE	0.643			
SE3 ← SE	0.535	0.086	10.230	***
SE2 ← SE	0.646	0.097	11.313	***
SE1 ← SE	0.630	0.101	11.214	***

***. 显著性水平小于 0.001

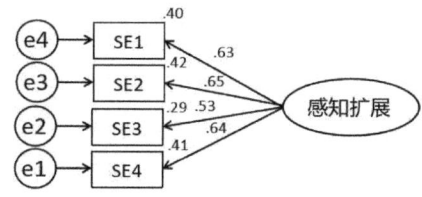

图 5.3　人工智能产品感知扩展型体验验证性因子测量模型

表 5.22 人工智能产品感知扩展型体验模型的拟合指数

拟合指标	χ^2/df	RMSEA	GFI	AGFI	NFI	CFI	IFI	PGFI
评价标准	< 5	< 0.08	> 0.9	> 0.9	> 0.9	> 0.9	> 0.9	> 0.5
模型	2.923	0.052	0.996	0.979	0.988	0.992	0.992	0.199

由表 5.21 和表 5.22 可以发现，人工智能产品感知扩展型体验模型验证性因子分析拟合结果适配性指标来看，$\chi^2/df=2.923 < 5$，RMSEA=$0.052 < 0.08$，GFI、AGFI、NFI、CFI 及 IFI 均大于 0.9，PGFI < 0.5，这说明数据和模型的适配性比较理想，PGFI 的值过小可能是因为样本量较大而本因子题项较少造成的。各路径系数的显著性 p 值都小于 0.001，可见此测量模型的拟合指标均反映了较好的拟合度。

②感知受限型体验验证性因子分析

继续使用 AMOS23.0 对感知受限型体验进行验证性因子分析，具体结果见表 5.23 和图 5.4，拟合检验结果见表 5.24。

表 5.23 人工智能产品感知受限型体验的验证性因子分析

路径	标准化路径系数	标准误	临界比值	p
SR6 ← SR	0.891	0.034	34.173	***
SR5 ← SR	0.862	0.033	31.875	***
SR4 ← SR	0.875			
SR3 ← SR	0.889	0.031	33.948	***
SR2 ← SR	0.919	0.030	36.550	***
SR1 ← SR	0.883	0.033	33.443	***

***. 显著性水平小于 0.001

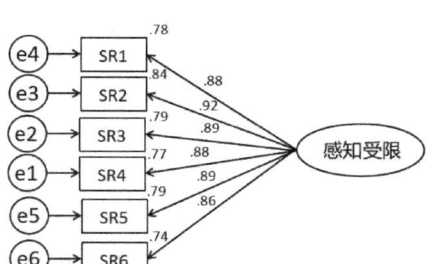

图 5.4　人工智能产品感知受限型体验验证性因子测量模型

表 5.24　人工智能产品感知受限型体验模型的拟合指数

拟合指标	χ^2/df	RMSEA	GFI	AGFI	NFI	CFI	IFI	PGFI
评价标准	< 5	< 0.08	> 0.9	> 0.9	> 0.9	> 0.9	> 0.9	> 0.5
原始模型	15.331	0.143	0.916	0.831	0.959	0.961	0.961	0.458
修正模型	6.792	0.091	0.971	0.933	0.986	0.988	0.988	0.416

由表 5.23 和表 5.24 可以发现，人工智能产品感知受限型体验模型经过一次修正后的验证性因子分析拟合结果适配性指标来看，$\chi^2/df=6.792 > 5$，RMSEA=0.091 > 0.08，GFI、AGFI、NFI、CFI 及 IFI 均大于 0.9，PGFI < 0.5，这说明数据和模型的适配性比较理想，PGFI 的值过小而 χ^2/df 和 RMSEA 稍大可能是因为样本量较大而本因子题项较少造成的。各路径系数的显著性 p 值都小于 0.001，可见此测量模型的拟合指标均反映了较好的拟合度。

（3）自主性冲突的验证性因子分析

自主性冲突由 4 个测量题项，由一个维度构成。为更科学、全面、准确地测量自主性冲突的测评模型，本研究采用验证性因子分析自主性冲突测量模型，结果如表 5.25、图 5.5 和表 5.26 所示。

表 5.25　自主性冲突的验证性因子分析

路径	标准化路径系数	标准误	临界比值	p
AT4 ← AT	0.781			
AT3 ← AT	0.901	0.045	25.266	***
AT2 ← AT	0.831	0.043	23.406	***

续表

路径	标准化路径系数	标准误	临界比值	p
AT1 ← AT	0.761	0.044	21.094	***

***. 显著性水平小于 0.001

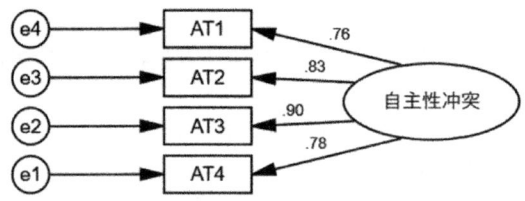

图 5.5　自主性冲突验证性因子测量模型

表 5.26　自主性冲突模型的拟合指数

拟合指标	χ^2/df	RMSEA	GFI	AGFI	NFI	CFI	IFI	PGFI
评价标准	< 5	< 0.08	> 0.9	> 0.9	> 0.9	> 0.9	> 0.9	> 0.5
模型	4.253	0.068	0.994	0.970	0.995	0.996	0.996	0.199

由表 5.25 和表 5.26 可以发现，自主性冲突测量模型的适配性指标中，χ^2/df=4.253 < 5，RMSEA=0.068 < 0.08，GFI、AGFI、NFI、CFI、IFI 均大于 0.9，而 PGFI=0.199 < 0.5，可见，此测量模型可能因为样本较大且题项较少，PGFI 结果不够理想，但其他的拟合指标均反映了非常好的拟合度，这表明将自主性冲突划分为一个维度是有效的。

（4）个体尝新能力的验证性因子分析

个体尝新能力由 3 个测量题项，一个维度构成。为更科学、全面、准确地测量个体尝新能力的测评模型，本研究采用验证性因子分析个体尝新能力测量模型，结果如表 5.27、图 5.6 和表 5.28 所示。

表 5.27　个体尝新能力的验证性因子分析

路径	标准化路径系数	标准误	临界比值	p
PI3 ← PI	0.783			

续表

路径	标准化路径系数	标准误	临界比值	p
PI2 ← PI	0.940	0.044	25.455	***
PI1 ← PI	0.841	0.044	24.306	***

***. 显著性水平小于 0.001

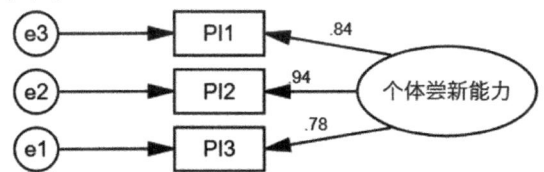

图 5.6　个体尝新能力验证性因子测量模型

表 5.28　个体尝新能力模型的拟合指数

拟合指标	χ^2/df	RMSEA	GFI	AGFI	NFI	CFI	IFI	PGFI
评价标准	< 5	< 0.08	> 0.9	> 0.9	> 0.9	> 0.9	> 0.9	> 0.5
模型	–	0.772	1.000	–	1.000	1.000	1.000	–

　　由表 5.28 可以发现，个体尝新能力的适配性指标中，χ^2/df、AGFI 和 PGFI 的值均为空值，RMSEA=0.772 > 0.08；GFI、NFI、CFI 和 IFI 均为 1，出现这种结果的原因可能是样本较大且题项较少，总的来说此拟合指标反映了非常好的拟合度，这表明将个体尝新能力划分为一个维度是有效的。

5.4　假设检验

　　此节根据前文研究目的、研究架构和研究假设，对正式调研取得的 701 份有效样本数据进行量化分析，对本研究提出的相关假设进行实证检验，并对各种统计分析结果加以解释和讨论。

5.4.1　相关分析

　　本研究首先运用 Pearson 积差相关分析，了解本研究中各个变量之间的相关性。一方面，相关分析可以诊断各个变量之间是否存在多重共线性问题，进而为后续的回归分析奠定基础；另一方面为进一步分析各变量之间的因果关系提供预测作用。

将各潜变量的观察题项做均值处理后，对各个变量进行相关性分析，表5.29是各变量之间的相关关系分析的具体结果。

表 5.29　各关键变量的相关关系分析（n=701）

	1	2	3	4	5	6	7	8
主动性	1							
学习性	0.494**	1						
关联性	0.585**	0.510**	1					
情境感知性	0.556**	0.451**	0.430**	1				
感知扩展	0.551**	0.509**	0.505**	0.535**	1			
感知受限	0.362**	0.390**	0.053	0.381**	0.277**	1		
自主性冲突	0.265**	0.343**	0.039	0.323**	0.229**	0.839**	1	
个体尝新能力	–0.102**	–0.033	0.238**	–0.047	0.018	–0.679**	–0.567**	1

注：** 表示相关系数达到 0.01 的显著水平（2-tailed），* 表示相关系数达到 0.05 的显著水平（2-tailed）

结果显示，主动性、学习性、关联性、情境感知性等前因变量之间的相关系数 r=0.430~0.585，都处在中等相关程度，根据朱钰等（2020）[1] 的观点，相关性分析是对多重共线性问题的一种检验方法，当自变量之间的相关系数接近于 1 时，各变量间可能会存在多重共线性问题，而本研究的自变量间的相关系数都处在中等相关程度，因此各变量之间没有多重共线性问题。感知扩展型体验和感知受限型体验之间的相关系数 r=0.277，也存在相关关系。

① 朱钰，郑屹然，尹默．统计学意义下的多重共线性检验方法［J］．统计与决策，2020，36（7）：36-38.

从前因变量与结果变量的相关关系来看，主动性、学习性、关联性、情境感知性与感知扩展型体验的相关系数 r=0.505~0.551，都在中等相关程度以上，且都达到了显著水平。对于感知受限型体验，主动性、学习性、情境感知性与感知受限型体验的相关系数 r=0.277~0.390，处在中等相关程度以上，且都达到了显著水平，而关联性与感知受限型体验的相关系数 r=0.053，没有达到显著水平，与假设不符，将在后续的直接效应检验中详细讨论。

从前因变量与中介变量的相关关系来看，主动性、学习性、情境感知性与自主性冲突的相关系数 r=0.265~0.343，大多在中等相关程度以上，且都达到了显著水平，而关联性与自主性冲突的相关系数 r=0.039，没有达到显著水平，与假设不符，这一情况也将在后续的直接效应检验中详细讨论。

从中介变量与结果变量的相关关系来看，自主性冲突与感知受限型体验的相关系数 r=0.839，属于高度相关，且达到了显著水平。个体尝新能力这一调节变量与感知受限型体验之间的相关系数达到了显著水平，且其相关系数 r=−0.679，达到了高度相关水平。同时，个体尝新能力这一调节变量与自主性冲突的相关系数达到了显著水平，且其相关系数 r=−0.567，达到了中等相关水平。

相关分析结果为假设分析起到了一定的预测性作用，但是相关系数无法判断研究变量之间数量上的依存关系，若要进行假设检验，就需要在相关分析结果的基础上做进一步的分析，研究各个变量之间的内在因果关系及作用程度。在下一阶段，本研究将进一步通过结构方程模型的分析方法，掌握人工智能产品消费者体验的形成过程，以及各变量之间的关系。

5.4.2 人工智能产品智能性对人工智能产品消费者体验作用的结构方程分析

结构方程模型（SEM）主要包括测量模型和结构模型，因此结构方程模型的检验分析包括测量模型的检验和结构模型的拟合检验。在前文已经检验了人工智能产品智能性、人工智能产品消费者体验、自主性冲突以及个体尝新能力的各自测量模型，本节分析人工智能产品智能性对人工智能产品消费者体验的影响作用，使用结构方程模型检验人工智能产品智能性对自主性冲突和人工智能产品消费者体验的影响机制模型。

（1）人工智能产品智能性对人工智能产品消费者体验影响机制测量的检验

根据 SEM 的结构测量模型的建模原则，构建由主动性、学习性、关联性和情境感知性、自主性冲突、感知扩展型体验和感知受限型体验构成的结构模型，运用 AMOS23.0 软件，对此模型进行拟合。人工智能产品智能性对人工智能产品消费者体验影响作用的路径分析结果如表 5.30 所示，拟合检验结果如表 5.31 所示，主要路径如图 5.7 所示。

表 5.30 结构方程模型路径分析结果

路径	标准化路径系数	标准误	临界比值	p
自主性冲突←主动性	0.209	0.069	3.213	.001
自主性冲突←学习性	0.354	0.051	7.028	***
自主性冲突←关联性	−0.449	0.071	−7.409	***
自主性冲突←情境感知性	0.293	0.070	4.945	***
感知受限←自主性冲突	0.732	0.050	18.555	***
感知受限←主动性	0.369	0.062	8.125	***
感知受限←学习性	0.074	0.045	2.167	.030
感知受限←关联性	−0.224	0.064	−5.256	***
感知受限←情境感知性	−0.040	0.060	−1.016	.310
感知扩展←主动性	0.125	0.050	1.855	.064
感知扩展←学习性	0.217	0.037	4.186	***
感知扩展←关联性	0.262	0.051	4.297	***
感知扩展←情境感知性	0.392	0.055	5.989	***
AU3 ← AU	0.829			
AU2 ← AU	0.862	0.035	27.031	***
AU1 ← AU	0.886	0.037	27.992	***
AL5 ← AL	0.867			
AL4 ← AL	0.854	0.033	30.956	***

续表

路径	标准化路径系数	标准误	临界比值	p
AL3 ← AL	0.866	0.031	31.507	***
AL2 ← AL	0.865	0.032	30.902	***
AL1 ← AL	0.845	0.032	28.862	***
AC4 ← AC	0.837			
AC3 ← AC	0.755	0.042	21.972	***
AC2 ← AC	0.756	0.040	21.973	***
AC1 ← AC	0.783	0.040	23.229	***
CA4 ← CA	0.770			
CA3 ← CA	0.698	0.048	17.494	***
CA2 ← CA	0.692	0.051	17.599	***
CA1 ← CA	0.761	0.049	19.108	***
AT1 ← AT	0.774			
AT2 ← AT	0.842	0.045	23.924	***
AT3 ← AT	0.890	0.046	25.395	***
AT4 ← AT	0.771	0.049	21.341	***
SR1 ← SR	0.900			
SR2 ← SR	0.902	0.027	35.763	***
SR4 ← SR	0.890	0.026	34.791	***
SE1 ← SE	0.600			
SE3 ← SE	0.559	0.077	11.140	***
SE4 ← SE	0.653	0.076	12.330	***

***. 显著性水平大于 0.001

表 5.31　结构方程模型的拟合指数

拟合指标	χ^2/df	RMSEA	GFI	AGFI	NFI	CFI	IFI	PGFI
评价标准	< 5	< 0.08	> 0.9	> 0.9	> 0.9	> 0.9	> 0.9	> 0.5
原始模型	5.924	0.084	0.795	0.755	0.864	0.884	0.884	0.666
修正模型	4.561	0.071	0.873	0.839	0.904	0.923	0.924	0.691

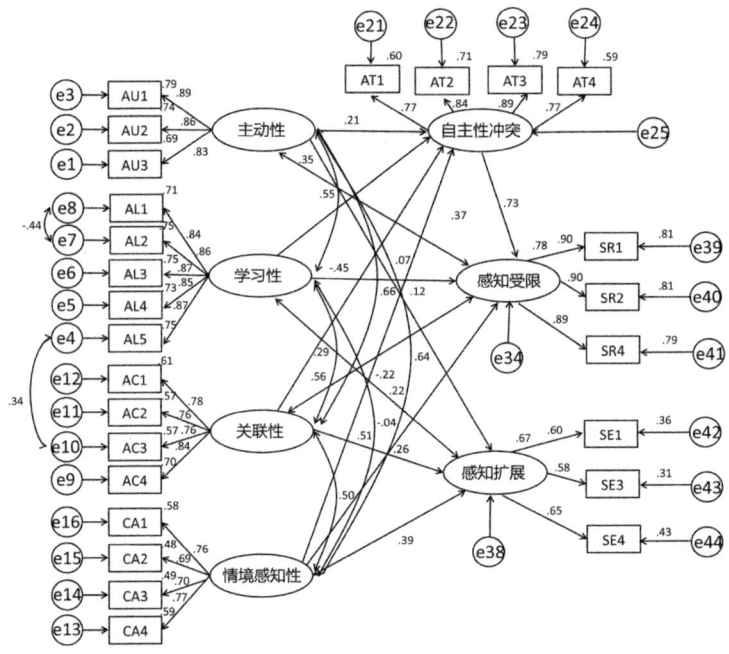

图 5.7　人工智能产品智能性对人工智能产品消费者体验影响机制模型的路径系数示意图

　　表 5.31 结构方程模型的拟合指标显示，在经过修正后的人工智能产品智能性形成机理模型的适配性指标中，χ^2/df=4.561 < 5，RMSEA=0.071 < 0.08，NFI、CFI 及 IFI 均大于 0.9，PGFI > 0.5，GFI、AGFI 尽管没有达到大于 0.9 的标准，但也十分接近，这说明数据和模型的适配性比较理想。验证结果表明，人工智能产品智能性对自主性冲突和人工智能产品消费者体验影响机制的结构方程模型数据适配性较好，各项指标适配基本达到要求。

（2）结构方程模型整体性检验与分析

在使用结构方程模型时，如果观测变量过多，会使模型太过复杂，进而造成运算复杂，因此，有很多学者普遍采用变量组合策略对测量模型进行简化。具体来说，就是把潜变量看成观察变量，将各潜变量的测量题项得分的算术平均值对该潜变量进行度量，综合将其看成一个观察变量（邱皓政等，2009）[①]，本研究也采用该方法将人工智能产品智能性的 4 个构成变量（主动性、学习性、关联性和情境感知性）转换成观察变量，变量名保持不变，即对该 4 个潜变量的每个变量的测量题项得分加总后取算术平均值作为转换后的观察变量的值，在模型图中，人工智能产品智能性的 4 个维度以方形表示。同时，对人工智能产品消费者体验也采用同样的办法进行转换，在模型图中以消费者体验表示。

因此，本小节构建的结构方程模型中人工智能产品智能性、消费者体验是外源潜变量，自主性冲突是内生潜变量。

本小节所构建的模型如图 5.8，模型的拟合度指标见表 5.32。表 5.32 表明该结构方程模型的拟合度指标基本达到适配标准，模型与样本数据拟合良好，具有整体结构的有效性和合理性。人工智能产品智能性对人工智能产品使用体验的结构方程模型分析的结果见表 5.33。

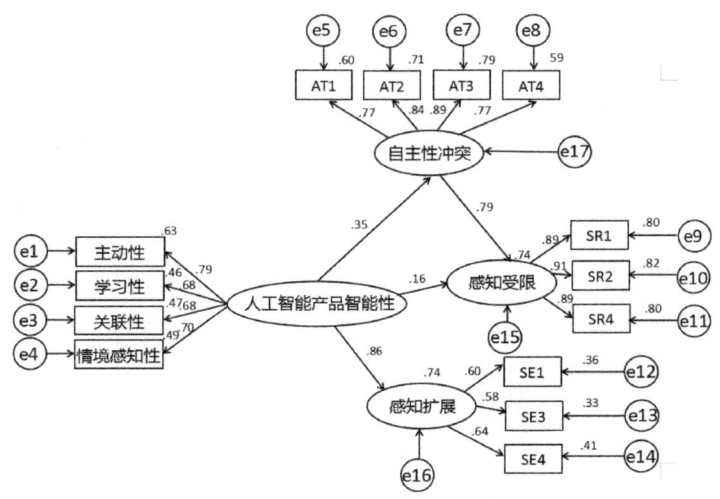

图 5.8　人工智能产品智能性对人工智能产品消费者体验影响机制整体模型的路径系数

---

① 邱皓政.结构方程模型的原理与应用［M］.北京：中国轻工业出版社，2009.

表 5.32 结构方程模型的拟合指数

拟合指标	χ^2/df	RMSEA	GFI	AGFI	NFI	CFI	IFI	PGFI
评价标准	< 5	< 0.08	> 0.9	> 0.9	> 0.9	> 0.9	> 0.9	> 0.5
模型	6.641	0.087	0.914	0.876	0.918	0.929	0.929	0.635

表 5.33 结构方程整体模型路径分析结果

路径	标准化路径系数	标准误	临界比值	p
自主性冲突←人工智能产品智能性	0.351	0.075	7.811	***
感知受限←自主性冲突	0.789	0.050	20.193	***
感知受限←人工智能产品智能性	0.160	0.064	5.272	***
感知扩展←人工智能产品智能性	0.858	0.081	12.375	***
AT1 ← AT	0.769	0.049	21.202	***
AT2 ← AT	0.894			
AT3 ← AT	0.351	0.027	35.560	***
AT4 ← AT	0.789	0.027	34.491	***
SR1 ← SR	0.894			
SR2 ← SR	0.906	0.080	11.153	***
SR4 ← SR	0.892	0.078	12.024	***
SE1 ← SE	0.596			
SE3 ← SE	0.575	0.064	15.414	***
SE4 ← SE	0.643	0.073	15.543	***
情境感知性←人工智能产品智能性	0.698	0.075	17.624	***
关联性←人工智能产品智能性	0.684	0.075	7.811	***
学习性←人工智能产品智能性	0.679	0.050	20.193	***
自主性←人工智能产品智能性	0.791	0.064	5.272	***

***. 显著性水平小于 0.001

表 5.32 结构方程模型的拟合指标显示，在经过修正后的人工智能产品智

能性模型的适配性指标中，$\chi^2/df=6.641 > 5$，RMSEA=0.087 > 0.08，GFI、NFI、CFI 及 IFI 均大于 0.9，PGFI > 0.5，χ^2/df、RMSEA、AGFI 尽管没有达到标准，但也十分接近，这说明数据和模型的适配性比较理想。而且，各路径系数的显著性 p 值都小于 0.001。验证结果表明，人工智能产品智能性对自主性冲突和人工智能产品消费者体验影响机制的结构方程模型数据适配性较好，各项指标适配基本达到要求。

利用 AMOS23.0 软件进行了结构方程模型的拟合检验，得到了结构方程模型的路径系数，如表 5.33 所示，人工智能产品智能性对自主性冲突和人工智能产品消费者体验的影响机制模型测量的结构方程模型拟合效果较好，各变量间的路径系数大都在 $p < 0.001$ 的水平上统计显著，据此，对本研究有关的直接效应研究假设逐一检验，得出结果如表 5.34 所示。

表 5.34 直接效应研究假设检验结果

研究假设	实证结果	检验结果
H1：人工智能产品智能性对感知受限型体验的形成有显著正向影响	显著	支持假设
H1a：人工智能产品主动性对感知受限型体验的形成有显著正向影响	显著	支持假设
H1b：人工智能产品学习性对感知受限型体验的形成有显著正向影响	显著	支持假设
H1c：人工智能产品关联性对感知受限型体验的形成有显著正向影响	显著	不支持假设
H1d：人工智能产品情境感知性对感知受限型体验的形成有显著正向影响	不显著	不支持假设
H2：人工智能产品智能性对感知扩展型体验的形成有显著正向影响	显著	支持假设
H2a：人工智能产品主动性对感知扩展型体验的形成有显著正向影响	不显著	不支持假设
H2b：人工智能产品学习性对感知扩展型体验的形成有显著正向影响	显著	支持假设

续表

研究假设	实证结果	检验结果
H2c：人工智能产品关联性对感知扩展型体验的形成有显著正向影响	显著	支持假设
H2d：人工智能产品情境感知性对感知扩展型体验的形成有显著正向影响	显著	支持假设
H3：人工智能产品智能性对自主性冲突有显著正向影响	显著	支持假设
H3a：人工智能产品主动性对自主性冲突有显著正向影响	显著	支持假设
H3b：人工智能产品学习性对自主性冲突有显著正向影响	显著	支持假设
H3c：人工智能产品关联性对自主性冲突有显著正向影响	显著	不支持假设
H3d：人工智能产品情境感知性对自主性冲突有显著正向影响	显著	支持假设
H4：自主性冲突对人工智能产品感知受限型体验有显著正向影响	显著	支持假设

5.4.3 自主性冲突中介效应分析

（1）自主性冲突在人工智能产品智能性对感知受限体验关系中的中介作用

对于中介效应分析，本研究采用目前较多学者使用的 Bootstrap 法。Bootstrap 法是将样本当作总体，假设现在有一个样本容量为 N 的样本，对该样本进行有放回抽样（抽出一个个案，放回以后再抽取下一个个案），直至抽取出来的个案数量等于 N 为止，这 N 个个案就是一个样本。重复上面的过程 k 次，就得到 k 个样本，每个样本都可以算出一个中介效应（如图 5.9 中的 W2*W3）的估计值，由此可以得到由 k 个系数乘积组成的抽样分布，进而获得系数乘积的置信区间。以上过程其实就是抽样分布产生过程的模拟，一般建议的抽样次数 k 最少要 1000 次，大多数学者建议最好达到 5000 次以上。

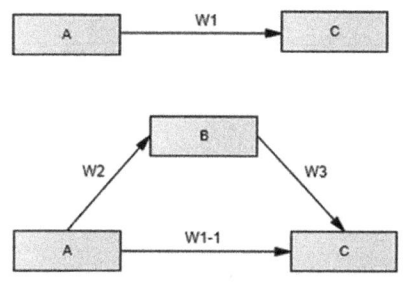

图 5.9　Bootstrap 法原理示意图

　　本研究首先采用 Hayes（2012）编制的 SPSS 宏中的 Model4（Model4 为简单的中介模型），在控制受教育程度、平均月收入的情况下，以人工智能产品智能性各维度的均值相加再进行平均所得到的人工智能产品智能性均值为自变量，以自主性冲突为中介变量，以感知受限体验为因变量，样本量选择 5000，置信区间选择 95%，进行中介效应检验。

　　如表 5.35 所示，人工智能产品智能性对感知受限型体验的预测作用显著（B=0.633，t=10.912，p < 0.001），且当放入中介变量后，人工智能产品智能性对感知受限型体验的预测作用依然显著（B=0.214，t=6.144，p < 0.001）。人工智能产品智能性对自主性冲突的预测作用显著（B=0.491，t=8.785，p < 0.001），自主性冲突对感知受限型体验的预测作用也显著（B=0.854，t=38.133，p < 0.001）。

表 5.35　自主性冲突在人工智能产品智能性与感知受限型体验间的中介效应检验

回归方程（N=701）		拟合指标			系数显著性	
结果变量	预测变量	R	R2	F（df）	B	t
感知受限		0.391	0.153	41.981***		
	受教育程度				−0.149	−1.954
	平均月收入				−0.144	−1.928
	人工智能产品智能性				0.633	10.912***
自主性冲突		0.321	0.103	26.615***		

续表

回归方程（N=701）		拟合指标			系数显著性	
结果变量	预测变量	R	R2	F（df）	B	t
	受教育程度				0.024	0.322
	平均月收入				−0.146	−2.034*
	人工智能产品智能性				0.491	8.785***
感知受限		0.852	0.726	460.653***		
	受教育程度				−0.169	−3.897***
	平均月收入				−0.019	−0.448
	人工智能产品智能性				0.214	6.144***
	自主性冲突				0.854	38.133***

注：* 表示 $p < 0.05$，** 表示 $p < 0.01$，*** 表示 $p < 0.001$。

此外，如表 5.36 所示，人工智能产品智能性对感知受限型体验的直接效应及自主性冲突的中介效应的 Bootstrap95% 置信区间的上、下限均不包含 0，说明人工智能产品智能性不仅能够直接预测感知受限型体验，而且能够通过自主性冲突的中介作用预测感知受限型体验，该直接效应（0.214）和中介效应（0.419）分别占总效应的 33.81% 和 66.19%。假设 5 得到验证。

表 5.36　人工智能产品智能性、自主性冲突和感知受限型体验间
总效应、直接效应及中介效应分解表

	效应值	Boot 标准误	Boot CI 下限	Boot CI 上限	相对效应值
总效应	0.633	0.058	0.519	0.747	
直接效应	0.214	0.04	0.1349	0.292	33.81%
自主性冲突的中介效应	0.419	0.06	0.511	0.746	66.19%

（2）自主性冲突在人工智能产品主动性对感知受限体验关系的中介作用

依然采用 Hayes（2012）编制的 SPSS 宏中的 Model4，在控制年龄、受教育程度、平均月收入的情况下，以人工智能产品自主性均值为自变量，以自主性冲突为中介变量，以感知受限体验为因变量，样本量选择 5000，置信区间选择 95%，进行中介效应检验。

如表 5.37 所示，人工智能产品主动性对感知受限型体验的预测作用显著（B=0.459，t=10.431，p < 0.001），且当放入中介变量后，人工智能产品主动性对感知受限型体验的预测作用依然显著（B=0.182，t=7.063，p < 0.001）。人工智能产品主动性对自主性冲突的预测作用显著（B=0.325，t=7.616，p < 0.001），自主性冲突对感知受限型体验的预测作用也显著（B=0.854，t=38.936，p < 0.001）。

表 5.37 自主性冲突在主动性与感知受限型体验间的中介效应检验

回归方程（N=701）		拟合指标			系数显著性	
结果变量	预测变量	R	R2	F（df）	B	t
感知受限		0.378	0.143	29.084***		
	年龄				−0.154	−2.410*
	受教育程度				−0.088	−1.140
	平均月收入				−0.056	−0.664
	人工智能产品主动性				0.459	10.431***
自主性冲突		0.283	0.080	15.179***		
	年龄				−0.092	−1.480
	受教育程度				0.066	0.874
	平均月收入				−0.091	−1.124
	人工智能产品主动性				0.325	7.616***
感知受限		0.855	0.731	377.115***		
	年龄				−0.076	−2.107*

续表

回归方程（N=701）		拟合指标			系数显著性	
结果变量	预测变量	R	R2	F（df）	B	t
	受教育程度				−0.144	−3.319**
	平均月收入				0.022	0.474
	人工智能产品主动性				0.182	7.063***
	自主性冲突				0.854	38.936***

注：* 表示 $p < 0.05$，** 表示 $p < 0.01$，*** 表示 $p < 0.001$。

此外，如表 5.38 所示，人工智能产品主动性对感知受限型体验的直接效应及自主性冲突的中介效应的 Bootstrap95% 置信区间的上、下限均不包含 0，说明人工智能产品主动性不仅能够直接预测感知受限型体验，而且能够通过自主性冲突的中介作用预测感知受限型体验，该直接效应（0.182）和中介效应（0.278）分别占总效应的 39.57% 和 60.43%。假设 5a 得到验证。

表 5.38　主动性、自主性冲突和感知受限型体验间总效应、直接效应及中介效应分解表

	效应值	Boot 标准误	Boot CI 下限	Boot CI 上限	相对效应值
总效应	0.46	0.042	0.374	0.54	
直接效应	0.182	0.029	0.125	0.238	39.57%
自主性冲突的中介效应	0.278	0.035	0.207	0.345	60.43%

（3）自主性冲突在人工智能产品学习性对感知受限体验关系的中介作用

依然采用 Hayes（2012）编制的 SPSS 宏中的 Model4，在控制性别的情况下，以人工智能产品学习性均值为自变量，以自主性冲突为中介变量，以感知受限体验为因变量，样本量选择 5000，置信区间选择 95%，进行中介效应检验。

如表 5.39 所示，人工智能产品学习性对感知受限型体验的预测作用显著（B=0.471，t=11.012，$p < 0.001$），且当放入中介变量后，人工智能产品学习性对感知受限型体验的预测作用依然显著（B=0.139，t=5.272，$p < 0.001$）。人

工智能产品学习性对自主性冲突的预测作用显著（B=0.39，t=9.52，p < 0.001），自主性冲突对感知受限型体验的预测作用也显著（B=0.853，t=37.159，p < 0.001）。

表 5.39 自主性冲突在学习性与感知受限型体验间的中介效应检验

回归方程（N=701）		拟合指标			系数显著性	
结果变量	预测变量	R	R2	F（df）	B	t
感知受限		0.396	0.1568	64.915***		
	性别				−0.252	−2.036*
	人工智能产品学习性				0.471	11.012***
自主性冲突		0.345	0.119	47.237***		
	性别				−0.14	−1.17
	人工智能产品学习性				0.39	9.52***
感知受限		0.847	0.717	589.092***		
	性别				−0.133	−1.859
	人工智能产品学习性				0.139	5.272 ***
	自主性冲突				0.853	37.159***

注：* 表示 p < 0.05，** 表示 p < 0.01，*** 表示 p < 0.001。

此外，如表 5.40 所示，人工智能产品学习性对感知受限型体验的直接效应及自主性冲突的中介效应的 Bootstrap95% 置信区间的上、下限均不包含 0，说明人工智能产品学习性不仅能够直接预测感知受限型体验，而且能够通过自主性冲突的中介作用预测感知受限型体验，该直接效应（0.139）和中介效应（0.332）分别占总效应的 29.51% 和 70.49%。假设 5b 得到验证。

表 5.40　学习性、自主性冲突、感知受限型体验间总效应、直接效应及中介效应分解表

	效应值	Boot 标准误	Boot CI 下限	Boot CI 上限	相对效应值
总效应	0.471	0.038	0.396	0.546	
直接效应	0.139	0.027	0.085	0.193	29.51%
自主性冲突 的中介效应	0.332	0.035	0.262	0.397	70.49%

（4）自主性冲突在人工智能产品关联性对感知受限体验关系的中介作用

依然采用 Hayes（2012）编制的 SPSS 宏中的 Model4，在控制年龄的情况下，以人工智能产品关联性均值为自变量，以自主性冲突为中介变量，以感知受限体验为因变量，样本量选择 5000，置信区间选择 95%，进行中介效应检验，结果如表 5.41 所示。

表 5.41　自主性冲突在关联性与感知受限型体验间的中介效应检验

回归方程（N=701）		拟合指标			系数显著性	
结果变量	预测变量	R	R2	F（df）	B	t
感知受限		0.072	0.005	1.802		
	年龄				−0.079	−1.275
	人工智能产品关联性				0.087	1.599
自主性冲突		0.059	0.004	1.232		
	年龄				−0.068	−1.180
	人工智能产品关联性				0.062	1.216
感知受限		0.839	0.705	553.845***		
	年龄				−0.018	−0.523
	人工智能产品关联性				0.032	1.061
	自主性冲突				−0.018	−0.523

注：* 表示 $p < 0.05$，** 表示 $p < 0.01$，*** 表示 $p < 0.001$。

结果表明，人工智能产品关联性对感知受限型体验的预测作用不显著（B=0.087，t=1.599，p＞0.05），且当放入中介变量后，人工智能产品关联性对感知受限型体验的预测作用依然不显著（B=0.032，t=1.061，p＞0.05）。人工智能产品关联性对自主性冲突的预测作用不显著（B=0.062，t=1.216，p＞0.05），因此，自主性冲突并没有在人工智能产品关联性和感知受限型体验之间起中介效应，假设 5c 没有得到验证。

（5）自主性冲突在人工智能产品情境感知性对感知受限体验关系的中介作用

依然采用 Hayes（2012）编制的 SPSS 宏中的 Model4，以人工智能产品情境感知性均值为自变量，以自主性冲突为中介变量，以感知受限体验为因变量，样本量选择 5000，置信区间选择 95%，进行中介效应检验。

如表 5.42 所示，人工智能产品情境感知性对感知受限型体验的预测作用显著（B=0.543，t=10.902，p＜0.001），且当放入中介变量后，人工智能产品情境感知性对感知受限型体验的预测作用依然显著（B=0.175，t=5.783，p＜0.001）。人工智能产品情境感知性对自主性冲突的预测作用显著（B=0.43，t=9.028，p＜0.001），自主性冲突对感知受限型体验的预测作用也显著（B=0.855，t=37.598，p＜0.001）。

表 5.42　自主性冲突在情境感知性与感知受限型体验间的中介效应检验

回归方程（N=701）		拟合指标			系数显著性	
结果变量	预测变量	R	R2	F（df）	B	t
感知受限		0.381	0.145	118.862***		
	人工智能产品情境感知性				0.543	10.902***
自主性冲突		0.323	0.104	81.498***		
	人工智能产品情境感知性				0.43	9.028***
感知受限		0.847	0.718	886.337***		

续表

回归方程（N=701）		拟合指标			系数显著性	
结果变量	预测变量	R	R2	F（df）	B	t
	人工智能产品情境感知性				0.175	5.783***
	自主性冲突				0.855	37.598***

注：* 表示 $p < 0.05$，** 表示 $p < 0.01$，*** 表示 $p < 0.001$。

此外，如表 5.43 所示，人工智能产品情境感知性对感知受限型体验的直接效应及自主性冲突的中介效应的 Bootstrap95% 置信区间的上、下限均不包含 0，说明人工智能产品情境感知性不仅能够直接预测感知受限型体验，而且能够通过自主性冲突的中介作用预测感知受限型体验，该直接效应（0.175）和中介效应（0.368）分别占总效应的 32.23% 和 67.77%。假设 5d 得到验证。

表 5.43　情景感知性、自主性冲突、感知受限型体验间总效应、直接效应及中介效应分解表

	效应值	Boot 标准误	Boot CI 下限	Boot CI 上限	相对效应值
总效应	0.543	0.049	0.444	0.637	
直接效应	0.175	0.035	0.105	0.247	32.23%
自主性冲突的中介效应	0.368	0.042	0.284	0.450	67.77%

5.4.4　个体尝新能力的调节效应分析

前文分析了人工智能产品智能性对人工智能产品消费者体验的影响，以及自主性冲突在其中的中介作用，本研究认为消费者体验是人工智能产品和消费者个人特质的综合影响的结果，因此本研究提出了个体尝新能力的调节作用。

如果变量 Y 与变量 X 的关系是变量 M 的函数，则称 M 为调节变量。也就是说，如果 Y 与 X 的关系受到第三个变量 M 的影响，即 M 在 X 与 Y 之间发挥调节效应，调节效应可以通过下面的回归方程进行分析。

$$Y=aX+bM+cXM+e \tag{7-4}$$

对于个体尝新能力调节作用的检验，本研究依然使用了 SPSS22.0 所提供的 Process 插件。

（1）个体尝新能力在人工智能产品智能性与自主性冲突和感知受限型体验之间的调节效应

采用 Process 中的 Model8（Model8 假设中介模型的前半段及直接路径受到调节，与本研究的理论模型一致），在控制性别、受教育程度和平均月收入的情况下对有调节的中介模型进行检验，检验结果如表 5.44 和表 5.45 所示。

表 5.44 个体尝新能力在人工智能产品智能性与自主性冲突和感知受限型体验之间的调节效应检验

变量	方程1（因变量：自主性冲突）			方程2（因变量：感知受限型体验）		
	B	se	t	B	se	t
constant	3.811	0.278	13.714***	2.483	0.185	13.455***
性别	0.001	0.096	0.009	−0.103	0.056	−1.831
受教育程度	0.108	0.058	1.854	−0.099	0.034**	−2.878**
平均月收入	−0.080	0.057	−1.393	−0.007	0.034	−0.215
人工智能产品智能性	0.568	0.047	12.085***	0.450	0.030	14.773
个体尝新能力	−0.551	0.028	−19.372***	0.580	0.021	25.954***
人工智能产品智能性个体尝新能力	−0.118	0.028	−4.274***	−0.172	0.017	−10.416***
自主性冲突				0.580	0.022	25.954***
R2	−0.118			−4.274		
F	91.326***			485.438***		

注：* 表示 p < 0.05，** 表示 p < 0.01，*** 表示 p < 0.001。

表 5.45　有调节的中介效应的 Bootstrap 检验 1

结果类型	个体尝新能力	效应值	Boot 标准误	Boot CI 下限	Boot CI 上限
有调节的中介效应	Eff1（M−1SD）	0.438	0.050	0.344	0.539
	Eff2（M）	0.329	0.031	0.272	0.392
	Eff3（M+1SD）	0.221	0.025	0.174	0.272
有调节的中介效应对比	Eff2−Eff1	−0.109	0.024	−0.157	−0.062
	Eff3−Eff1	−0.218	0.048	−0.314	−0.123
	Eff3−Eff2	−0.109	0.024	−0.157	−0.062

结果表明，将个体尝新能力放入模型后，人工智能产品智能性与个体尝新能力的乘积项对自主性冲突及感知受限型体验的预测作用均显著（自主性冲突：$B=-0.118$，$t=-4.274$，$p < 0.001$；感知受限型体验：$B=-0.172$，$t=-10.416$，$p < 0.001$），说明个体尝新能力不仅能够在人工智能产品智能性对感知受限型体验的直接预测中起调节作用，而且能够调节人工智能产品智能性对自主性冲突的预测作用。

进一步地对简单斜率进行分析，如图 5.10 和图 5.11 所示。由图 5.10 可知，对于个体尝新能力水平比较低（M−1SD）的被试，人工智能产品智能性对感知受限型体验具有显著的正向预测作用；而对于个体尝新能力水平比较高（M+1SD）的被试，人工智能产品智能性对感知受限型体验虽然具有显著的正向预测作用，但其预测作用较小，表明随着个体尝新能力水平的提高，人工智能产品智能性对感知受限型体验的预测作用逐渐降低了。同时由图 5.11 可知，对于个体尝新能力水平比较低（M−1SD）的被试，人工智能产品智能性对自主性冲突具有显著的正向预测作用；而对于个体尝新能力水平比较高（M+1SD）的被试，人工智能产品智能性对自主性冲突虽然具有显著的正向预测作用，但其预测作用较小，表明随着个体尝新能力水平的提高，人工智能产品智能性对自主性冲突的预测作用逐渐降低了。

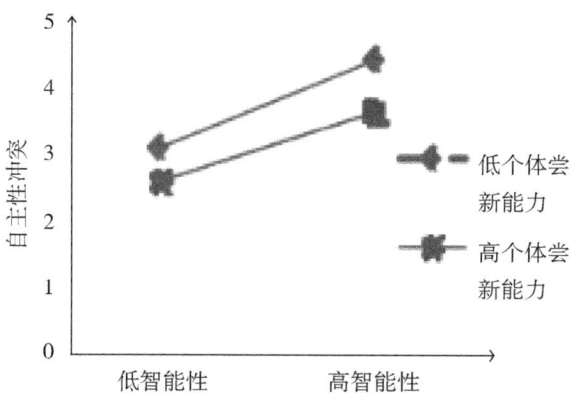

图 5.10　个体尝新能力在人工智能产品智能性和自主性冲突之间的调节作用

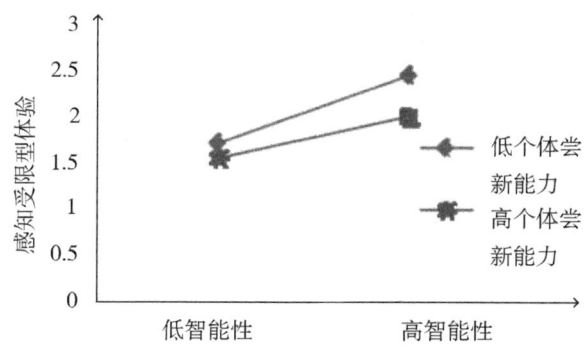

图 5.11　个体尝新能力在人工智能产品智能性和感知受限型体验之间的调节作用

继续对有调节的中介效应进行对比，发现在不同的个体尝新能力水平下的中介效应仍然显著，并且不同个体尝新能力水平下的中介效应之间存在显著差异。综上所述，个体尝新能力在人工智能产品智能性与自主性冲突和感知受限型体验之间的调节效应是显著的，假设 6 和 7 得到了验证。

（2）个体尝新能力在人工智能产品主动性与自主性冲突和感知受限型体验之间的调节效应

依然采用 Process 中的 Model8，在控制性别、受教育程度和平均月收入的情况下对有调节的中介模型进行检验，检验结果如表 5.46 和表 5.47 所示。

表 5.46 个体尝新能力在人工智能产品主动性与自主性冲突和感知受限型体验之间的调节

效应检验

变量	方程 1（因变量：自主性冲突）			方程 2（因变量：感知受限型体验）		
	B	se	t	B	se	t
constant	3.703	0.296	12.504***	2.024	0.196	10.332***
人工智能产品主动性	0.259	0.037	7.087***	0.232	0.023	10.247***
个体尝新能力	−0.537	0.030	−17.668***	−0.308	0.022	−14.103***
人工智能产品主动性个体尝新能力	−0.012	0.021	−0.552	−0.080	0.013	−6.277***
性别	0.002	0.102	0.022	−0.103	0.061	−1.693
受教育程度	0.133	0.062	2.131***	−0.073	0.037	−1.966***
平均月收入	−0.074	0.061	−1.217	−0.002	0.036	−0.057
自主性冲突				0.663	0.023	29.228***
R^2	0.371			−4.274		
F	68.168			485.438***		

注：* 表示 $p < 0.05$，** 表示 $p < 0.01$，*** 表示 $p < 0.001$。

表 5.47 有调节的中介效应的 Bootstrap 检验 2

结果类型	个体尝新能力	效应值	Boot 标准误	Boot CI 下限	Boot CI 上限
有调节的中介效应	Eff1（M−1SD）	0.184	0.039	0.107	0.262
	Eff2（M）	0.172	0.025	0.124	0.221
	Eff3（M+1SD）	0.159	0.026	0.110	0.214
有调节的中介效应对比	Eff2−Eff1	−0.012	0.023	−0.056	0.034
	Eff3−Eff1	−0.025	0.045	−0.112	0.069
	Eff3−Eff2	−0.012	0.023	−0.056	0.034

结果表明，将个体尝新能力放入模型后，人工智能产品主动性与个体尝

新能力的乘积项对感知受限型体验的预测作用显著（B=-0.008，t=-6.277，p＜0.001），而对自主性冲突的预测作用不显著（B=-0.012，t=-0.552，p＞0.05）说明个体尝新能力能够调节人工智能产品主动性对感知受限型体验的直接预测作用，但是不能够调节人工智能产品主动性对自主性冲突的预测作用。

进一步地对简单斜率进行分析，如图 5.12 所示，对于个体尝新能力水平比较低（M-1SD）的被试，人工智能产品主动性对感知受限型体验具有显著的正向预测作用，simple slope=0.358，t=10.53，p＜0.001；而对于个体尝新能力水平比较高（M+1SD）的被试，人工智能产品主动性对感知受限型体验虽然具有显著的正向预测作用，但其预测作用较小，simple slope=0.105，t=4.018，p＜0.001，表明随着个体尝新能力水平的提高，人工智能产品主动性对感知受限型体验的预测作用逐渐降低了。继续对有调节的中介效应进行对比，发现在不同的个体尝新能力水平下的中介效应仍然显著，但是不同个体尝新能力水平下的中介效应之间不存在显著差异。综上所述，个体尝新能力在人工智能产品主动性与感知受限型体验之间的调节效应是显著的，但是在人工智能产品主动性与自主性冲突之间的调节效应是不显著的，假设 6a 没有得到验证，假设 7a 得到了验证。

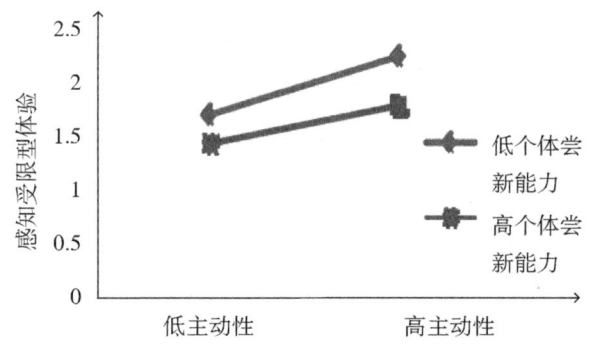

图 5.12 个体尝新能力在人工智能产品主动性和感知受限型体验之间的调节作用

（3）个体尝新能力在人工智能产品学习性与自主性冲突和感知受限型体验之间的调节效应

依然采用 Process 中的 Model8，在控制性别、受教育程度和平均月收入的情况下对有调节的中介模型进行检验，检验结果如表 5.48 和表 5.49 所示。

表 5.48　个体尝新能力在人工智能产品学习性与自主性冲突和感知受限型体验之间的调节
效应检验

变量	方程 1（因变量：自主性冲突）			方程 2（因变量：感知受限型体验）		
	B	se	t	B	se	t
constant	3.858	0.281	13.739***	2.344	0.200	11.701***
人工智能产品学习性	0.374	0.033	11.327***	0.218	0.023	9.581***
个体尝新能力	−0.552	0.029	−19.256***	−0.361	0.023	−16.085***
人工智能产品学习性个体尝新能力	−0.009	0.020	−0.457	−0.051	0.013	−4.021***
性别	0.040	0.097	0.410	−0.075	0.061	−1.218
受教育程度	0.072	0.059	1.224	−0.133	0.037	−3.573***
平均月收入	−0.062	0.058	−1.070	0.009	0.037	0.234
自主性冲突				0.628	0.024	26.154***
R2	0.429			0.801		
F	86.942***			397.419***		

注：* 表示 $p < 0.05$，** 表示 $p < 0.01$，*** 表示 $p < 0.001$。

结果表明，将个体尝新能力放入模型后，人工智能产品学习性与个体尝新能力的乘积项对感知受限型体验的预测作用显著（B=−0.051，t=−4.021，$p < 0.001$），而对自主性冲突的预测作用不显著（B=−0.009，t=−0.457，$p > 0.05$）说明个体尝新能力能够在人工智能产品学习性对感知受限型体验的直接预测中起调节作用，但是不能够调节人工智能产品学习性对自主性冲突的预测作用。

进一步地对简单斜率进行分析，如图 5.13 所示，对于个体尝新能力水平比较低（M−1SD）的被试，人工智能产品学习性对感知受限型体验具有显著的正向预测作用，simple slope=0.299，t=9.696，$p < 0.001$；而对于个体尝新能力

水平比较高（M+1SD）的被试，人工智能产品学习性对感知受限型体验虽然具有显著的正向预测作用，但其预测作用较小，simple slope=0.137，t=4.565，p < 0.001，表明随着个体尝新能力水平的提高，人工智能产品学习性对感知受限型体验的预测作用逐渐降低了。继续对有调节的中介效应进行对比，发现在不同的个体尝新能力水平下的中介效应仍然显著，但是不同个体尝新能力水平下的中介效应之间不存在显著差异。综上所述，个体尝新能力在人工智能产品学习性与感知受限型体验之间的调节效应是显著的，但是在人工智能产品学习性与自主性冲突之间的调节效应是不显著的，假设6b没有得到验证，假设7b得到了验证。

表 5.49　有调节的中介效应的 Bootstrap 检验 3

结果类型	个体尝新能力	效应值	Boot 标准误	Boot CI 下限	Boot CI 上限
有调节的中介效应	Eff1（M−1SD）	0.244	0.028	0.189	0.301
	Eff2（M）	0.235	0.023	0.192	0.282
	Eff3（M+1SD）	0.226	0.029	0.174	0.287
有调节的中介效应对比	Eff2−Eff1	−0.009	0.017	−0.041	0.026
	Eff3−Eff1	−0.018	0.034	−0.081	0.053
	Eff3−Eff2	−0.009	0.017	−0.041	0.026

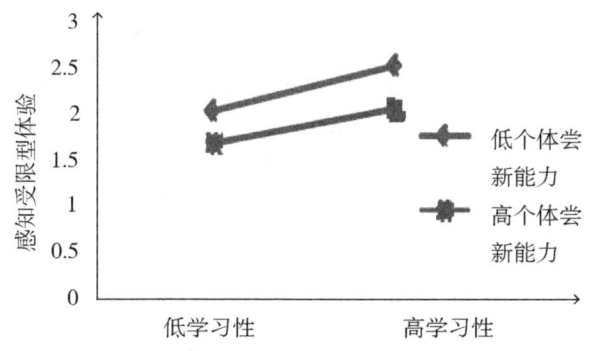

图 5.13　个体尝新能力在人工智能产品学习性和感知受限型体验之间的调节作用

（4）个体尝新能力在人工智能产品关联性与自主性冲突和感知受限型体

验之间的调节效应

尽管人工智能产品关联性对自主性冲突和感知受限型体验没有产生显著正向影响，与假设 1c 和假设 3c 不符，但是仍然可以对个体尝新能力在人工智能产品关联性与自主性冲突和感知受限型体验之间的调节效应进行研究与分析。依然采用 Process 中的 Model8，在控制性别、受教育程度和平均月收入的情况下对有调节的中介模型进行检验，检验结果如表 5.50 和表 5.51 所示。

表 5.50　个体尝新能力在人工智能产品关联性与自主性冲突和感知受限型体验之间的调节效应检验

变量	方程 1（因变量：自主性冲突）			方程 2（因变量:感知受限型体验）		
	B	se	t	B	se	t
constant	3.974	0.295	13.459***	2.250	0.204	11.054***
人工智能产品关联性	0.298	0.043	6.853***	0.206	0.028	7.461***
个体尝新能力	−0.586	0.031	−18.695***	−0.344	0.024	−14.607***
人工智能产品关联性 个体尝新能力	−0.088	0.024	−3.722***	−0.094	0.015	−6.404***
性别	−0.028	0.101	−0.271	−0.102	0.062	−1.640
受教育程度	0.081	0.062	1.318	−0.128	0.038	−3.371
平均月收入	−0.074	0.061	−1.219	0.003	0.037	0.074
自主性冲突				0.669	0.023	28.704***
R2	0.369			0.792		
F	67.713***			377.708***		

注：* 表示 p < 0.05，** 表示 p < 0.01，*** 表示 p < 0.001。

表 5.51　有调节的中介效应的 Bootstrap 检验 4

结果类型	个体尝新能力	效应值	Boot 标准误	Boot CI 下限	Boot CI 上限
有调节的中介效应	Eff1（M−1SD）	0.293	0.048	0.202	0.391
	Eff2（M）	0.199	0.032	0.139	0.263
	Eff3（M+1SD）	0.105	0.028	0.051	0.159

续表

结果类型	个体尝新能力	效应值	Boot 标准误	Boot CI 下限	Boot CI 上限
有调节的中介效应对比	Eff2–Eff1	–0.094	0.024	–0.141	–0.049
	Eff3–Eff1	–0.187	0.047	–0.283	–0.098
	Eff3–Eff2	–0.094	0.024	–0.141	–0.049

结果表明，将个体尝新能力放入模型后，人工智能产品关联性与个体尝新能力的乘积项对自主性冲突和感知受限型体验的预测作用均显著（自主性冲突：B=–0.088，t=–3.722，p < 0.001；感知受限型体验：B=–0.094，t=6.404，p < 0.001），说明个体尝新能力能够在人工智能产品关联性对自主性冲突和感知受限型体验的直接预测中起调节作用。

进一步地对简单斜率进行分析，如图 5.14 和 5.15 所示。由图 5.15 可知，对于个体尝新能力水平比较低（M–1SD）的被试，人工智能产品关联对感知受限型体验具有显著的正向预测作用，simple slope=0.355，t=8.599，p < 0.001；而对于个体尝新能力水平比较高（M+1SD）的被试，人工智能产品智能性对感知受限型体验的预测作用不再显著，simple slope=0.056，t=1.868，p > 0.05，表明随着个体尝新能力水平的提高，人工智能产品关联性对感知受限型体验的预测作用逐渐降低了。同时由图 5.14 可知，对于个体尝新能力水平比较低（M–1SD）的被试，人工智能产品智能性对自主性冲突具有显著的正向预测作用，simple slope=0.438，t=6.717，p < 0.001；而对于个体尝新能力水平比较高（M+1SD）的被试，人工智能产品智能性对自主性冲突虽然具有显著的正向预测作用，但其预测作用较小，simple slope=0.158，t=3.244，p < 0.01，表明随着个体尝新能力水平的提高，人工智能产品智能性对自主性冲突的预测作用逐渐降低了。

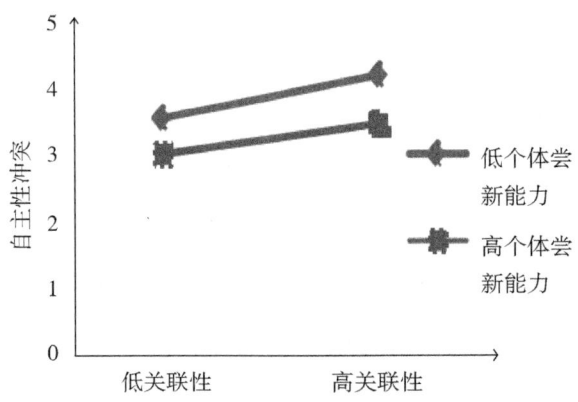

图 5.14 个体尝新能力在人工智能产品关联性和自主性冲突之间的调节作用

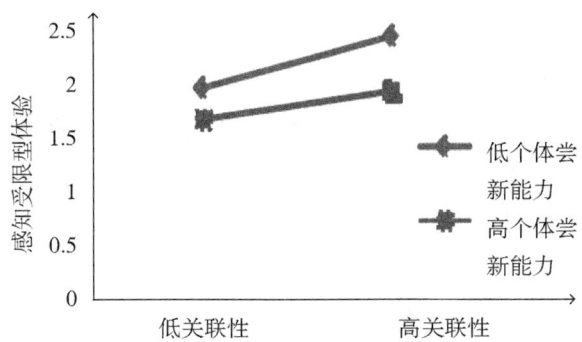

图 5.15 个体尝新能力在人工智能产品关联性和感知受限型体验之间的调节作用

继续对有调节的中介效应进行对比，发现在不同的个体尝新能力水平下的中介效应变得显著，并且不同个体尝新能力水平下的中介效应之间存在显著差异。综合上述分析，当把个体尝新能力放入模型后，个体尝新能力和人工智能产品关联性共同作用对自主性冲突和感知受限型体验产生了正向影响，并使得自主性冲突的中介效应显著了。同时，个体尝新能力在人工智能产品关联性与自主性冲突和感知受限型体验之间的调节效应是显著的，假设 6c 和 7c 得到了验证。

（5）个体尝新能力在人工智能产品情境感知性与自主性冲突和感知受限型体验之间的调节效应

依然采用 Process 中的 Model8，在控制性别、受教育程度和平均月收入的情况下对有调节的中介模型进行检验，检验结果如表 5.52 和表 5.53 所示。

表 5.52　个体尝新能力在人工智能产品情境感知性与自主性冲突和感知受限型体验之间的
调节效应检验

变量	方程 1（因变量：自主性冲突）			方程 2（因变量:感知受限型体验）		
	B	se	t	B	se	t
constant	3.922	0.285	13.781***	2.351	0.199	11.841***
人工智能产品情境感知性	0.399	0.039	10.248***	0.256	0.026	9.927***
个体尝新能力	−0.542	0.029	−18.502***	−0.335	0.022	−15.140***
人工智能产品情境感知性个体尝新能力	−0.030	0.026	−1.134	−0.087	0.016	−5.354***
性别	−0.022	0.098	−0.225	−0.107	0.060	−1.766
受教育程度	0.070	0.060	1.179	−0.135	0.037	−3.669
平均月收入	−0.049	0.059	−0.832	0.020	0.036	0.543
自主性冲突				0.633	0.024	26.984***
R2	0.413			0.804		
F	81.254***			406.109***		

注：* 表示 $p < 0.05$，** 表示 $p < 0.01$，*** 表示 $p < 0.001$。

表 5.53　有调节的中介效应的 Bootstrap 检验 5

结果类型	个体尝新能力	效应值	Boot 标准误	Boot CI 下限	Boot CI 上限
有调节的中介效应	Eff1（M−1SD）	0.282	0.045	0.196	0.373
	Eff2（M）	0.252	0.029	0.198	0.311
	Eff3（M+1SD）	0.223	0.032	0.163	0.288
有调节的中介效应对比	Eff2−Eff1	−0.030	0.026	−0.081	0.023
	Eff3−Eff1	−0.059	0.053	−0.162	0.046
	Eff3−Eff2	−0.030	0.026	−0.081	0.023

结果表明，将个体尝新能力放入模型后，人工智能产品情境感知性与个体尝新能力的乘积项对感知受限型体验的预测作用显著（B=-0.087，t=-5.354，p＜0.001），而对自主性冲突的预测作用不显著（B=-0.030，t=-1.134，p＞0.05），说明个体尝新能力能够在人工智能产品情境感知性对感知受限型体验的直接预测中起调节作用，但是不能够调节人工智能产品情境感知性对自主性冲突的预测作用。

进一步地对简单斜率进行分析，如图 5.16 所示，对于个体尝新能力水平比较低（M-1SD）的被试，人工智能产品情境感知性对感知受限型体验具有显著的正向预测作用，simple slope=0.393，t=10.426，p＜0.001；而对于个体尝新能力水平比较高（M+1SD）的被试，人工智能产品情境感知性对感知受限型体验虽然具有显著的正向预测作用，但其预测作用较小，simple slope=0.119，t=3.404，p＜0.001，表明随着个体尝新能力水平的提高，人工智能产品情境感知性对感知受限型体验的预测作用逐渐降低了。继续对有调节的中介效应进行对比，发现在不同的个体尝新能力水平下的中介效应仍然显著，但是不同个体尝新能力水平下的中介效应之间不存在显著差异。综上所述，个体尝新能力在人工智能产品情境感知性与感知受限型体验之间的调节效应是显著的，但是在人工智能产品情境感知性与自主性冲突之间的调节效应是不显著的，假设6d 没有得到验证，假设 7d 得到了验证。

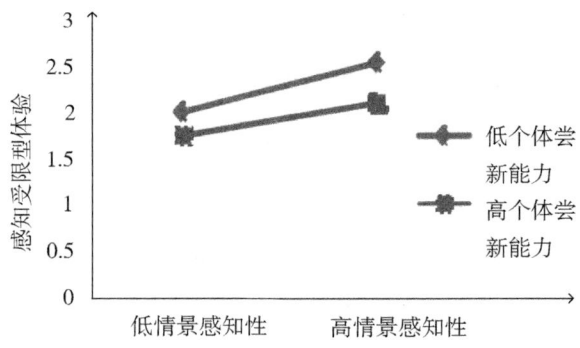

图 5.16　个体尝新能力在人工智能产品情境感知性和感知受限型体验之间的调节作用

5.4.5 模型验证结果汇总

在本章中，本研究运用结构方程模型对各直接效应进行了检验，又使用 SPSS22.0 中的 Process 插件对各中介效应和调节效应进行了检验，验证结果汇总见表 5.54。

表 5.54 模型验证结果汇总

研究假设	实证结果	检验结果
H1：人工智能产品智能性对感知受限型体验的形成有显著正向影响	显著	支持假设
H1a：人工智能产品主动性对感知受限型体验的形成有显著正向影响	显著	支持假设
H1b：人工智能产品学习性对感知受限型体验的形成有显著正向影响	显著	支持假设
H1c：人工智能产品关联性对感知受限型体验的形成有显著正向影响	显著	不支持假设
H1d：人工智能产品情境感知性对感知受限型体验的形成有显著正向影响	不显著	不支持假设
H2：人工智能产品智能性对感知扩展型体验的形成有显著正向影响	显著	支持假设
H2a：人工智能产品主动性对感知扩展型体验的形成有显著正向影响	不显著	不支持假设
H2b：人工智能产品学习性对感知扩展型体验的形成有显著正向影响	显著	支持假设
H2c：人工智能产品关联性对感知扩展型体验的形成有显著正向影响	显著	支持假设
H2d：人工智能产品情境感知性对感知扩展型体验的形成有显著正向影响	显著	支持假设
H3：人工智能产品智能性对自主性冲突有显著正向影响	显著	支持假设
H3a：人工智能产品主动性对自主性冲突有显著正向影响	显著	支持假设
H3b：人工智能产品学习性对自主性冲突有显著正向影响	显著	支持假设

续表

研究假设	实证结果	检验结果
H3c：人工智能产品关联性对自主性冲突有显著正向影响	显著	不支持假设
H3d：人工智能产品情境感知性对自主性冲突有显著正向影响	显著	支持假设
H4：自主性冲突对人工智能产品感知受限型体验有显著正向影响	显著	支持假设
H5：自主性冲突在人工智能产品智能性和感知受限型体验之间起中介作用。	显著	支持假设
H5a：自主性冲突在人工智能产品主动性和感知受限型体验之间起中介作用。	显著	支持假设
H5b：自主性冲突在人工智能产品学习性和感知受限型体验之间起中介作用。	显著	支持假设
H5c：自主性冲突在人工智能产品关联性和感知受限型体验之间起中介作用。	不显著	不支持假设
H5d：自主性冲突在人工智能产品情境感知性和感知受限型体验之间起中介作用。	显著	支持假设
H6：个体尝新能力在人工智能产品智能性和自主性冲突之间起调节作用。	显著	支持假设
H6a：个体尝新能力在人工智能产品主动性和自主性冲突之间起调节作用。	不显著	不支持假设
H6b：个体尝新能力在人工智能产品学习性和自主性冲突之间起调节作用。	不显著	不支持假设
H6c：个体尝新能力在人工智能产品关联性和自主性冲突之间起调节作用。	显著	支持假设
H6d：个体尝新能力在人工智能产品情境感知性和自主性冲突之间起调节作用。	不显著	不支持假设
H7：个体尝新能力在人工智能产品智能性和感知受限型体验之间起调节作用。	显著	支持假设
H7a：个体尝新能力在人工智能产品主动性和感知受限型体验之间起调节作用。	显著	支持假设
H7b：个体尝新能力在人工智能产品学习性和感知受限型体验之间起调节作用。	显著	支持假设

续表

研究假设	实证结果	检验结果
H7c：个体尝新能力在人工智能产品关联性和感知受限型体验之间起调节作用。	显著	支持假设
H7d：个体尝新能力在人工智能产品情境感知性和感知受限型体验之间起调节作用。	显著	支持假设

从表 5.54 检验结果中发现，大部分假设都得到了有效验证，即大部分分析结果都支持了前文所做的假设。但也存在着一些无法得到支持的假设，这也透露出在人工智能飞跃发展的环境下，已经出现了部分与原有学者研究不同的结论，或者是在人工智能环境下出现了一些与传统非智能环境下的不同的情况，导致原有假设失效。

5.5　本章小结

本章利用大样本 701 份有效数据对人工智能产品智能性、自主性冲突、感知受限型体验、感知扩展型体验和个体尝新能力等变量进行了探索性因子分析和信度检验以及验证性因子分析，确定了各变量的结构维度，对以产品智能性、自主性冲突、感知受限型体验和感知扩展型体验等变量构成的结构方程模型进行了验证分析，对自主性冲突在人工智能产品智能性和感知受限型体验之间的中介效应进行了检验，也对个体尝新能力在人工智能产品智能性对自主性冲突和感知受限型体验的作用中起的调节作用进行了验证。

第 6 章　研究结论与展望

在前文理论分析和实证分析的基础上，本章首先对研究的结论进行了总结，对研究结果进行了深入探讨。本章将针对研究结果为企业的管理者提出营销策略和建议，通过反思研究过程中的不足和局限性，提出未来需要突破的研究方向。

6.1　研究结论与讨论

本研究利用探索性研究工具扎根理论初步得到了人工智能产品智能性的结构维度及其对人工智能产品消费者体验的影响机理模型，继而紧紧围绕"人工智能产品消费者体验形成机理"这一最根本的研究命题，在不同阶段分别使用扎根理论、理论研究、结构方程模型等一系列研究方法及 SPSS22.0 和 AMOS23.0 等数理统计工具，将定性分析与定量分析有机结合，对人工智能产品智能性的构成维度、人工智能产品消费者体验的类型、人工智能产品消费者体验的形成机理等问题进行论证分析，得到 6 个主要结论。

6.1.1　人工智能产品智能性结构维度和人工智能产品消费者体验分类

本研究通过第二章人工智能产品、人工智能产品智能性及消费者体验相关研究的理论综述，在已有学者对人工智能产品智能性构成维度相关研究和人工智能产品消费者体验研究的基础上，结合第三章扎根理论研究探索性结果，将人工智能产品智能性划分为 4 个维度，分别是主动性、学习性、关联性和情境感知性，并提出人工智能产品消费者体验可以分为两种类型，分别是感知扩展型体验和感知受限型体验。同时，借鉴前人设计的人工智能产品智能性和感知扩展及感知受限的测量量表，对人工智能产品智能性和人工智能产品消费者体验展开了实证研究，对收集到的 176 份小样本和 701 份大样本的数据进行了分析，验证了人工智能产品智能性和人工智能产品消费者体验的结构维度，结果证明人工智能产品智能性由主动性、学习性、关联性和情境感知性 4 个维度构成，而人工智能产品消费者体验由感知扩展型体验和感知受限型体验两种类型组成。

6.1.2 假设检验结果

本研究第三章利用探索性研究方法对人工智能产品用户深度访谈文本数据和社交平台上的用户评论数据进行分析，得到了人工智能产品消费者体验形成的影响因素，并初步构建了以人工智能产品智能性为自变量、自主性冲突为中介变量、感知扩展型体验和感知受限型体验为结果变量、个体尝新能力为调节变量的最初的人工智能产品消费者体验形成机理模型，继而对其进行理论逻辑推演，建立了最终的人工智能产品消费者体验形成机理模型，并对各变量之间的关系作出假设，采用实证研究方法，对收集到的 701 份样本，运用 SPSS22.0 和 AMOS23.0 软件对各研究假设进行验证分析，得出了 6 个主要结论。

（1）人工智能产品智能性与感知扩展型体验的关系

人工智能产品智能性与感知扩展型体验之间存在着显著的正向相关关系。正如本研究在提出假设时所论述的那样，在人工智能时代，人工智能产品具备主动性、学习性、关联性、情境感知性等区别于非智能产品的智能性，在这些智能性的协助下，消费者不再受个体自身能力的限制，个体可以通过机器自由地扩展自己的行动和认知，甚至获取超出人类种族限制的能力，这一扩展也可以超出时间和空间。

同时，人工智能产品学习性、关联性和情境感知性都对感知扩展型体验产生了显著的正向影响。这说明人工智能产品学习性、关联性和情境感知性等智能性更强，消费者感受到的感知扩展型体验就更强烈。人工智能产品通常会通过学习算法提高它们的性能，例如，智能加热系统是一种人工智能产品，当它连接到智能手机时，用户能够远程打开或关闭加热。用户需要安装加热系统，设定时间表，调整功能，并根据需要从用户自己的智能手机中的应用程序来控制它。当智能供暖系统在与业主的数字日历进行数据交换且适应家庭温度后，结合学习算法，智能供暖系统就了解了用户的功能习惯，并自动适应供暖行为，优化能源效率和舒适性，这是用户在使用非人工智能产品时无法实现的功能，这些功能使用户体会到了自我的扩展。人工智能产品的关联性使得消费者可以在不接触某一产品时通过集群内的某个终端进行产品的操控，而在非人工智能时代，操控产品是总是需要进行肢体接触的，所以从这一角度来看，人工智能产品的关联性扩展了消费者操控产品的能力，不仅使消费者可以在没有肢体接触的情况下对设备下达指令，甚至可以在当前对未来的产品、在此处对远方的产品进行操作。同时，人工智能产品还能感知使用情景，并根据不同的使用情景更换更适合消费者的服务，这也让消费者对感知扩展型体验的感受更加强烈。

但是，人工智能产品主动性尽管与感知扩展型体验形成了正向相关，但并未能对其造成显著影响。这可能是由于目前人工智能产品仍未发展到足够智能的阶段，尽管人工智能产品能够在没有用户指令的情况下主动地完成某些动作，但是这一主动性却不一定符合用户心意。从深度访谈的文本资料可以看出，很多被采访者在提到人工智能产品的主动性时，持有的态度是负面的，并且都关闭了产品的这一功能，例如空调的自动开启功能。这说明人工智能产品的主动性仍需提升，这一智能性目前还未能给人工智能产品用户带来显著的感知扩展型体验。

（2）人工智能产品智能性与感知受限型体验的关系

人工智能产品智能性与感知受限型体验之间也存在着显著的正向影响关系，在人工智能产品给消费者生活方式带来巨变的同时，也限制了消费者对自我能力的感知。人工智能产品智能性使得消费者可以在使用人工智能产品时获得能力扩展，但是这一扩展的前提是消费者需要按照人工智能产品要求的模式来行动。消费者的行为被限制在产品所要求的模式中，无法自由发挥，而当环境背景迫使个体以某种方式行动时，个体就会感到自身受到了限制，从而形成了感知受限型体验。

同时，人工智能产品主动性和学习性都对感知受限型体验产生了显著的正向影响。这说明人工智能产品主动性和学习性等智能性更强，消费者感受到的感知受限型体验就更强烈。本研究发现，在消费者与产品所组成的集群中，当产品的主动性和学习性表现得越强烈，那么这个集群中更多的行动便是由产品发出的，这不一定是和消费者的意愿是一致的，于是便促进了感知受限型体验的产生。此外，人工智能产品对消费者信息获取的限制愈加明显，如今的消费者已经严重依赖通过互联网获取信息，所以目前的很多软件和网站为吸引消费者眼球，普遍采用特殊算法学习消费者的偏好，主动为消费者推荐个性化内容，增加用户黏性。在这种情况下，消费者的信息获取已经由原来的主动搜寻变成了被动获取，而由于受到技术水平以及算法优劣性的限制，消费者的信息领域会习惯性地被自己的兴趣所引导，限制了信息获取的广度和深度，使消费者的生活桎梏于蚕茧一般的"信息茧房"，有消费者认为自己被人为地限制在某些领域内，产生了感知受限型体验，并在一定程度上引发了对产品的负面态度。

值得注意的是，关联性和感知受限型体验呈显著负相关关系，这可能是由于产品之间的强关联性使消费者的感知扩展型体验会更加强烈。人工智能产品用户在操控集群中的某一件产品时，就能控制集群中的所有产品，这在非人工智能时代是无法体验到的，人工智能产品的这一特性使得用户的能力在时间和空间上都得到了扩展，这一扩展感抵消了人工智能产品所带来的受限感，这可能是关联性和感知受限型体验呈显著负相关关系的原因。而情境感知性也未对感知受限型体验的形成产生显著正向影响，综合看来感知受限型体验主要是由人工智能产品的主动性和学习性造成的。

（3）人工智能产品智能性与自主性冲突的关系

人工智能产品智能性与自主性冲突之间呈显著正向相关关系。在人工智能给消费者提供便利的同时，消费者可能会感到自主性被剥夺，从而和人工智能产品产生自主性冲突。比如，消费者在使用产品时必须按照产品的要求，根据指示一步步完成指令的输入，这就会影响消费者对自身自主性的感知。有研究表明，在这一使用过程中，消费者感到更高的不确定性，并且此类产品还削弱了人们对环境的掌控感，威胁了消费者自主性的感知，还有学者提出当所有消费者都需要按照智能语音助手所能理解的对话模板来说话，会让消费者感觉自己变成了机器人，失去了对自我的控制，此时，自主性冲突便会产生。

更进一步的数据分析发现，人工智能产品的主动性、学习性和情境感知性都对自主性冲突产生了显著的正向影响。这说明人工智能产品的主动性、学习性和情境感知性表现得越明显，产品与用户之间的自主性冲突就越强烈。人工智能产品被赋予主动性使得产品可以在没有用户指令的前提下自己行动，对于主动性较高的人工智能产品，消费者自主性被侵害的感觉会十分明显，因为此类产品被赋予了很高的决策权，而产品的决策可能与消费者的愿望不一致，最终形成自主性冲突。而主动性的表现，又与学习性和情境感知性密不可分。

但是，人工智能产品关联性与自主性冲突却呈现了显著的负相关关系，与假设相反。这一结果的出现可能同人工智能产品关联性与感知受限型体验之间的显著负相关影响关系原因类似，即人工智能产品之间的强关联性使消费者的感知扩展型体验会更加强烈，这一扩展感抵消了消费者所感受到的自主性威胁。

（4）自主性冲突与感知受限型体验的关系

大样本数据分析表明，自主性冲突对人工智能产品感知受限型体验呈显著正向影响关系。研究发现，产品使用过程中自主性的丧失，会给消费者带来更多的负面效应。人工智能产品同消费者产生的自主性冲突会给消费者带来各种问题，同时产生了深刻的影响，但是，消费者面对这些问题很可能是无能为力的，此时，感知受限型体验就会出现。

（5）自主性冲突的中介作用

经本研究证明，自主性冲突在人工智能产品智能性和感知受限型体验之间起中介作用。通过实证得出，自主性冲突在人工智能产品主动性、学习性和情境感知性与感知受限型体验之间都起到了中介作用，其中，自主性冲突在人工智能产品智能性和感知受限型体验之间的中介效应占比66.19%，在人工智能产品主动性和感知受限型体验之间的中介效应占比60.43%，在人工智能产品学习性和感知受限型体验之间的中介效应占比70.49%，在人工智能产品情境感知性和感知受限型体验之间的中介效应占比67.77%。

但是，自主性冲突在人工智能产品关联性与感知受限型体验之间的中介作用没有得到验证，同时前文的人工智能产品关联性与感知受限型体验及自主性冲突的直接效应都未能得到验证相呼应。

（6）个体尝新能力的调节作用

本研究对个体尝新能力在人工智能产品智能性与自主性冲突及感知受限型体验之间的调节作用进行了检验，从总体结果来看，个体尝新能力在人工智能产品智能性与感知受限型体验及自主性冲突之间的调节作用是显著的。

个体尝新能力在人工智能产品智能性与感知受限型体验之间起调节作用。大样本数据的检验结果证明，个体尝新能力越高，人工智能产品智能性对感知受限型体验的影响就越小，即个体对感知受限型体验的感知就越微弱。更进一步地对个体尝新能力在人工智能产品智能性各维度与感知受限型体验之间的调节作用进行验证后发现，个体尝新能力在人工智能产品主动性、学习性、关联性和情境感知性与感知受限型体验之间的调节作用都是显著的。值得注意的是，当将个体尝新能力放入模型后，自主性冲突在人工智能产品关联性和感知受限型体验之间的中介效应也变得显著了。

同时，个体尝新能力在人工智能产品智能性与自主性冲突之间起调节作用。大样本数据的检验结果证明，个体尝新能力越高，人工智能产品智能性对自主性冲突的影响就越小，即个体对自主性冲突的感知就越微弱。更进一步地对个体尝新能力在人工智能产品智能性各维度与自主性冲突之间的调节作用进行验证后发现，个体尝新能力在人工智能产品主动性、学习性和情境感知性与自主性冲突之间的调节作用都是不显著的，它仅在人工智能产品关联性与自主性冲突之间的调节作用是显著的。

6.2 对策建议

本研究通过一系列科学的研究方法所获得的结论，在进一步完善消费者体验理论的同时，也对人工智能企业以及借助人工智能技术开展营销活动的企业，就如何利用人工智能产品特性能更好地提升消费者体验、满足消费者需求、打造消费者喜欢的品牌等具有重要的营销启示意义。本研究拟根据前文的研究结论，从以下几个方面提出对策建议，希望能对人工智能企业提供有价值的对策依据。

6.2.1 注重产品生态圈建设

从本研究的检验结果可以看出，人工智能产品关联性是能够显著正向影响消费者的感知扩展型体验，同时也不会造成感知受限型体验，因此，作为人工智能产品企业，应注意各类型产品的关联性给消费者带来的感受，在关联各种技术产品的同时，也要注重自身的产品生态圈建设。

在新冠疫情的影响下，消费者数字化迁移速度加快，更多的消费者开始在线上购买日常用品、寻医问诊，这一趋势包含了各个年龄阶段的消费者，这一现象或许会让一些企业认为，它们打造多年的渠道、平台和方式正在迅速被时代抛弃。

虽然成功案例不多，但是可以看到，很多的传统企业在疫情开始之前就已经在尝试打造数字生态圈或参与其中，疫情的到来加速了这一进程。生态圈由一系列相互关联的服务组成，让用户在一个完整的体验旅程中，满足跨行业的各种需求。目前来看，具备一定规模的数字生态圈均由科技企业主导打造，它们有着前期的超大规模的平台优势，有足够的力量跟传统行业内的竞争对手争夺市场。数字生态圈实现了去中介化，能够通过控制客户的交互界面以及搜索、广告和信息传输等关键节点，对消费者进行全方位的信息输出，甚至能够取代传统企业。

市场反应最为迅速。全球市值最高的企业大多正在打造自己的数字生态圈并在这一过程中吸收了科技企业。许多生态圈都是 B2C 模式，捷普科技（Jabil）等企业的生态圈采用 B2B 模式。有些生态圈则两者兼顾，例如，亚马逊（Amazon）将电商、云计算、物流与消费电子产品结合，腾讯则同时提供社交媒体、游戏、金融和云计算等服务。

十年前在电子产品中一骑绝尘的苹果公司，无论是销量还是口碑都远高于国产品牌，而到了 2020 年，苹果手机在国内的销量却排在了华为、OPPO、vivo 和小米之下，屈居第五。这一转变离不开国内品牌近年来大力进行的生态圈建设。很少有公司生产完全单一种类的智能产品，如华为能提供芯片、手机、电脑等一系列的硬件终端，同时可以联合各大软件、中间件、数据库等公司开发出适用于各个行业的软件系统，最后将这些推广给各行业的用户并应用。至此，形成一个完整的闭环，实现了系统内所有构成部分为国产产品自主可控。

从消费者的角度来看，消费者期待自己持有的智能产品都能够进行流畅地协同工作，而且最好不会受到不同品牌厂商的影响，这个愿景虽然尚未完全实现，但已经取得了重大进展。通过观察人工智能产品市场可以发现，许多现有的产品已经是单一生态系统的一部分，这个趋势在未来还将继续，因为以标准为基础的生态圈使人工智能产品厂商能够扩大其资源，并向全球市场销售。而一些小的企业，能够通过加入生态系统的同时，专注于他们自己的专业领域，还可以利用其他合作伙伴的资源来获得他们领域以外的能力。

所以对于传统企业，解决客户问题的思维方式必须改变。企业应不再将提供的服务局限于以往的行业范畴之内，而应大胆突破，努力尝试，实现全过程陪伴，将自己的服务渗透至整个客户旅程之中。房地产市场中一些寻机而动的企业——比如安居客——正在试图打造有关房地产的完整生态圈，将搜房、房屋比较、购房贷款选择、搬家、法律咨询以及寻找家装公司等各种服务全部囊括其中。据估计，包括 B2B 服务、移动出行、旅游及酒店、医疗保健和房地产在内，现阶段至少有十余个行业正在自我调整，逐步建立起完整的数字生态圈，形成"网络的网络"。据估计，到 2025 年，这些"网络的网络"所实现的综合网络经济规模有可能总计达到 60 万亿美元。

通过网络的传播，这些生态圈可以实现良性循环。生态圈提供了一个企业单打独斗无法提供的产品和服务，这样便可吸引到越来越多的消费者，同时生成体量更为庞大的数据，通过这些数据，人工智能企业又可以设计出更好的产品，从而进一步改善体验并赢得更多客户。生态圈可以将价值链上的各个缺口连接起来，创造出一个以客户为中心的统一价值主张，用户通过单一访问点即可享受一系列产品和服务端到端的完整体验。在此过程中，消费者可以在降低成本的同时，获得新的体验，所有这些都将激发出他们更强烈的消费欲望。

同时，作为新兴的人工智能企业，也应加强和传统行业品牌的合作，使传统行业智能化，这样既免去了扩展产品线的高额成本，还扩大了自己在消费品市场中的影响力。各大科技公司应调整自身战略以适应生态圈参与者这一身份，从而推动生态圈的扩张。它们为生态圈合作方提供软硬件以助力平台构建，并通过建立应用程序编程接口（API）实现数据交换。5G 通信的发展让连接变得更快、更流畅，而"软件即服务"的云产品和服务则让合作方接入生态圈的方式成倍增加。一些具备先进技术的科技企业还提供管理庞大数据库的工具并利用人工智能改善生态圈和了解并吸引客户的方式。

6.2.2 提升人工智能产品智能性表现

本研究发现，人工智能产品的用户在描述其正面体验时的依据，大多来自个体的感知扩展，而人工智能产品智能性对于感知扩展型体验有着显著的正向影响。所以，要想提升消费者体验，就需要提升人工智能产品智能性的表现，人工智能产品的设计应以产品智能性为核心。

人工智能产品具有主动性、关联性、学习性和情境感知性等智能性，在产品设计过程中，产品最好能够将这几种特征表现得更加明显、更加人性化。人性化的设计离不开对消费者真实需求的理解，产品设计者必须从消费者角度出发，深入探索消费者最迫切，最需要的功能。例如，大部分文档处理软件的功能都是为消费者提供文档编辑功能，但是当有一个软件能够在消费者编辑文档时主动备份云端，它的主动性就会使产品显得更加智能，给消费者带来了更加人性化的体验。它超出了消费者个体的储存能力，从而使消费者获得了感知扩展型体验。

关联性主要是指不同类型产品之间的关联。人工智能产品所呈现的关联性越强，消费者所能体验到的感知扩展就越强烈，这就要求人工智能企业尽可能地关联更多的相关产品，这一关联不仅指实体产品之间的关联，如物联网的建设，还包括无形的服务之间的关联。目前，已经有很多企业以终端的应用软件为接口，向用户提供相关服务，不仅在关联的内容上进行了扩展，还在形式上进行了创新。

人工智能产品的学习性是指产品能够学习用户的行为习惯、消费模式等，为消费者提供更符合其期望的服务和商品。不过从研究中可以看到，人工智能产品的学习性给消费者带来了一些负面体验，尤其是个性化推荐功能对消费者数据的采集和应用，使消费者陷入了"信息茧房"之中。"信息茧房"是人工智能产品所带来的负面效应之一，要解决这一问题或许应该从两个方面入手。第一，人工智能产品智能性是基于算法实现的，人工智能企业可以通过改进算法机制，在向消费者提供个性化推荐内容时，加入更多的其他内容，破除"信息茧房"桎梏。第二，可以考虑将选择权交到消费者手中，由消费者自由选择是否要开启个性化推荐功能。

人工智能产品的情境感知性能够帮助产品感知到使用情境，从实践中来看，人工智能产品的这一智能性还有很大的进步空间。目前，人工智能产品所能识别的情境还不够丰富，仅有很少的几种，根据情境变化所提供的服务内容也并不完善，仍有很大的进步空间。因此，未来的人工智能产品在设计时，应深入调查目标消费者的日常活动轨迹，研究他们使用产品时的场景，依据不同场景的使用需求设计更加符合场景的服务。

6.2.3 弱化产品与用户之间的自主性冲突

本研究发现，人工智能产品会和消费者产生自主性冲突，并最终造成感知受限型体验，这是消费者最主要的负面体验，也是消费者负面评价的来源。要解决这一问题，人工智能产品企业应重点关注产品与用户之间的自主性冲突，弱化这一冲突，可以从两个方面进行。

首先，人工智能企业应注重和消费者的沟通，近年来基于大数据和算法的沟通越来越常见，基于消费者过往消费记录或使用行为的功能设计也更加普遍，此时，人工智能企业不能仅利用数据分析的结果向消费者提供产品和服务，更重要的是应该向消费者传递产品和服务设计的理念，以增加其影响力。根据观察，理解一种行为出现的原因会增加其说服力。例如，告知消费者一则营养品广告出现的原因是他们表现出了对健身房的兴趣，这不仅增加了广告的劝说能力，也使得消费者了解了广告出现的原因，避免突兀感以及对个人选择权的侵犯，从而弱化自主性冲突。

其次，在表现人工智能产品的智能性之前，应给消费者定制产品规则的机会。尽管人工智能产品表现出了一系列的智能性，能够在消费者有意识或无意识的时候扩展消费者的能力及认知，但是在表现出产品的智能性之前，应该给消费者机会，使他们能够根据偏好自由定制人工智能产品的表现。例如，一个汽车制造商希望卖出更多的自动驾驶汽车，那么他们可以通过确保用户始终拥有汽车的控制权来避免用户的抗拒感，或者可以给用户自己定制自动驾驶规则的机会（比如驾驶风格，道路选择等），以此来弱化自主性冲突。

6.2.4 培养用户的个体尝新能力

用户的个体尝新能力能够显著调节人工智能产品智能性对自主性冲突和感知受限型体验的影响，用户的个体尝新能力越高，用户对自主性冲突和感知受限型体验的感知程度就越低。因此，人工智能产品企业应努力培养其用户的个体尝新能力，使用户和产品之间尽可能避免产生自主性冲突，从而减少感知受限型体验的产生。

培养个体尝新能力可以从强调"求异"着手。作为人工智能产品主流消费群体并且更愿意接受新产品的中青年群体，他们的一大特点就是标榜与众不同，避免随波逐流。那么人工智能产品企业在进行产品宣传时，应着重强调产品和其他同类型产品的不同之处，并向广告受众宣传"个性"、"独特"等人生观，从而激发消费者的购买欲望。同时，人工智能产品企业还可以多向消费者宣传人工智能产品的发展历史，以及产品同非人工智能产品的显著区别，从而激发消费者对人工智能产品的好奇心，培养他们的个体尝新能力，并提高他们对新产品的接受程度。

同时，尽管中青年群体在追求独特性，但他们依然会受到"先驱消费者"的影响。因此，要注重与这部分消费者的合作，尤其是在新媒体上具有一定影响力的"先驱消费者"，以多种方式向普通消费者宣传新产品、新技术，通过"先驱消费者"进一步带动普通消费者，从而培养普通消费者的个体尝新能力。

6.3 研究局限与展望

6.3.1 研究局限

本研究在理论推演和定性及定量的实证研究过程中都力求遵循科学步骤和规范，并且获得了一系列和人工智能产品消费者体验相关的研究结论，研究结论具备一定的价值和创新性，并能够对深入了解人工智能时代的消费者体验起到积极意义。但是由于人工智能时代的消费者体验研究仍处在研究初期，囿于笔者自身学术能力和客观条件的限制，研究工作还存在很多的不足，其主要体现在以下几个方面。

（1）本研究的实证研究样本主要采取成熟的问卷调查，尽管调查数据满足了样本量的需求，而且大部分都是符合人工智能产品使用主流群体中的中青年群体，但是样本抽取的随机性还不足，并且由于疫情的影响，本研究在深度访谈阶段无法跟每一位被采访者做到面对面访谈。此外，虽然笔者尽量通过现有的多种通信工具将问卷发给不同地域的被试者，但是在地域上，还是以中东部地区为主。所以，本研究可能不能代表所有的人工智能产品消费者群体，外部效度有所降低。

（2）人工智能产品种类众多，所涉及的行业也非常广泛，但是本研究在进行深度访谈设计时，为了被采访者理解和沟通上的便利，只选择了普通消费者日常能够接触到的一些产品，如智能家居等。而实际上，人工智能产品还有很多针对特殊消费群体或者面向企业的设计，但受被采访者选择上的限制，只能挑选受众更为广泛，日常生活中更加常见的一些人工智能产品，对于更为特殊的人工智能产品只能无奈放弃。所以，本研究在深度访谈上的这一设计可能会造成对人工智能产品智能性的概括不够丰富、全面。

（3）本研究采用的是横断面的数据来研究人工智能产品消费者体验的形成机理，对于更长远的时间序列中消费者心理和行为的变化无法探寻。但是从现实的情况来看，同一位消费者对于同样的人工智能产品在不同的时间阶段中，所产生的体验是可能发生变化的，有些消费者在初期可能对感知受限型体验非常敏感并拒绝使用，但在一段时间后顺利接受了这一产品，并且不再受感知受限型体验的影响。因为研究篇幅及研究设计的限制，这种动态性的变化在本研究中没有涉及。

6.3.2 研究展望

人工智能产品与消费者体验作为一个新兴的研究热点，已经吸引了国内外学者的广泛关注，但人工智能产品消费者体验的研究还处在初级阶段，目前还未形成完善的理论体系，同时国内对此问题的研究还比较少，且缺乏系统性。本研究探索了人工智能产品消费者体验的定义和内涵，未来可以从不同的研究角度，运用更多元化的方法，对人工智能产品消费者体验进行更深入的探索。

第一，本研究探讨了人工智能产品消费者体验的定义和内涵，将感知受限和感知扩展引入到消费者体验的研究中来，在接下来的研究中，可以从消费者体验出发，探讨其对消费者行为和情感上的影响。例如，感知扩展型体验属于正面体验，那么这一类型的体验在消费者的行为上对于消费者后续的再次购买行为会有实际影响吗？再从情感角度出发，感知扩展型体验是否会对消费者的品牌态度产生影响？是否会对品牌形成品牌依赖？以消费者体验为前因变量，探讨其对一些结果变量的影响也是有意义的。

第二，本研究发现，自主性冲突中介于人工智能产品智能性和感知受限型体验，那么，弱化消费者对于自主性冲突的感知，是提升消费者体验的有效手段。所以，在后续的研究中，学者们可以关注如何通过行之有效的方法弱化消费者对于自主性冲突的感知，并研究其背后的心理机制。这一研究可能更适合使用实验法，通过不同的策略组合，验证理论和实践的有效性，从而提出对于提升消费者体验的切实可行的办法。

第三，本研究认为个体尝新能力调节了人工智能产品智能性对自主性冲突和感知受限型体验的影响。实际上，在深度访谈中笔者发现，除了个体尝新能力这一因素，还有其他的一些环境因素也会起到一定的调节作用，如产品使用的场景和时间、参照群体的影响等。这些因素所起到的调节作用值得深入探讨，其研究结论也会对人工智能企业起到较好的指导作用。

参考文献

一、中文文献

［1］荣泰生.AMOS 与研究方法［M］.重庆：重庆大学出版社，2009

［2］吴明隆.问卷统计分析实务［M］.重庆：重庆大学出版社，2010

［3］王保进.多变量分析统计软件与数据分析［M］.北京：北京大学出版社，2007.

［4］吴明隆.SPSS 统计应用实务［M］.北京：中国铁道出版社，2000.

［5］邱皓政.结构方程模型的原理与应用［M］.北京：中国轻工业出版社，2009.

［6］孙效华，张义文，侯璐，等.人工智能产品与服务体系研究综述［J］.包装工程，2020，41（10）.

［7］杨斌，王琳.数字经济时代客户服务数字化转型策略研究［J］.东岳论丛，2020，41（11）.

［8］黄素珍.人工智能的责任困境：以自主能动性和道德图灵测试为探讨中心［J］.山东社会科学，2020，296（4）.

［9］庄贵军.四 P 营销组合模型的不足及其修正［J］.北京商学院学报，1998，84（6）.

［10］贺建平，黄肖肖.城市老年人的智能手机使用与实现幸福感：基于代际支持理论和技术接受模型［J］.国际新闻界，2020，42（3）.

［11］王艳玲，张广胜，李全海.基于技术接受模型的电商平台采纳行为及影响因素［J］.企业经济，2020（3）.

［12］许雪琦，张娅雯.移动学习平台用户使用意愿影响因素研究——基于移动情境和心流体验的技术接受模型［J］.电化教育研究，2020，41（3）.

［13］邬文兵，李爽，项竹青，等.司机对共享物流平台的持续使用意愿研究——TAM 模型的实证分析［J］.经济管理，2019（10）.

［14］向纯洁，王萍萍.工作情境下社会化媒体的多重采纳行为研究：S-O-R 视角［J］.情报科学，2020（4）.

［15］左文明，黄枫璇，毕凌燕.分享经济背景下价值共创行为的影响因素——以网约车为例［J］.南开管理评论，2020（5）.

［16］程皓，乐琦.基于技术接受模型的社交金融产品使用意愿研究——以"微信钱包"为例［J］.金融经济学研究，2018，33（1）.

［17］王林，荆林波.用户对人工智能设备的接受意愿研究［J］.现代产业经济，2020（3）.

［18］张振刚，尚钰，李云健，等.共创体验视角下虚拟社区环境对价值共创行为的影响［J］.企业经济，2020（1）.

［19］刘容，于洪彦.在线品牌社区顾客间互动对顾客愉悦体验的影响［J］.管理科学，2017，30（6）.

［20］程党根.后经验主义范式：德勒兹的激进经验主义［J］.南昌大学学报：人文社会科学版，2011，42（02）.

［21］王冬华，罗艳，周通，等.农村老年慢性疾病病人老化态度、自主性感知现状及其影响因素研究［J］.护理研究，2020，34（14）.

二、英文文献

［1］Schmitt B H. Experiential Marketing［M］, New York : Free Press, 1999.

［2］Belk R W. Extended Self in a Digital World［J］. Journal of Consumer Research，2013（3）.

［3］Hoffman D L, Novak T. Consumer and Object Experience in the Internet of Things : An Assemblage Theory Approach［J］. Journal of Consumer Research, 2018，44（6）.

［4］Schweitzer F, Van d H E A. To Be or Not to Be in Thrall to the March of

Smart Products [J] . Psychology & Marketing, 2016, 33 (10) .

[5] Belk, R. Digital Consumption and the Extended Self [J] . Journal of Marketing Management, 2014, 30 (11–12) .

[6] Sako M. Artificial Intelligence and the Future of Professional Work [J] . Communications of the ACM, 2020, 63 (4) .

[7] Yang H, Lee H, Zo H. User Acceptance of Smart Home Services : an Extension of the Theory of Planned Behavior [J] . Industrial Management and Data Systems, 2017, 117 (1) .

[8] Lewandowski G W, Aron A, Bassis S, Kunak J. Losing a Self–Expanding Relationship : Implications for the Self–Concept [J] . Personal Relationships, 2010, 13 (3) .

[9] Gorlier T, Michel, Géraldine. How Special Rewards in Loyalty Programs Enrich Consumer - Brand Relationships : The Role of Self - Expansion [J] . Psychology and Marketing, 2020, 37 (4) .

[10] Agarwal R, Karahanna E. Time Flies When You're Having Fun : Cognitive Absorption and Beliefs about Information Technology Usage [J] . Mis Quarterly, 2000, 24 (4) .

[11] Nunnally, J.C, H.Bernstein. PsychometricTheory. 3rd ed [M] . New York : McGraw–Hill, 1994.

[12] Hu, Li–tze, Bentler. Cutoff Criteria for Fit Indexes in Covariance Structure Analysis : Conventional Criteria Versus [J] . Structural Equation Modeling, 1999, 6 (1) .

附 录

A 人工智能产品体验任务

任务名称	任务描述
1. 语音功能使用	使用语音开启和关闭智能家电，并进行设置（如使用语音更改空调温度、电视频道）
2. 对话	如果家中有智能音箱，那么想象你的智能音箱是一个人，和 ta 聊聊天吧，问一问 ta 的名字、年龄、爱好或者其他事情
3. 提醒事项	使用你的语音助手创建一项提醒事项，提醒你在某个时间完成任务 4
4. 寻找电影院	假设你想看正在上映的《星球大战：天行者崛起》，使用智能音箱完成以下任务： ● 搜索《星球大战：天行者崛起》的预告片并观赏一遍 ● 搜索离你目前位置最近的一家电影院 ● 确认这家电影院《星球大战：天行者崛起》的排片时间
5. 产品推荐	假设你想买部手机，请使用智能音箱进行产品的推荐、挑选并选择出最终的产品
6. 产品对比	假设你想买台电脑，并且对联想的"ThinkPad X1"很感兴趣，请你使用智能音箱查询： ● 这款电脑是售价是多少 ● 离你当前位置最近的联想专卖店在哪里？这家店的营业时间是几点到几点？如何乘坐公共交通到达这家店 ● 比较一下联想专卖店和苏宁、京东上这款电脑的价格，找出最便宜的购买渠道
7. 问题询问	假设家中有人身体不适，头晕咳嗽，请使用智能音箱查询这是何种病情，应该如何处理

B 智能语音助手访谈提纲

您好，本次访谈主要是更多地了解消费者智能语音助手的使用情况，以及在使用语音助手过程中的体验。我希望您可以尽可能多地说出自己的感受，知无不言言无不尽，什么都可以说，不分好坏。本次访谈会进行录音，录音只供学术研究使用，绝对不会产生任何商业行为。

1. 从前使用过语音助手吗？感觉如何？

2. 在这整个使用过程中，你最大的感受是什么？

3.（对使用手机智能语音助手的被采访者）你认为和传统手机相比，拥有了智能语音助手的手机有什么不同？

4. 你觉得你的语音助手像一个人类吗？

5. 如果你的语音助手是一个人类，你觉得 ta 会是什么样的人呢？（年龄、性别、职业、爱好、性格）

6. 你觉得你的语音助手跟你的关系更像什么呢？

7. 你觉得你未来会继续使用语音助手吗？为什么？

8. 未来会使用哪些功能呢？即使有些功能比较方便，未来也不会选择使用吗？

C 智能家居访谈提纲

您好，本次访谈主要是更多地了解消费者智能家居产品的使用情况，以及在使用智能家居产品过程中的体验。我希望您可以尽可能多地说出自己的感受，知无不言言无不尽，什么都可以说，不分好坏。本次访谈会进行录音，录音只供学术研究使用，绝对不会产生任何商业行为。

1. 请问你家里都有哪些智能家居产品呢？

2. 为什么你会选择智能家居产品而不是传统家电呢？

3. 请描述你一天的行程，并按时间顺序列出您使用的智能家居产品。

4. 你使用频率最高的产品（或功能）是哪个？

5. 你认为哪些功能给你带来了便利？

6. 哪些功能你没有用过或者很少用？为什么？

7. 和传统家电产品相比，智能家居产品对你来讲有什么不同的意义吗？

8. 未来你还会继续使用及购买智能家居产品吗？

9. 你认为未来的智能家居产品需要从哪些方面进行提升？

D　个性化推荐访谈提纲

您好，本次访谈主要是更多地了解消费者个性化推荐的使用情况，以及在使用个性化推荐过程中的体验。我希望您可以尽可能多地说出自己的感受，知无不言言无不尽，什么都可以说，不分好坏。本次访谈会进行录音，录音只供学术研究使用，绝对不会产生任何商业行为。

1. 请问你都在哪些网站上遇到了个性化推荐？

2. 它给你推荐的内容你喜欢吗？

3. 个性化推荐给你带来的最大的感受是什么？

4. 如果可以关闭这一功能，你会选择关闭吗？

E　人工智能产品消费者体验正式调查问卷

尊敬的先生 / 女士 :

您好！我们正在进行一项关于人工智能产品使用体验的调查研究，感谢您在百忙之中抽空填写以下问卷。本次问卷采用匿名形式，所有研究仅供学术研究之用，请放心填写。整个过程大约需要几分钟，感谢您的参与和配合！

人工智能产品指的是依托于人工智能技术模拟人类思维方式的新产品，其应用范围广泛，日常生活中随处可见，如智能手机、智能语音音箱、智能家电、视频、购物网站上的个性化推荐等，都属于人工智能产品。

1. 您的性别 :［单选题］*
○ 男　　　　　　○ 女

2. 您的年龄段 :［单选题］*
○ 18 岁以下　　○ 18~25　　○ 26~30　　○ 31~40　　○ 41~50
○ 51~60　　　○ 60 以上

3. 您的最高学历是 :［单选题］*
○ 初中及以下
○ 高中 / 中专 / 技校
○ 大专
○ 本科
○ 硕士及以上

4. 您的平均月收入为多少？［单选题］*
○ 3000 元以下
○ 3000~6000 元
○ 6000~10000 元
○ 10000 元以上

5. 您是否有过使用人工智能产品的经验？［单选题］*
○ 是的，我用过

○没有，我没用过（请跳至第问卷末尾，提交答卷）

第一部分　人工智能产品智能性测量

现在请您回想一下您使用人工智能产品时的经历及感受，并根据您的真实感受回答以下问题。

常见的人工智能产品包括：智能语音助手（如 Siri、小爱同学、天猫精灵等）、智能穿戴设备（如 HUAWEI WATCH、APPLE WATCH 等）、智能家电（如智能空调、智能电视等）、广告营销（社交、视频、购物网站的个性化推荐内容）等。

6. 请问您都使用或体验过何种人工智能产品？［填空题］*

请您回想您以前使用人工智能产品时的感受，按照真实的想法回答以下问题。

7. 人工智能产品自主性测量，请仔细阅读以下陈述，按照您对这些陈述的同意程度打分，其中"1"代表"非常不同意"，"7"代表"非常同意"。［矩阵量表题］*

	1	2	3	4	5	6	7
这个产品会按照自己的想法行动	○	○	○	○	○	○	○
这个产品有自己的目的	○	○	○	○	○	○	○
这个产品没有我的指令也可以自己行动	○	○	○	○	○	○	○

8. 人工智能产品学习性测量，请仔细阅读以下陈述，按照您对这些陈述的同意程度打分，其中"1"代表"非常不同意"，"7"代表"非常同意"。［矩阵量表题］*

	1	2	3	4	5	6	7
这个产品具有学习能力	○	○	○	○	○	○	○
这个产品会表现得越来越好了	○	○	○	○	○	○	○

续表

	1	2	3	4	5	6	7
这个产品会从过往经历中学习	○	○	○	○	○	○	○
这个产品会自己提升自己能力	○	○	○	○	○	○	○
这个产品会随着时间的推移不断调整自己	○	○	○	○	○	○	○

9. 人工智能产品关联性测量，请仔细阅读以下陈述，按照您对这些陈述的同意程度打分，其中"1"代表"非常不同意"，"7"代表"非常同意"。［矩阵量表题］*

	1	2	3	4	5	6	7
这个产品可以和其他产品合作	○	○	○	○	○	○	○
这个产品可以和其他产品沟通	○	○	○	○	○	○	○
这个产品可以和其他产品相互连接	○	○	○	○	○	○	○
这个产品和其他产品合作效果更好	○	○	○	○	○	○	○

10. 人工智能产品情境感知性测量，请仔细阅读以下陈述，按照您对这些陈述的同意程度打分，其中"1"代表"非常不同意"，"7"代表"非常同意"。［矩阵量表题］*

	1	2	3	4	5	6	7
这个产品知道我是谁	○	○	○	○	○	○	○
这个产品知道现在的日期和时间	○	○	○	○	○	○	○
这个产品了解我的购买历史	○	○	○	○	○	○	○
这个产品知道我喜欢什么	○	○	○	○	○	○	○

第二部分　人工智能产品消费者体验测量

11. 感知扩展型体验测量，请仔细阅读以下陈述，按照您对这些陈述的同意程度打分，其中"1"代表"非常不同意"，"7"代表"非常同意"。［矩阵量

表题〕*

	1	2	3	4	5	6	7
这个产品开阔了我的视野	○	○	○	○	○	○	○
这个产品让我接触了更多的新东西	○	○	○	○	○	○	○
这个产品让我产生了新的体验	○	○	○	○	○	○	○
这个产品能让我完成以前无法做到的事情	○	○	○	○	○	○	○

12. 感知受限型体验测量，请仔细阅读以下陈述，按照您对这些陈述的同意程度打分，其中"1"代表"非常不同意"，"7"代表"非常同意"。〔矩阵量表题〕*

	1	2	3	4	5	6	7
使用这个产品来完成某件事情不如我自己直接动手更快	○	○	○	○	○	○	○
使用这个产品来完成某件事情不如我自己直接动手更方便	○	○	○	○	○	○	○
使用这个产品来完成某件事情不如我自己直接动手做得更好	○	○	○	○	○	○	○
这个产品的语音功能在很多情况下不方便使用	○	○	○	○	○	○	○
这个产品给我推荐的信息类型相似内容较多，使我错过了其他类型的信息	○	○	○	○	○	○	○
这个产品的个性化推荐让我的选择越来越少	○	○	○	○	○	○	○
这个产品限制了我获取更多信息的机会	○	○	○	○	○	○	○

第三部分　自主性冲突测量

13. 自主性冲突测量，请仔细阅读以下陈述，按照您对这些陈述的同意程度打分，其中"1"代表"非常不同意"，"7"代表"非常同意"。〔矩阵量表题〕*

	1	2	3	4	5	6	7
这个产品替我做出了选择，但是我更希望可以自己来选	○	○	○	○	○	○	○
我担心这个产品会采取我不喜欢的行动	○	○	○	○	○	○	○
这个产品减少了让我自由选择我真正喜欢的东西的机会	○	○	○	○	○	○	○

第四部分　个体尝新能力测量

14.个体尝新能力测量，请仔细阅读以下陈述，按照您对这些陈述的同意程度打分，其中"1"代表"非常不同意"，"7"代表"非常同意"。[矩阵量表题]*

	1	2	3	4	5	6	7
在我周围的朋友中，我经常是最先尝试新产品的人	○	○	○	○	○	○	○
如果我听说我有新产品上市，我会非常希望体验一下	○	○	○	○	○	○	○
我喜欢体验这些新产品	○	○	○	○	○	○	○

后 记

　　本书是在本人博士论文的基础之上修改整理完成的。时光荏苒，六年前刚刚入学的那个炎热的夏天仿佛还在昨天，如今我也已经毕业工作。回想撰写毕业论文那一年，几乎每一天都是同样度过，白天坐在我的电脑前，反复思索着论文的每一个环节，和导师、同学们反复探讨论文的每一个细节。到了晚上，陪伴在我的女儿身边，享受她每一点进步所带来的惊喜。毕业之后，生活发生了变化，再次回想，突然就感慨万千。

　　最要感谢的是恩师杨慧教授。在 2017 年第一次参加完师门活动后，我在朋友圈说："加入'Young 家园'大概是今年最幸运的事情。"今天再想起这句话，我想说成为您的弟子不只是 2017 年最幸运的事情，也是我人生中的幸运。恩师智慧、优雅、美丽、亲和、大方、逻辑严谨、能力出众，是我们"Young 家园"的大家长。在学术上，您给了我研究的全部自由和支持，您严谨却不严厉，总是能在我迷茫的时候给我指明方向，每次和您聊完总感觉豁然开朗。在生活上，因为我的家庭原因，您总是那么体贴地照顾着我，而且无论我何时提出问题，您都会尽您所能地帮助我。恩师不仅是我学术上的导师，更是我人生的导师。其实有时候我会默默地想，到了十年、二十年后，如果我能成为像您这样优秀的女性就好了。无论是在我的小论文还是毕业论文的准备和撰写阶段，您都付出了大量的心血，感谢恩师的付出与指导，您辛苦了！

　　感谢我的同门师兄、师姐、师妹、师弟们，我们"Young 家园"总是那么的温暖，无论何时向师兄、师姐、师妹、师弟们寻求帮助，大家总会及时地向我伸出援助之手。感谢蔡文著师兄，每次在微信上问您问题总是给我详细的回复；感谢钟岭师姐，在我入学之初就将办公室无私地借给了我；感谢刘德军师兄，带我参与国家自科基金的申报，让我收获良多；感谢朱王海师兄，参加的每一次家园活动都有您的心血；感谢康海燕姐姐，海燕姐对待学术永远努力又认真，在和你的讨论中我也学到了很多研究方法；特别感谢冷雄辉师兄，在我论文撰写和课题申报时，总是有大大小小的问题麻烦您，每次您都不厌其烦地给我进行解答。也感谢谢博卿师妹、吴宝姝师妹、黄睿师妹、程虹师妹、陆舟师妹、温兵师弟，因为我没有住校，总是会麻烦你们，而你们总是及时给予我帮助。

感谢 2017 级在工商管理学院一起同窗学习的周南同学、张兵红同学、周俪同学、苗领同学、陈春花同学、李小红同学、龚亮华同学、龚晶晶同学，十分怀念我们一起上课的日子，还有和张兵红博士及周俪同学一起吃饭一起散步的时光，那时的我们悠闲地走过校园，聊着生活中的趣事和学业上的问题，互相鼓励，好像一切都那么简单、安定。

感谢工商管理学院给我授课的老师们，吴照云教授、胡宇辰教授、胡大力教授、黄彬云副教授、杨杰教授、杨建锋教授、张孝锋教授、舒辉教授、刘克春教授、杨杰教授、许基南教授，感谢你们的谆谆教导，让我学到了和科研工作密切相关的知识和方法，也学到了你们治学严谨的学术态度，我受益颇多。

最后，我要感谢我的家人。感谢我的父母，将我从一个小婴儿养大，支持着我走上求学的道路，让我过上了衣食无忧的生活。在我成家之后，又替我承担了经济上的责任和照顾孩子的重担，让我在完成学业过程中无后顾之忧，父母之爱是最伟大的。感谢我的女儿，是你的到来让我开始真正地审视自己的人生，思考自己的未来。曾经的我，对待学业懒散也不够认真，拥有你之后，我开始希望自己能成为被女儿认同的妈妈，这才真正开始沉下心来做科研。而且，你还是我博士生活中最鲜艳的色彩，是我在论文撰写过程中最有趣的调剂。感谢我的爱人，在我焦虑的时候开解我，陪我散心，包容我性格中执拗的一面，无论做什么都支持着我。感谢我的公婆，无私地把我当孩子一样照顾，给予我们的小家庭力所能及的支持。

感谢这四年的学术之旅，在毕业走上社会以后，我发现我最大的收获并不是一个学历，而是在这段旅程中所获得的对人生、问题的思考能力，我相信，未来的我一定会因此不断受益！

王舒婷

2023 年 11 月